工程建设项目审计详解与实务：

实战技巧＋条文详解＋案例分析

方文彬◎编著

人民邮电出版社

北京

图书在版编目（CIP）数据

工程建设项目审计详解与实务 ： 实战技巧+条文详解+
案例分析 / 方文彬编著. -- 北京 ： 人民邮电出版社，
2025. -- ISBN 978-7-115-66468-6

Ⅰ．F239.63

中国国家版本馆 CIP 数据核字第 20253U3E12 号

内 容 提 要

本书系统讲解了审计基础理论、项目各阶段审计要点及实务操作，并提供法律法规指导与案例分析，帮助读者全面掌握审计方法，有效识别并防控项目风险，确保合规性，从而提升项目管理效率与质量，全面提高审计人员的专业能力与竞争力。

◆ 编　　著　方文彬
　　责任编辑　李士振
　　责任印制　彭志环

◆ 人民邮电出版社出版发行　　北京市丰台区成寿寺路 11 号
　　邮编　100164　　电子邮件　315@ptpress.com.cn
　　网址　https://www.ptpress.com.cn
　　北京天宇星印刷厂印刷

◆ 开本：787×1092　1/16
　　印张：16.5　　　　　　　　2025 年 5 月第 1 版
　　字数：428 千字　　　　　　2025 年 5 月北京第 1 次印刷

定价：89.80 元

读者服务热线：(010)81055296　印装质量热线：(010)81055316
反盗版热线：(010)81055315

前言

在当今快速发展的经济时代，工程建设作为国家基础设施建设的重要组成部分，不仅关乎国民经济，还直接影响社会的和谐稳定和人民的福祉。然而，随着工程建设项目的规模日益扩大、投资额不断攀升，如何确保工程资金的安全、高效使用，如何防范和纠正工程建设中的违法违规行为，成为摆在我们面前的一项重大课题。在此背景下，本书应运而生，旨在通过系统化的理论与实践结合，为工程建设项目的审计工作者提供一本全面、实用、高效的指导手册。

一、编写本书的目的

编写本书的初衷，源于我们对当前工程建设项目审计领域存在问题的深刻洞察。在实践中，我们发现，尽管国家已经出台了一系列关于工程建设项目审计的法律法规和规章制度，但由于工程项目的复杂性、多样性以及审计工作的专业性要求，许多审计人员在实际操作中仍面临诸多困惑和挑战。一方面，他们需要对海量的法律法规进行梳理和解读，以确保审计工作的合法合规；另一方面，他们还需要掌握先进的审计技术和方法，以应对工程建设项目审计中的各种复杂情况。

因此，我们通过以下几个方面的努力，让本书帮助审计人员更好地履行职责，提升审计工作的质量和效率。

1.系统梳理法律法规。对涉及工程建设项目审计的法律法规进行全面梳理和解读，为审计人员提供清晰的法律框架和依据。

2.总结实战技巧。结合丰富的审计实践经验，总结提炼出一套行之有效的审计实战技巧，帮助审计人员快速掌握审计要点和难点。

3.分析典型案例。通过精选的案例分析，展示审计工作的全过程和关键环节，为审计人员提供直观的参考和借鉴。

二、本书的主要内容

本书共分为三大部分，涵盖了工程建设项目审计的主要方面。

1.实战技巧篇。该篇详细介绍了审计计划制订、审计程序执行、审计证据收集、审计报告编写等关键环节的实战技巧，帮助审计人员在实际操作中更加得心应手。

2.条文详解篇。该篇对涉及工程建设项目审计的法律法规进行了全面、深入的解读，包括审计法、建筑法、招标投标法等相关法律法规，以及审计署、财政部等部门发布的规章制度和指导意见，通过条文详解，帮助审计人员准确理解和把握法律法规的精神实质和具体要求。

3.案例分析篇。该篇精选了多个具有代表性的工程建设项目审计案例，包括高速公路、城市轨道交通、水利水电工程等不同类型的项目。每个案例都详细描述了案例背景、问题认定、整改措施，为审计人员提供了宝贵的实践经验和参考依据。

三、本书的主要特点

1.系统性与全面性。本书涵盖了工程建设项目审计的主要环节和方面，从实战技巧到条文详解，再到案例分析，形成了一个完整、系统的知识体系。

2.实用性与可操作性。本书注重实用性和可操作性，通过具体的审计技巧总结和案例分析，帮助审计人员快速掌握审计工作的要点和难点，提高审计工作的效率和准确性。

3.前瞻性与创新性。本书不仅总结了传统的审计经验和做法，还结合当前工程建设项目审计的新形势、新要求，提出了许多具有前瞻性和创新性的审计思路和方法。

4.权威性与准确性。本书的编写团队由具有丰富实践经验的审计专家和法律专家组成，确保了内容的权威性和准确性。同时，书中引用的法律法规和规章制度在编写本书时均为最新版本，确保了信息的时效性和准确性。

四、本书的适用对象

本书适用于以下对象。

1.审计机关和审计人员。本书是审计机关和审计人员开展工程建设项目审计工作的工具书，可以帮助他们更好地履行职责，提高审计工作的质量和效率。

2.工程建设单位和施工企业。对工程建设单位和施工企业来说，本书可以帮助他们了解审计工作的要求和流程，加强内部管理和控制，防范和纠正违法违规行为。

3.高校和科研机构。本书可以作为高校和科研机构审计、工程管理等相关专业的教学参考书，帮助学生和研究人员深入了解工程建设项目审计的理论和实践。

4.行业协会和培训机构。本书可以作为行业协会和培训机构开展工程建设项目审计培训的教材或参考资料，帮助行业人员提升专业素养和业务能力。

总之，本书是工程建设项目审计领域的一部力作，它不仅为审计人员提供了一本全面、实用、高效的指导手册，也为推动工程建设项目审计工作的规范化和专业化发展作出了积极贡献。我们相信，在本书的指导下，广大审计人员能够更好地履行职责，为国家的经济建设和社会发展贡献自己的力量。

编者

2024年11月

目录

第1章
工期方面的审计专题

专题1：施工工序安排不当，导致施工过程中产生等待或停工待料问题

案例简介

一、案例背景

某市大型商业综合体建设项目，总建筑面积超过10万平方米，包含购物中心、写字楼和酒店等多个功能区域。项目由知名建筑公司承建，计划工期为两年。施工过程中，出现了施工工序安排不当的问题，并由此引发了一系列后果。

二、具体问题

1. 施工工序未合理规划。

在项目开工前，施工团队未能充分评估各分项工程之间的逻辑关系，这导致工序安排不合理。例如，在浇筑混凝土前，钢筋绑扎工作尚未完成，使得混凝土浇筑工作无法按计划进行。

2. 材料供应与施工进度不匹配。

材料采购计划未与施工进度紧密结合，这导致部分材料供应出现了滞后现象。在关键施工阶段，如主体结构施工时，钢筋、混凝土等材料供应不足，直接影响了施工进度。

3. 现场管理存在不足。

施工现场缺乏有效的协调和管理，各施工队伍之间沟通不畅，导致工序衔接出现问题。例如，在水电安装与土建施工之间，双方沟通不及时，造成水电管线预埋位置不准确，需要进行返工。

三、具体案例分析

本案例中施工工序安排不当的问题主要体现在前期规划不足、材料供应链管理失误以及现场管理存在不足等方面。

1. 前期规划不足。项目团队在施工前未进行充分的施工工序规划，未考虑到各分项工程之间的相互影响和制约关系，这导致工序的混乱和不合理。

2. 材料供应链管理失误。材料采购与施工进度脱节，项目团队未能根据施工进度及时调整材料采购计划，导致关键材料供应不足，进而影响了施工进度。

3. 现场管理存在不足。施工现场缺乏有效的沟通和协调，各施工队伍之间各自为政，导致工序衔接不畅，经常出现停工等待的现象。

四、后果与影响

1. 工期延误。

由于施工工序安排不当，多次出现等待或停工待料的情况，这严重影响了施工进度。原计划

两年的工期被迫延长，给项目方带来了巨大的经济损失。

2.成本增加。

工期延误不仅增加了项目管理费用和人工费用，还因材料供应不足而增加了材料储存和管理成本。

3.质量风险。

多次的返工和修补可能对工程整体质量造成潜在影响，特别是在隐蔽工程中，如果处理不当可能留下安全隐患。

4.客户满意度下降。

工期延误和潜在的质量问题降低了客户对项目方的信任度，影响了项目方的声誉和口碑，对后续合作也产生了负面影响。

综上所述，这个案例中的施工工序安排不当问题给项目带来了多方面的严重后果。因此，在建设工程项目中，必须高度重视施工工序的规划和管理工作，以确保施工进度和质量的稳定。

问题认定与法律条文

一、施工工序未合理规划

1.问题认定。

施工团队未能充分评估各分项工程之间的逻辑关系，导致工序安排不合理，违反了建设工程应合理规划、科学施工的原则。

2.法律条文。

《中华人民共和国建筑法》第三十七条：建筑工程设计应当符合按照国家规定制订的建筑安全规程和技术规范，保证工程的安全性能。该条文虽未直接提及工序规划，但工序的合理规划是确保工程质量和安全的重要环节。

二、材料供应与施工进度不匹配

1.问题认定。

材料采购计划未与施工进度紧密结合，部分材料供应滞后，违反了建设工程应确保材料供应及时、与施工进度相匹配的原则。

2.法律条文。

《中华人民共和国民法典》第七百八十八条："建设工程合同是承包人进行工程建设，发包人支付价款的合同。建设工程合同包括工程勘察、设计、施工合同。"

三、现场管理存在不足

1.问题认定。

施工现场缺乏有效的协调和管理，各施工队伍之间沟通不畅，违反了建设工程应确保现场管理有序、沟通协调顺畅的原则。

2.法律条文。

《中华人民共和国安全生产法》第四条：生产经营单位必须遵守本法和其他有关安全生产的法律、法规，加强安全生产管理，建立健全全员安全生产责任制和安全生产规章制度，加大对安全生产资金、物资、技术、人员的投入保障力度，改善安全生产条件，加强安全生产标准化、信息化建设，构建安全风险分级管控和隐患排查治理双重预防机制，健全风险防范化解机制，提高安全生产水平，确保安全生产。

综上所述，本案例中涉及的施工工序安排不当、材料供应与施工进度不匹配以及现场管理存在不足等问题，均可以在相关法律法规中找到对应的规定和要求。这些问题不仅可能构成合同违约，还可能违反安全生产和建筑质量管理的相关法律规定。

整改措施

一、针对施工工序未合理规划问题的整改措施

1. 聘请专业的项目管理人员或咨询机构，对施工工序进行重新评估和规划。

2. 制订详细的施工进度表，明确每个工序的开始与结束时间，以及各工序之间的逻辑关系。

3. 加强与设计师、施工团队和监理的沟通，确保各方明确了解并遵循施工工序。

二、针对材料供应与施工进度不匹配问题的整改措施

1. 建立材料采购与施工进度紧密结合的机制，确保材料供应及时。

2. 加强与材料供应商的沟通与合作，明确材料供应的时间节点和质量要求。

3. 设立专门的材料管理团队，负责材料的采购、储存和分发，确保材料供应不断档。

三、针对现场管理存在不足问题的整改措施

1. 加强现场管理团队的培训，提高其管理水平和协调能力。

2. 建立健全的施工现场管理制度，明确各施工队伍的责任和权利。

3. 定期召开施工现场协调会议，加强各施工队伍之间的沟通和协作。

4. 引入先进的施工管理软件或系统，实现施工进度的实时监控和管理，提高管理效率。

总之，为了确保项目的顺利进行，需要从施工工序规划、材料供应和现场管理等多个方面进行全面的整改和提升。这些整改措施的实施需要项目各方的共同努力和配合，以确保项目的质量、进度和安全。

专题2：施工人员缺乏对整体工作内容的认识

案例简介

一、案例背景

某市一项重要的公共基础设施建设工程，旨在提升城市交通效率，该项目涉及桥梁、道路及排水等多个子项目。工程由市建设部门主导，通过公开招标选择了施工单位。在施工过程中，审计部门对工程进行了例行审计。

二、具体问题

审计过程中发现，施工人员对工程项目的整体内容了解不足，具体表现在以下几个方面。

1. 施工人员对工程项目的总体目标、各个子项目的相互关系以及施工进度计划等缺乏全面了解。

2. 现场管理人员未能有效地将项目的整体要求和施工细节传达给每一个施工人员。

3. 施工人员仅关注自己负责的一小部分工作，对其他工序和团队工作知之甚少，导致工作衔

接不畅。

三、具体案例分析

本案例中，施工人员缺乏对整体工作内容的认识，主要有以下几个方面的原因。

1. 项目管理层沟通不畅。项目管理层未能将项目的整体目标、计划和要求有效地传达给施工现场的每一个人，导致信息断层，使得施工人员只能根据自己的理解和经验进行工作。

2. 缺乏全面的培训。在项目开始前，没有对施工人员进行全面的项目培训，施工人员对项目的整体内容、施工流程和安全规范等了解不足，难以形成全局观念。

3. 分工过细导致视野局限。为了提高施工效率，现场工作被细分为多个小部分，每个施工人员只负责其中一部分。这种分工方式虽然提高了专业化程度，但也限制了施工人员的视野，使他们难以了解项目的全貌。

四、后果与影响

1. 工作效率降低。施工人员对整体工作内容缺乏认识，他们在工作时可能无法准确判断自己的工作在整个项目中的位置和作用，从而导致工作效率降低。

2. 工作质量受损。对施工内容的片面理解可能导致施工人员在执行过程中出现偏差，进而影响整个工程的质量。

3. 安全隐患增加。对项目整体内容的不了解可能使施工人员忽视潜在的安全风险，从而增加事故发生的可能性。

4. 团队协作受阻。由于缺乏全局观念，各施工团队之间可能难以形成有效的协作，工程进度受阻。

综上所述，本案例中施工人员缺乏对整体工作内容认识的问题，给项目带来了多方面的负面影响。因此，在建设工程项目中，应加强对施工人员的整体培训和沟通，确保他们对项目的整体内容有充分的认识和理解。

问题认定与法律条文

一、施工人员对工程项目的总体目标、子项目关系及施工进度计划缺乏了解

1. 问题认定。

施工单位未能确保所有参与项目的施工人员充分了解工程项目的总体目标、各子项目的相互关系以及施工进度计划，这可能导致施工质量、进度和安全等方面的问题。

2. 法律条文。

《建设工程安全生产管理条例》第二十一条："施工单位的主要负责人、项目负责人、专职安全生产管理人员应当经建设行政主管部门或者其他有关部门考核合格后方可任职。"这意味着项目负责人有责任确保施工人员具有对项目的全面了解和对安全施工的认知。

《中华人民共和国民法典》第七百七十二条：承揽人应当按照定作人的要求完成工作，交付工作成果，并提供必要的技术资料和有关质量证明。定作人提供材料的，承揽人应当按照约定和定作人提供的材料完成工作。

二、现场管理人员未有效传达项目要求和施工细节

1. 问题认定。

现场管理人员未能充分履行其管理职责，未将项目的整体要求和施工细节有效传达给每一个施工人员，这可能导致施工现场的混乱和安全事故。

2. 法律条文。

《中华人民共和国安全生产法》第五条：生产经营单位的主要负责人是本单位安全生产第一责任人，对本单位的安全生产工作全面负责。其他负责人对职责范围内的安全生产工作负责。

《建设工程质量管理条例》也强调了施工单位应建立质量管理体系，其中包括信息的有效沟通和传达，确保施工质量的稳定和可控。

三、施工人员视野局限，工作衔接不畅

1. 问题认定。

施工人员仅关注自身工作范围，缺乏对其他工序和团队工作的了解，导致工作衔接不畅，可能影响工程的整体效率和质量。

2. 法律条文。

虽然这个问题不直接违反特定的法律条文，但它可能影响工程的整体质量、进度和安全，从而间接违反《建设工程质量管理条例》中关于施工单位应确保施工质量的稳定和可控的规定。

同时，工作衔接不畅可能导致资源浪费和效率低下，这与《中华人民共和国民法典》中关于承揽方应按时完成工作并保证工作质量的义务相违背。

综上所述，施工人员缺乏对整体工作内容的认识，可能违反安全生产、工程质量和合同履行的相关法律法规。施工单位应加强对施工人员的培训和管理，确保他们对项目的全面了解和合规施工。

整改措施

一、加强项目整体内容培训

1. 在项目开始前，组织全面的项目培训，确保所有施工人员和现场管理人员对项目的整体目标、计划、子项目关系以及施工进度有清晰的认识。

2. 培训内容应包括项目的总体规划、各个子项目的具体内容和目标、施工流程、安全规范等关键信息。

二、优化信息传递机制

1. 定期召开项目进展会议，确保所有相关人员都能及时了解项目的最新进展和变化。

2. 利用现代信息技术手段，如项目管理软件或移动应用，实时更新和共享项目信息，提高信息传递的效率和准确性。

三、强化现场管理人员的职责

1. 明确现场管理人员的职责和要求，确保其能够充分理解并传达项目的整体要求和施工细节。

2. 定期对现场管理人员进行培训和考核，提高其管理水平和沟通能力。

四、促进团队协作与沟通

1.鼓励施工人员之间的交流和协作，打破分工过细导致的视野局限，提高团队协作能力。

2.可以定期组织团队建设活动，增强团队凝聚力和促进相互理解。

五、建立反馈机制

1.设立匿名反馈渠道，允许施工人员对项目管理、信息传递等方面提出建议或意见。

2.定期对收集到的反馈进行分析和整改，持续优化项目管理流程和信息传递机制。

实施以上整改措施，可以有效提高施工人员对整体工作内容的认识，促进项目的顺利进行，确保工程质量、进度和安全。

专题 3：施工班组各行其是，缺乏整体协调

案例简介

一、案例背景

某市一项商业综合体建设工程项目正在紧锣密鼓地进行。该项目包含商业中心、写字楼和住宅楼等多个部分，由多个施工班组分别负责不同区域和不同专业的施工工作。为了确保工程进度，各班组被要求高效、独立地完成各自的任务。

二、具体问题

在项目的实际施工过程中，审计部门发现存在以下问题：施工班组之间各行其是，缺乏整体协调。

1.各班组之间沟通不畅，导致部分施工区域出现重复施工和交叉作业的情况。

2.由于缺乏统一的协调和调度，部分班组的施工进度受到其他班组的影响，无法按计划进行。

3.施工现场存在资源浪费现象，如某些材料被多个班组重复采购和使用，造成不必要的成本支出。

三、具体案例分析

本案例中，施工班组各行其是，缺乏整体协调的问题主要体现在以下几个方面。

1.沟通机制不健全。项目管理部门未能建立起有效的沟通机制，导致各班组之间信息传递不畅，无法及时了解彼此的施工计划和进度。

2.调度安排不合理。由于缺乏统一的调度和协调，各班组在施工过程中往往只关注完成自身的任务，而忽视了对其他班组的影响。

3.资源配置不合理。各班组独立采购和使用材料，导致部分材料被重复采购和浪费，增加了项目成本。

四、后果与影响

1.工程进度受阻。由于各班组之间缺乏协调，部分施工区域出现重复施工和交叉作业的情况，严重影响了工程进度。

2.工程质量下降。施工过程中的交叉作业和重复施工，可能导致部分工程部位的质量问题，

给项目的整体质量带来隐患。

3.成本增加。资源浪费和重复采购导致项目成本上升，降低了项目的经济效益。

4.安全风险增加。各班组之间的不协调可能引发施工现场的安全事故，给施工人员的生命安全带来威胁。

综上所述，本案例中施工班组各行其是，缺乏整体协调的问题给工程项目带来了多方面的负面影响。因此，在建设工程项目中，各班组之间应加强沟通与协调，确保工程的顺利进行。

问题认定与法律条文

一、各班组之间沟通不畅，导致重复施工和交叉作业

1.问题认定。

施工班组之间的沟通不畅、缺乏协调，导致施工现场出现重复施工和交叉作业的现象。这反映了项目管理上的不足，可能违反关于建设工程施工管理和安全生产的规定。

2.法律条文。

《建设工程安全生产管理条例》第十四条："工程监理单位应当审查施工组织设计中的安全技术措施或者专项施工方案是否符合工程建设强制性标准。"缺乏沟通协调可能导致安全技术措施和施工方案无法得到有效执行，从而违反本条文。

《中华人民共和国民法典》第七百八十八条：建设工程合同是承包人进行工程建设，发包人支付价款的合同。建设工程合同包括工程勘察、设计、施工合同。

二、缺乏统一的协调和调度，施工进度受影响

1.问题认定。

由于缺乏统一的协调和调度，部分班组的施工进度受到其他班组的影响，这可能导致工程无法按计划进行，违反了有关工程进度控制和管理的规定。

2.法律条文。

《建设工程质量管理条例》第十条："建设工程发包单位，不得迫使承包方以低于成本的价格竞标，不得任意压缩合理工期。"若缺乏协调导致工期延误，可能视为发包单位或承包单位管理不当，违反了合理工期管理的规定。

三、资源浪费和重复采购

1.问题认定。

施工现场存在资源浪费现象，如材料的重复采购，这违反了资源合理利用和节约的原则，也增加了工程成本，不符合工程项目成本控制的要求。

2.法律条文。

《中华人民共和国节约能源法》第四条："国家实施节约与开发并举、把节约放在首位的能源发展战略。"资源浪费违反了国家节约能源的法律原则。

《中华人民共和国民法典》规定，合同当事人应当诚实信用地履行自己的义务。资源浪费和重复采购可能导致工程成本的不必要增加，违反了合同履行的诚实信用原则。

综上所述，施工班组之间缺乏协调和整体调度，沟通不畅，以及由此导致的资源浪费和重复采购等问题，都可能违反相关的法律法规和合同条款，需要采取相应的整改措施来加以纠正。

整改措施

一、建立有效的沟通机制

1. 定期召开项目沟通会议，要求各施工班组的负责人参与，以及时沟通施工进展、存在的问题和需要的支持。

2. 利用现代信息技术，如建立项目管理平台或使用即时通信工具，确保各班组之间能够快速、准确地传递信息。

二、加强整体调度和协调

1. 设立专门的项目调度部门或指派调度专员，负责整体施工进度的协调和安排，确保各班组之间的施工顺序和时间节点得到合理规划。

2. 制订详细的施工计划，并明确各班组之间的施工衔接点，避免出现施工冲突和重复劳动。

三、优化资源配置和管理

1. 建立统一的材料采购和管理制度，避免材料的重复采购和浪费。可以设立材料仓库，实行统一的材料申领和使用登记制度。

2. 对施工现场进行定期的资源使用情况检查，及时发现并纠正资源浪费的现象。

四、加强培训和提高意识

1. 对施工班组进行项目管理和协调方面的培训，提高他们的团队协作意识和整体协调能力。

2. 通过宣传和教育活动，提升施工人员对资源浪费问题的认识，培养节约资源的良好习惯。

五、建立奖惩机制

1. 设立奖励制度，对在沟通协调、资源节约等方面表现突出的班组或个人给予表彰和奖励。

2. 对缺乏沟通协调导致施工进度受阻、资源浪费等问题的班组或个人进行相应的惩罚和纠正。

实施以上整改措施，可以有效改善施工班组之间各行其是、缺乏整体协调的问题，提高工程的施工效率和质量，降低项目成本，确保工程的顺利进行。

专题4：命令或指示不清楚

案例简介

一、案例背景

某市的一个大型公共设施建设工程项目，规模庞大且涉及多个专业领域的合作，项目管理团队需要向各施工班组发布具体的施工命令和指示。然而，由于沟通不畅和管理上的疏忽，项目管理团队发出的命令或指示往往表述不清，给施工带来了诸多问题。

二、具体问题

在施工过程中，审计部门发现项目管理团队发出的命令或指示存在以下问题。

1. 模糊性。命令或指示表述模糊不清，缺乏明确的执行标准和步骤。

2. 矛盾性。不同的管理人员对同一施工任务给出了相互矛盾的命令或指示。

3. 缺乏细节。重要的施工细节，如材料规格、施工方法、安全标准等未在命令或指示中明确说明。

三、具体案例分析

1. 模糊性导致的误解。

项目管理团队在一次例会上发布了关于混凝土浇筑的命令，命令中要求"按标准程序进行浇筑"，但并未具体说明浇筑的厚度、速度、温度控制等关键参数。由于命令的模糊性，施工班组按照自己的理解操作，导致部分区域的混凝土浇筑质量未达到标准，需要重新施工。这不仅造成了时间和资源的浪费，还影响了整体施工进度。

2. 矛盾性引发的混乱。

两位不同部门的管理人员分别向同一施工班组发出了关于安装电气线路的命令。其中一位要求"按照图纸 A 进行布线"，而另一位则要求"遵循图纸 B 的布线方案"。两份相互矛盾的图纸让施工班组无所适从，不知道应该遵循哪个命令施工。这种矛盾性不仅导致了工期的延误，还给施工班组带来了额外的困扰和压力。

3. 缺乏细节带来的安全风险。

在高空作业任务中，管理人员发布的命令未详细说明安全带的使用方法和固定点的选择等关键细节。由于缺乏具体的指示，施工人员在作业过程中无法正确使用安全带，存在严重的安全隐患。幸运的是，在安全事故发生之前，问题被及时发现并得到了纠正，否则后果不堪设想。

四、后果与影响

1. 由于命令或指示表述不清，施工班组需要花费更多的时间去理解和澄清要求，甚至可能出现返工的情况，这不仅影响了施工进度，还增加了项目成本。

2. 模糊的命令可能导致材料使用不当或浪费，从而增加项目成本。同时，也可能引发施工质量问题，给项目的整体质量带来风险。

3. 缺乏明确的安全指示可能使施工现场存在严重的安全隐患，一旦发生安全事故，将对人员安全和企业声誉造成不可挽回的损失。

综上所述，项目管理团队在发布命令或指示时必须确保清晰、明确、一致，并提供足够的细节信息，这样才能保障施工班组准确、高效地执行任务，确保项目的顺利进行并降低潜在的风险和成本。

问题认定与法律条文

一、模糊性导致的误解

1. 问题认定。

项目管理团队发布的命令模糊不清，导致施工班组按照自己的理解进行操作，造成混凝土浇筑质量不达标。这反映了管理上的疏忽和对施工质量标准的不明确，可能违反关于建设工程施工质量管理和工程标准的规定。

2. 法律条文。

《建设工程质量管理条例》第二十八条："施工单位必须按照工程设计图纸和施工技术标准施工，不得擅自修改工程设计，不得偷工减料。"模糊的命令可能导致施工未按照明确的设计图纸和技术标准进行，从而违反本条例。

《中华人民共和国民法典》第七百八十一条：承揽人交付的工作成果不符合质量要求的，定作人可以合理选择请求承揽人承担修理、重作、减少报酬、赔偿损失等违约责任。

二、矛盾性引发的混乱

1.问题认定。

不同管理人员对同一施工任务给出了相互矛盾的命令，导致施工班组无所适从，造成工期延误，这体现了项目管理上的不协调和沟通不畅，可能违反关于建设工程管理和项目协调的规定。

2.法律条文。

《建设工程项目管理规范》要求项目管理团队应确保项目信息的准确性和一致性。相互矛盾的命令违反了这一管理规范，可能导致项目管理上的混乱和施工进度的延误。

虽然没有直接的法律条文针对这种情况，但根据《中华人民共和国民法典》原则，管理方导致工程延误可能构成违约行为，需承担相应责任。

三、缺乏细节带来的安全风险

1.问题认定。

管理人员发布的命令缺乏关键细节，如安全带使用方法和固定点选择等，导致施工人员无法正确使用安全带，存在安全隐患。这可能违反关于施工现场安全管理和劳动保护的规定。

2.法律条文。

《中华人民共和国安全生产法》第四十四条："生产经营单位应当教育和督促从业人员严格执行本单位的安全生产规章制度和安全操作规程；并向从业人员如实告知作业场所和工作岗位存在的危险因素、防范措施以及事故应急措施。"命令中缺乏关键安全细节可能违反这一要求。

《建设工程安全生产管理条例》第二十一条："施工单位主要负责人依法对本单位的安全生产工作全面负责。"缺乏细节的命令可能导致安全生产责任落实不到位，违反安全生产管理的相关规定。

整改措施

一、针对模糊性导致的误解问题的整改措施

1.建立明确的施工命令和指示发布流程，确保所有命令都经过严格审查，语言表述清晰，量化标准明确。

2.对项目管理团队进行培训，提升他们的专业素养和沟通能力，确保发布的命令或指示具有明确的执行标准和步骤。

3.引入第三方审计或评估专家，对施工命令和指示进行定期检查和评估，确保其清晰、明确。

二、针对矛盾性引发的混乱问题的整改措施

1.建立统一的项目信息管理系统，确保所有管理人员能够实时获取最新的项目信息和命令，避免信息不一致导致的矛盾。

2.加强项目管理团队之间的沟通与协调，定期召开项目管理会议，就施工任务、进度和问题进行充分讨论，达成共识。

3.对于关键施工任务，实行"一事一议"制度，确保各管理部门在决策前进行充分协商，避

免发出相互矛盾的命令。

三、针对缺乏细节带来的安全风险问题的整改措施

1.完善施工安全管理制度，明确各项安全细节和标准，包括安全带使用方法、固定点选择等。

2.对施工人员进行定期的安全培训和演练，提高他们的安全意识和操作技能。

3.加强施工现场的安全监管，确保所有施工人员都严格遵守安全操作规程。对违反安全规定的行为，及时进行纠正和处罚。

综上所述，实施加强项目管理团队的沟通与协调、提高命令和指示的清晰度与一致性、完善施工安全管理制度等措施，可以有效解决上述案例中存在的问题，确保施工项目的顺利进行并降低潜在的风险。

专题5：未能切实督导工具、材料、设备等放置于一定场所

案例简介

一、案例背景

在某市一项重要的基础设施建设工程项目中，由于工程项目的复杂性和规模庞大，现场管理工作尤为关键。然而，在实际施工过程中，审计部门发现现场管理人员对施工现场的工具、材料、设备等的管理存在严重问题。

二、具体问题

审计部门在施工现场发现以下问题。

1.工具随意放置。施工工具在使用后并未被妥善归位，而是随意散落在工地各处，造成安全隐患。

2.材料堆放混乱。建筑材料如砂石、水泥、钢筋等未按类别整齐堆放，导致材料易受损、易混淆。

3.设备管理不当。重型设备如挖掘机、吊车等停放在不适当的位置，影响了施工道路的通畅，且存在安全风险。

三、具体案例分析

1.工具随意放置带来的安全隐患。

在某次施工中，工人在使用完手动工具后，未将其放回指定工具架，而是随手放在了施工道路上。后来，另一名工人在夜间施工时，因视线不佳，不慎被遗留在地上的工具绊倒，导致受伤。这一事件暴露出工具管理不善会直接威胁到工人的安全。

2.材料堆放混乱导致的材料浪费与质量问题。

由于砂石、水泥等材料堆放混乱，工人在取料时经常取错或混淆材料，不仅影响了施工进度，还导致了材料的大量浪费。同时，部分材料因长期暴露在恶劣环境中，性能下降，甚至出现了质量问题，严重影响了工程的整体质量。

3. 设备管理不当引发的安全问题。

一台挖掘机在施工结束后被随意停放在施工道路旁，未进行固定和警示。后来，一辆运输材料的卡车在转弯时与挖掘机发生碰撞，造成车辆损坏和人员受伤。这一事故再次凸显了设备管理的重要性。

四、后果与影响

1. 安全隐患增加。工具和设备的随意放置会大大增加施工现场的安全隐患，可能导致工人受伤或设备损坏。

2. 材料浪费与质量问题。材料管理不善不仅会造成浪费，还会影响工程质量，增加返工和维修成本。

3. 施工进度受阻。由于工具和材料的管理混乱，工人需要花费额外的时间去寻找和整理，严重影响了施工进度。

4. 企业形象受损。施工现场的混乱管理会给外界留下不专业的印象，损害企业的声誉和形象。

综上所述，本案例中的现场管理人员应加强对工具、材料、设备等的管理，确保施工现场的整洁、有序和安全。制订严格的管理制度和培训现场人员，可以提高施工现场的管理水平，减少安全隐患，保证工程的顺利进行。

问题认定与法律条文

一、工具随意放置

1. 问题认定。

工具随意放置，未按照安全规定进行管理，造成安全隐患并导致工人受伤。这违反了工作场所安全管理和劳动保护的相关法律法规。

2. 法律条文。

《中华人民共和国安全生产法》第四十四条："生产经营单位应当教育和督促从业人员严格执行本单位的安全生产规章制度和安全操作规程；并向从业人员如实告知作业场所和工作岗位存在的危险因素、防范措施以及事故应急措施。"现场管理人员未能确保工具的安全放置，违反了安全生产法的相关规定。

二、材料堆放混乱

1. 问题认定。

材料堆放混乱，未进行分类储存和管理，导致材料受损、混淆，并可能引发质量问题。这违反了建筑材料管理和工程质量控制的相关法律法规。

2. 法律条文。

《建设工程质量管理条例》第二十九条："施工单位必须按照工程设计要求、施工技术标准和合同约定，对建筑材料、建筑构配件、设备和商品混凝土进行检验，检验应当有书面记录和专人签字；未经检验或者检验不合格的，不得使用。"材料管理混乱可能导致使用质量不合格的材料，违反上述条例。

三、设备管理不当

1. 问题认定。

重型设备如挖掘机随意停放，未进行固定和警示，与运输车辆发生碰撞，导致安全事故。这违反了施工现场设备安全管理和防护的相关法律法规。

2. 法律条文。

《中华人民共和国安全生产法》第三十五条："生产经营单位应当在有较大危险因素的生产经营场所和有关设施、设备上，设置明显的安全警示标志。"设备管理不当，未设置明显的安全警示，违反了安全生产法的相关规定。

综上所述，现场管理人员应严格遵守相关法律法规，确保工具、材料、设备的安全管理，以防止类似的安全事故和质量问题再次发生。对于违反法律法规的行为，应依法承担相应的法律责任。

整改措施

一、针对工具随意放置问题的整改措施

1. 设立专门的工具存放区域，并标识清晰，确保每种工具有固定的存放位置。

2. 制订工具使用与归还的管理制度，要求工人在使用完工具后必须及时归位。

3. 加强对工人的安全教育和培训，提高他们的安全意识，确保每个人都明白工具随意放置的危害。

二、针对材料堆放混乱问题的整改措施

1. 划分不同的材料堆放区域，并设立明显的标志，按照材料种类进行分类堆放。

2. 制订材料管理制度，明确材料的进出库流程，确保材料的数量和质量与工程进度相匹配。

3. 定期对材料进行盘点和检查，及时发现并处理受损或变质的材料。

三、针对设备管理不当问题的整改措施

1. 设立设备停放区域，并规定设备停放的标准和流程，确保设备停放在安全、稳固的位置。

2. 对设备进行定期维护和检查，确保其处于良好的工作状态，减少安全隐患。

3. 加强对设备操作人员的培训和管理，提高他们的操作技能和安全意识。

综上所述，设立专门的存放区域、制订管理制度和加强人员培训等措施，可以有效地解决上述案例中存在的问题，确保施工现场的安全、整洁和有序。同时，这些措施也有助于提高施工效率和质量，保障工程的顺利进行。

专题6：超时施工

案例简介

一、案例背景

在某城市的核心区域，一个大型商业综合体建设工程项目正在紧锣密鼓地进行中。由于该项目规模庞大，投资众多，因此备受关注。项目的进度控制显得至关重要，因为任何延误都可能对项目整体造成连锁影响。

二、具体问题

在项目施工过程中，审计团队揭露了一个关键问题：存在超时施工现象。即原本规划好的工作时间被违规延长，这既违反了劳动法规，也给周边居民区带来了噪声等干扰。

三、具体案例分析

1. 超时施工的发现。

审计团队在审查施工进度记录时，注意到工地日志中多次出现超出法定工作时间的施工记录。通过进一步的现场调研和查看视频监控资料，审计团队确认了超时施工的普遍性。

2. 超时施工的原因。

审计团队深入剖析了超时施工的原因，发现主要有以下几点：项目管理层对工期要求过于苛刻，导致工地现场管理人员在正常工作时间外增加作业量；部分施工队为了获得更多的报酬自愿加班；现场监管疏忽，未能有效遏制超时施工的现象。

3. 法律法规的遵循问题。

根据国家的劳动法律法规，任何单位都必须严格遵守工作时间、休息休假等规定。超时施工不仅违法，而且可能危害工人的身体健康，同时扰乱周边居民的正常生活秩序。

四、后果与影响

1. 工人健康风险。长时间超时工作会严重威胁工人的身体健康，甚至可能导致工伤事故。

2. 社区生活干扰。超时施工产生的噪声等污染会影响周边居民的生活质量。

3. 法律风险。违法行为可能使项目方面临法律制裁，损害公司声誉。

4. 项目质量与安全隐患。工人过度劳累可能影响施工质量和现场安全。

5. 工期管理失效。如果项目管理团队依赖超时工作来满足工期要求，那么正常的工期管理体系将形同虚设，这对项目的长期稳定推进是极为不利的。

问题认定与法律条文

一、超时施工违反了劳动法规关于工作时间的规定

《中华人民共和国劳动法》第三十六条："国家实行劳动者每日工作时间不超过八小时、平均每周工作时间不超过四十四小时的工时制度。"以及第四十一条："用人单位由于生产经营需要，经与工会和劳动者协商后可以延长工作时间，一般每日不得超过一小时；因特殊原因需要延长工作时间的，在保障劳动者身体健康的条件下延长工作时间每日不得超过三小时，但是每月不得超过三十六小时。"超时施工明显违反了上述规定中关于工作时间和加班时间的限制。

二、超时施工可能危害工人的身体健康

《中华人民共和国劳动法》第五十二条："用人单位必须建立、健全劳动安全卫生制度，严格执行国家劳动安全卫生规程和标准，对劳动者进行劳动安全卫生教育，防止劳动过程中的事故，减少职业危害。"超时施工可能导致工人过度疲劳，增加事故风险，违反了用人单位应保障劳动者安全卫生的法律责任。

三、超时施工扰乱了周边居民的正常生活秩序

《中华人民共和国环境噪声污染防治法》第六十一条：受到环境噪声污染危害的单位和个

人，有权要求加害人排除危害；造成损失的，依法赔偿损失。赔偿责任和赔偿金额的纠纷，可以根据当事人的请求，由生态环境主管部门或者其他环境噪声污染防治工作的监督管理部门、机构调解处理；调解不成的，当事人可以向人民法院起诉。当事人也可以直接向人民法院起诉。

整改措施

一、严格遵守劳动法规

1.项目管理层应重新审查和调整工作计划，确保所有施工活动均符合《中华人民共和国劳动法》关于工作时间和加班时间的规定。

2.定期对项目管理人员和施工队伍进行法律法规培训，提高他们的法律意识，确保每位员工都了解并遵守相关法律法规。

二、优化工期管理

1.制订合理的工程进度计划，考虑各种不可预见因素，避免过于紧凑的工期安排导致超时施工。

2.引入先进的项目管理软件和技术，实时监控施工进度，以便及时调整计划并预防潜在的延误。

三、加强现场监管

1.增设现场监控摄像头，确保能够全天候监控施工现场的活动，及时发现并纠正超时施工行为。

2.建立严格的施工日志制度，记录每日的施工时间和人员活动情况，以便后续审计和检查。

四、保障工人健康与安全

1.定期对施工人员进行健康检查，确保他们的身体状况适合继续从事施工工作。

2.提供充足的休息时间和必要的劳动保护措施，如防暑降温设备、安全防护用品等。

五、加强与周边社区的沟通与协调

建立与周边居民的沟通机制，定期向他们通报施工进度和计划，减少因施工带来的不便。在必要时，为周边居民提供适当的补偿或安抚措施，以缓解因施工造成的干扰。

六、建立内部奖惩机制

对严格遵守工作时间规定、避免超时施工的团队或个人给予奖励和表彰。对违反工作时间规定的施工队伍或管理人员进行惩罚，如罚款、警告或解除合作等。

七、引入第三方机构监督和评估

邀请专业的第三方机构对施工过程进行监督和评估，确保所有活动均符合法律法规和行业标准。根据第三方机构的建议进行必要的调整和改进，不断提高项目管理的合规性和效率。

实施这些整改措施，可以有效解决超时施工问题，保障工人的合法权益和身体健康，同时减少对周边居民的影响，提升项目的整体管理水平和社会形象。

专题 7：未检视每一阶段的工作是否配备了合适的工具与设备，如水电管线等

案例简介

一、案例背景

在某市的新城区，一个大型住宅楼群建设项目正在如火如荼地进行。该项目由一家知名房地产开发商负责，旨在打造高端住宅小区。项目的规模相当大，吸引了众多购房者和业界的关注。然而，在项目进行过程中，一些管理上的疏忽逐渐浮出水面。

二、具体问题

在项目的不同阶段，如地基开挖、主体结构施工、内部装修等，需要使用各种工具和设备，包括但不限于水电管线、起重机械、混凝土搅拌站等。然而，在项目的审计过程中发现，管理层并未严格检视每一阶段的工作是否配备了合适的工具与设备。特别是在水电管线的配置上，存在明显的不足和使用不当。

三、具体案例分析

1. 水电管线配置不足。

地基开挖阶段需要大量的临时用电和用水，但审计发现，现场的水电管线配置明显不足。这导致部分施工区域经常出现断电或断水的情况，严重影响了施工进度。同时，由于管线不足，部分施工人员不得不使用私拉乱接的方式来满足用电用水需求，存在极大的安全隐患。

2. 设备老化与维护不足。

主体结构施工阶段需要使用大量的起重机械和混凝土搅拌设备。然而，审计发现部分设备存在老化现象，且缺乏必要的维护和保养。这不仅影响了设备的运行效率，还提高了故障发生的概率。一旦设备在施工中发生故障，将对施工进度和人员安全造成严重影响。

3. 缺乏专业操作人员。

除了设备本身的问题，审计还发现部分操作水电管线和大型设备的工人并未接受过专业培训，导致他们在操作过程中经常出现失误或不当操作。这不仅降低了设备的使用寿命，还可能引发安全事故。

四、后果与影响

1. 施工进度受阻。由于水电管线配置不足和设备老化问题，施工进度频繁受阻。这不仅增加了项目的总成本，还可能导致项目延期交付，给开发商带来巨大的经济损失和信誉损害。

2. 安全隐患增加。私拉乱接的电线、老化的设备以及缺乏专业培训的操作人员都大大增加了施工现场的安全隐患。一旦发生安全事故，将对人员生命安全和项目顺利进行造成严重影响。

3. 质量风险提升。使用不合适的工具和设备可能导致施工质量下降，从而影响整个项目的品质和居民的居住体验。长期下来，这将对开发商的品牌形象和市场份额产生负面影响。

此案例揭示了建设工程项目中严格检视每一阶段工作是否配备合适工具与设备的重要性。项目方应加强对施工现场设备和管线的管理，确保每一阶段都有合适的工具和设备支持，以保障施工进度、安全和质量。

问题认定与法律条文

一、水电管线配置不足与私拉乱接电线

1. 问题认定。案例中提到的现场水电管线配置明显不足，部分施工人员使用私拉乱接的方式来满足用电需求，这违反了安全生产的相关规定，存在安全隐患。

2. 法律条文。《中华人民共和国安全生产法》第三十六条："安全设备的设计、制造、安装、使用、检测、维修、改造和报废，应当符合国家标准或者行业标准。生产经营单位必须对安全设备进行经常性维护、保养，并定期检测，保证正常运转。维护、保养、检测应当作好记录，并由有关人员签字。"水电管线的配置不足和私拉乱接违反了该条文对安全设备使用和维护的规定。

二、设备老化与维护不足

1. 问题认定。案例中提到的起重机械和混凝土搅拌设备存在老化现象，且缺乏必要的维护和保养，这违反了设备管理和维护的相关规定。

2. 法律条文。《中华人民共和国安全生产法》第三十九条："生产、经营、运输、储存、使用危险物品或者处置废弃危险物品的，由有关主管部门依照有关法律、法规的规定和国家标准或者行业标准审批并实施监督管理。生产经营单位生产、经营、运输、储存、使用危险物品或者处置废弃危险物品，必须执行有关法律、法规和国家标准或者行业标准，建立专门的安全管理制度，采取可靠的安全措施，接受有关主管部门依法实施的监督管理。"设备老化和维护不足违反了该条文对设备管理和危险物品使用的安全规定。

三、缺乏专业操作人员

1. 问题认定。案例中部分操作水电管线和大型设备的工人未接受过专业培训，存在操作失误的风险，这违反了特种作业人员持证上岗的规定。

2. 法律条文。《中华人民共和国安全生产法》第三十条第一款："生产经营单位的特种作业人员必须按照国家有关规定经专门的安全作业培训，取得相应资格，方可上岗作业。"未接受过专业培训的操作人员上岗作业违反了该条文对特种作业人员持证上岗的规定。《中华人民共和国安全生产法》第九十四条：生产经营单位的主要负责人未履行本法规定的安全生产管理职责的，责令限期改正，处二万元以上五万元以下的罚款；逾期未改正的，处五万元以上十万元以下的罚款，责令生产经营单位停产停业整顿。

整改措施

一、针对水电管线配置不足与私拉乱接电线问题的整改措施

1. 对施工现场的水电需求进行重新评估，确保每个施工阶段都有足够的水电管线支持。增加必要的水电管线设备，以满足施工需要，避免断电或断水情况的发生。

2. 严格执行电线电缆的规范铺设，禁止私拉乱接。加强现场安全检查，对违规接线行为进行严厉打击，并对相关责任人进行处罚。

3. 配备专业的电工团队，负责施工现场水电管线的安装、维护和检修工作，确保用电安全。

二、针对设备老化与维护不足问题的整改措施

1. 对所有施工设备进行全面的检查和评估，识别出老化或损坏的设备，并及时进行更换或维修。

2. 建立设备维护和保养制度，定期对设备进行维护和保养，确保设备的良好运行状态。记录设备的维护和使用情况，及时发现并解决问题。

3. 加强对设备操作人员的培训，提高他们的设备操作和维护技能，减少操作不当导致的设备损坏。

三、针对缺乏专业操作人员问题的整改措施

1. 对所有操作人员进行全面的技能评估，识别出缺乏专业技能的人员，并进行有针对性的培训。确保所有操作人员都具备必要的专业技能和安全意识。

2. 实行持证上岗制度，要求所有操作人员必须持有相应的操作证书才能上岗。无证人员必须接受培训并通过考核后才能上岗。

3. 定期对操作人员进行安全教育和技能培训，提高他们的安全意识和操作技能。同时，建立奖惩机制，对表现优秀的操作人员给予奖励，对违规操作人员进行处罚。

实施以上整改措施，可以有效解决案例中存在的问题，提高施工现场的安全性和施工效率。同时，也有助于提升整个项目的管理水平和施工质量。

专题 8：对员工督导不力，员工工作散漫、效率低

案例简介

一、案例背景

某市新规划的交通枢纽工程项目，旨在缓解城市交通压力，提升市民出行效率。该项目由市政府投资，并委托一家知名建筑公司承建。工程规模庞大，包括地铁站、公交站、停车场及配套设施等。项目启动后，吸引了社会各界的高度关注。

二、具体问题

在项目进行过程中，审计部门发现施工现场存在对员工督导不力的情况。员工工作散漫、效率低下，严重影响了工程进度和质量。

三、具体案例分析

1. 缺乏有效监督。

项目现场管理人员未能对员工进行有效监督。审计人员观察到，部分员工在工作时间内闲聊、玩手机，甚至离开工作岗位长时间休息。管理人员对这些现象视而不见，未能及时纠正。

2. 工作效率低下。

由于缺乏明确的工作计划和目标，员工在工作中表现出散漫的态度。例如，在进行混凝土浇筑作业时，部分员工操作缓慢，不遵守工作流程，导致浇筑质量不达标，需要重新施工。这不仅浪费了材料，还增加了工程成本。

3. 培训不足与技能欠缺。

审计还发现，部分员工对新型施工技术和设备操作不熟悉，导致工作效率低下。这反映出项目方在员工培训方面的投入不足，未能使员工掌握必要的技能。

四、后果与影响

1. 工程进度受阻。员工工作效率低下直接导致工程进度受阻。原计划的施工任务无法按时完成，可能引发连锁反应，影响整个项目的交付时间。

2. 成本增加。工作效率低和施工质量不达标导致的返工，增加了不必要的材料和人工成本，长期下来，将对项目的总成本产生显著影响。

3. 安全隐患增加。员工工作散漫可能导致安全意识低，增加施工现场的安全隐患。一旦发生安全事故，将对人员生命安全和项目顺利进行造成严重影响。

4. 项目声誉受损。项目进度滞后和质量问题会引起社会各界的关注，对项目方和市政府的声誉造成负面影响。这可能导致未来类似项目的投资减少或公众信任度下降。

此案例揭示了建设工程项目中员工管理和督导的重要性。项目方应加强对员工的培训和监督，确保工作效率和施工质量，以保障项目的顺利进行和整体效益。

问题认定与法律条文

一、员工工作散漫，缺乏有效监督

1. 问题认定。案例中描述的员工在工作时间内闲聊、玩手机，甚至长时间离开工作岗位休息，且管理人员未能及时纠正这些行为，这违反了劳动纪律和职业操守，同时也反映出管理层在员工监督方面的失职。

2. 法律条文。《中华人民共和国劳动法》第三条："劳动者应当完成劳动任务，提高职业技能，执行劳动安全卫生规程，遵守劳动纪律和职业道德。"员工在工作时间内应遵守劳动纪律，专注于工作任务。同时，《中华人民共和国劳动合同法》第三十九条："劳动者有下列情形之一的，用人单位可以解除劳动合同：……；严重违反用人单位的规章制度的；……"员工严重违反工作纪律的，用人单位有权依法解除劳动合同。

二、员工工作效率低下，影响工程进度

1. 问题认定。员工在工作中表现出散漫的态度，如操作缓慢、不遵守工作流程，导致工作效率低下，进而影响了整个工程的进度。这违反了劳动效率和工程进度的要求。

2. 法律条文。《中华人民共和国民法典》第七百八十八条：建设工程合同是承包人进行工程建设，发包人支付价款的合同。建设工程合同包括工程勘察、设计、施工合同。

因此，承包人有义务按照合同约定的时间和质量完成工程建设。员工工作效率低下导致工程进度受阻，可能构成对合同条款的违反。

三、员工培训不足与技能欠缺

1. 问题认定。部分员工对新型施工技术和设备操作不熟悉，这反映出项目方在员工培训方面的不足。这可能导致施工过程中的安全隐患和工作效率低下。

2. 法律条文。《中华人民共和国安全生产法》第二十八条第一款："生产经营单位应当对从业人员进行安全生产教育和培训，保证从业人员具备必要的安全生产知识，熟悉有关的安全生产

规章制度和安全操作规程，掌握本岗位的安全操作技能，了解事故应急处理措施，知悉自身在安全生产方面的权利和义务。未经安全生产教育和培训合格的从业人员，不得上岗作业。"项目方有责任对员工进行充分的培训和技能提升，以确保施工安全和效率。

整改措施

一、加强员工监督和管理

1.明确工作职责和行为规范。制订详细的工作职责清单和员工行为规范，明确告知员工在工作时间内应专注于工作任务，禁止闲聊、玩手机等与工作无关的行为。

2.加强现场巡查。管理人员应增加现场巡查的频次，及时发现并纠正员工的不当行为，确保员工遵守工作纪律。

3.建立奖惩机制。对遵守工作纪律、高效完成任务的员工给予奖励和表彰；对违反工作纪律的员工，视情况进行警告、罚款或解除劳动合同等处罚。

二、提高工作效率，确保工程进度

1.制订详细的工作计划和目标。为员工制订明确、可量化的工作计划和目标，确保员工清楚自己的工作任务和计划完成时间。

2.优化工作流程。对工作流程进行优化，减少不必要的环节和等待时间，提高工作效率。

3.引入竞争机制。在员工之间引入竞争机制，如设立工作效率排行榜，激励员工提高工作效率。

三、加强员工培训和技能提升

1.定期开展技能培训。针对新型施工技术和设备，定期邀请专家或设备供应商对员工进行技能培训，确保员工掌握必要的操作技能。

2.建立考核机制。培训结束后，对员工进行考核，确保培训效果。对考核不合格的员工进行再培训直至合格为止。

3.鼓励员工自我提升。为员工提供学习资源和平台，鼓励员工利用业余时间进行自我学习和技能提升。

实施以上整改措施，可以加强员工监督和管理，提高工作效率，确保工程进度，并加强员工培训和技能提升。这将有助于提升整个项目的管理水平和施工质量，保障项目的顺利进行和整体效益。

专题9：技术人员和有经验的施工人员不足

案例简介

一、案例背景

某市计划建设一座新的文化艺术中心，该项目包含大剧院、展览馆和多功能厅等多个功能区域，旨在成为城市新的文化地标。项目采用公开招标方式，最终由一家具有丰富建筑经验的工程公司中标承建。该项目工程规模庞大且复杂，对技术和施工经验要求较高。

二、具体问题

在项目推进过程中，审计部门发现该项目存在技术人员和有经验的施工人员严重不足的问题。这不仅影响了工程的进度，也为工程质量带来了潜在的风险。

三、具体案例分析

1. 技术人员短缺。

项目团队中的专业技术人员数量不足，尤其是在电气、暖通、给排水等关键专业领域，缺乏足够的技术支持。这导致项目团队在设计变更、技术难题解决等方面响应缓慢，影响了施工进度。

由于技术人员短缺，项目团队在应对复杂技术问题时显得力不从心，无法及时提出有效的解决方案，增加了工程的不确定性和风险。

2. 有经验的施工人员不足。

施工现场缺乏经验丰富的施工人员，在关键施工阶段，如基础施工、钢结构安装等，这种情况尤为突出。

新手施工人员虽然数量众多，但他们在技术熟练度、安全意识、施工效率等方面与经验丰富的施工人员相比存在明显差距。

由于缺乏足够的经验，施工人员在面对复杂施工环境和突发情况时应变能力不足，可能导致施工质量问题甚至安全事故。

四、后果与影响

1. 工程进度受阻。技术人员和有经验的施工人员的短缺直接导致工程进度缓慢。关键节点的延误可能引发连锁反应，最终导致项目整体交付时间推迟。

2. 成本增加。缺乏技术人员和有经验的施工人员，可能导致频繁的返工和修复工作，增加不必要的成本支出。同时，为了弥补人员短缺，可能需要临时招聘更多人员或加班，进一步推高人力成本。

3. 质量风险增加。技术人员和施工人员的专业水平直接影响工程质量。技术人员和有经验的施工人员的短缺可能导致施工质量下降，增加潜在的质量问题和安全风险。

4. 项目声誉受损。工程进度延误和质量问题可能引发公众和媒体的关注，对项目方和承建公司的声誉造成负面影响。这种声誉损害可能影响公司未来在市场上的竞争力和项目承接能力。

此案例揭示了建设工程项目中技术人员和有经验的施工人员的重要性。项目方应在项目启动前进行充分的人力资源规划和准备，确保有足够数量和质量的技术人员和施工队伍参与项目建设，以保障项目的顺利进行和整体质量。

问题认定与法律条文

一、技术人员短缺

1. 问题认定。项目中专业技术人员数量不足，关键专业领域缺乏技术支持，导致工程进度受影响。这违反了建设工程项目管理中对技术人员配置的基本要求，未能保证项目的技术支持和专业指导。

2. 法律条文。《建设工程质量管理条例》第十三条："建设单位在开工前，应当按照国家有关规定办理工程质量监督手续，工程质量监督手续可以与施工许可证或者开工报告合并办理。"办理工程质量监督手续需要提供工程技术人员的配备情况等资料。技术人员短缺可能违反这一规定中对技术人员配备的要求。

二、有经验的施工人员不足

1. 问题认定。施工现场缺乏经验丰富的施工人员，新手施工人员在技术熟练度、安全意识和施工效率等方面与经验丰富的施工人员相比存在明显差距。这可能导致施工质量问题和安全事故，违反建筑工程安全施工的相关规定。

2. 法律条文。《中华人民共和国安全生产法》第三十条："生产经营单位的特种作业人员必须按照国家有关规定经专门的安全作业培训，取得相应资格，方可上岗作业。"虽然该条文针对特种作业人员，但其精神体现了对施工人员经验和培训的要求。有经验的施工人员不足可能增加事故风险，违反安全生产法的基本原则。此外，《建设工程安全生产管理条例》第三十七条："作业人员进入新的岗位或者新的施工现场前，应当接受安全生产教育培训。未经教育培训或者教育培训考核不合格的人员，不得上岗作业。"施工人员经验不足可能意味着他们没有得到充分的安全生产教育培训，违反了这一规定。

整改措施

一、针对技术人员短缺问题的整改措施

1. 加强人才引进。积极招聘具备相关经验和专业技能的技术人员，提高技术团队的整体实力。可以通过校园招聘、社会招聘、猎头推荐等多种渠道，广泛吸纳优秀人才。

2. 技术合作与外包。在短期内无法解决技术人员短缺问题时，可以寻求与专业技术公司或团队合作，或者将部分技术工作外包给有资质的专业机构，以确保项目的技术需求得到满足。

3. 培训与提升。对现有技术人员进行定期的技术培训和知识更新，提升他们的专业技能水平。可以组织内部培训、参加行业研讨会、邀请专家进行技术指导等。

二、针对有经验的施工人员不足问题的整改措施

1. 招聘经验丰富的施工人员。通过招聘平台、行业协会等途径，积极寻找并吸引有丰富施工经验的工人加入项目团队，提高施工队伍的整体素质和经验水平。

2. 建立师徒制度。让经验丰富的老工人带领新手工人，进行实践操作指导和经验传授。这不仅可以加速新手工人的成长，还能有效传承施工经验和技术。

3. 加强安全培训和操作规范教育。对所有施工人员进行定期的安全培训和操作规范教育，提高他们的安全意识和操作技能。确保每位施工人员都能熟练掌握安全施工方法和紧急情况下的自救互救技能。

4. 合理安排工作计划。优化施工计划，避免在关键施工阶段出现人员短缺的情况。可以根据施工进度和人员需求，提前预测并调整人员配置，确保施工过程的顺利进行。

实施以上整改措施，可以有效缓解技术人员和有经验的施工人员不足的问题，提升项目团队的整体实力和施工效率，确保项目的顺利进行和高质量完成。

专题 10：缺乏施工经验的工人太多

案例简介

一、案例背景

某市为了缓解城市交通压力，决定修建一条新的地铁线路。该项目涉及多个站点和隧道的建设，是一项复杂的系统工程。由于工程量大且时间紧迫，施工单位在招聘施工人员时降低了门槛，导致大量缺乏施工经验的工人进入施工现场。

二、具体问题

在地铁线路建设过程中，审计部门发现该项目存在"缺乏施工经验的工人太多"的问题。很多工人在施工过程中表现出对操作流程不熟悉、安全意识薄弱等问题，给项目的顺利进行带来了诸多隐患。

三、具体案例分析

1. 操作流程不熟悉。

（1）由于缺乏施工经验，部分工人在施工过程中对操作流程不熟悉，施工效率低下，甚至出现了错误的操作。例如，在隧道掘进过程中，缺乏经验的工人操作掘进机时出现了偏差，导致隧道走向与设计图纸不符，需要返工。

（2）在进行混凝土浇筑时，部分工人对混凝土的配合比和浇筑方法不熟悉，导致混凝土出现裂缝、蜂窝等质量问题。这些问题不仅影响了工程的整体质量，还增加了修复成本，延长了工期。

2. 安全意识薄弱。

（1）由于缺乏施工经验的工人对施工现场的安全规范了解不足，他们在施工过程中往往忽视了安全防护措施的重要性。例如，在高空作业时未系安全带、在危险区域逗留等不安全行为时有发生。

（2）部分工人对电气安全知识缺乏了解，在使用电动工具时存在违规操作现象，如私拉乱接电线、使用破损的电器设备等，给施工现场带来了严重的安全隐患。

四、后果与影响

1. 工程质量下降。大量缺乏施工经验的工人参与施工，导致工程质量难以保证。返工、修复等工作不仅增加了工程成本，还影响了工程的整体进度。

2. 安全隐患增加。安全意识薄弱的工人在施工现场容易发生安全事故，给工人的生命安全带来严重威胁。一旦发生安全事故，不仅会对项目的声誉和进度造成负面影响，还会造成人员伤亡和财产损失。

3. 管理难度加大。大量缺乏施工经验的工人给项目管理带来了更大的难度。管理人员需要花费更多的时间和精力对工人进行培训和监督，以确保施工过程的顺利进行。

此案例揭示了建设工程项目中施工经验的重要性。施工单位在招聘施工人员时应注重工人的施工经验和技能水平，确保他们具备足够的施工能力和安全意识。同时，加强对新工人的培训和安全教育也是必不可少的措施，其可以降低工程质量风险和安全隐患。

问题认定与法律条文

一、操作流程不熟悉

1. 问题认定。工人缺乏施工经验而对操作流程不熟悉，导致施工效率低下，甚至操作错误，这违反了建筑施工中对施工人员专业技能的基本要求，可能带来施工质量不合格或发生施工安全事故的隐患。

2. 法律条文。

《建设工程质量管理条例》第二十八条："施工单位必须按照工程设计图纸和施工技术标准施工，不得擅自修改工程设计，不得偷工减料。"工人不熟悉操作可能导致施工不符合设计图纸和技术标准，违反本条文。

《中华人民共和国建筑法》第五十八条："建筑施工企业对工程的施工质量负责。"由于工人不熟悉操作影响施工质量，施工企业未能有效保证其施工质量，可能违反这一条文。

二、安全意识薄弱

1. 问题认定。工人在施工过程中安全意识薄弱，忽视安全防护措施的重要性，存在违规操作，这不仅危及工人自身安全，也违反了施工现场的安全管理规定。

2. 法律条文。

《中华人民共和国安全生产法》第五十七条：从业人员在作业过程中，应当严格落实岗位安全责任，遵守本单位的安全生产规章制度和操作规程，服从管理，正确佩戴和使用劳动防护用品。

《建设工程安全生产管理条例》第三十三条："作业人员应当遵守安全施工的强制性标准、规章制度和操作规程，正确使用安全防护用具、机械设备等。"工人忽视安全防护，违规操作电气设备，未正确使用安全防护用具，违反了本条文。

整改措施

一、针对操作流程不熟悉问题的整改措施

1. 加强岗前培训。在工人进入施工现场前，组织系统的岗前培训，对施工流程、操作方法、质量标准等进行详细讲解和演示，确保工人对施工流程有充分的理解。

2. 实施导师制度。为新员工分配经验丰富的导师，进行一对一的实践指导，通过实地操作和答疑解惑，帮助新员工快速熟悉和掌握施工流程。

3. 制定操作手册。编制详尽的操作手册，包含施工流程的每一步骤、注意事项和质量标准，供工人随时查阅和学习。

4. 定期考核与反馈。定期对工人的操作流程掌握情况进行考核，针对存在的问题给予及时反馈和纠正，确保每位工人都能熟练掌握施工流程。

二、针对安全意识薄弱问题的整改措施

1. 加强安全教育培训。定期组织安全教育培训，向工人普及安全知识，强调施工现场的安全规范和操作要求，提高工人的安全意识。

2. 制订安全操作规程。明确施工现场的安全操作规程，包括个人防护用品的正确使用方法、

电气设备的安全操作流程、危险区域的警示标志等，要求工人严格遵守。

3.设置安全监督员。在施工现场设置专职安全监督员，负责监督工人的安全行为，及时发现和纠正不安全操作，确保施工现场的安全。

4.建立奖惩机制。对遵守安全操作规程的工人给予奖励，对违反安全规定的行为进行惩罚，通过奖惩机制引导工人养成良好的安全习惯。

实施以上整改措施，可以有效提升工人对施工流程的熟悉程度和安全意识，减少施工过程中的质量问题和安全隐患，确保工程项目的顺利进行。

专题 11：流程繁复，要求填写的报告及申请表格太多

案例简介

一、案例背景

某市计划建设一座新的公共图书馆，以丰富市民的文化生活。该项目被列为市政府的重点民生工程，备受社会关注。为了确保项目的顺利进行，市政府制订了严格的工程管理流程，包括各种报告和申请表格的填写要求。

二、具体问题

在公共图书馆的建设过程中，审计部门发现该项目存在"流程繁复，要求填写的报告及申请表格太多"的问题。项目管理人员和施工人员需要花费大量时间和精力在各种报告和申请表格的填写上，这不仅影响了工程进度，还增加了管理成本。

三、具体案例分析

1.流程繁复。

（1）在公共图书馆的建设过程中，管理人员需要按照市政府的要求，定期提交工程进度报告、质量检测报告、安全生产报告等多种报告。这些报告的提交周期短，内容要求高，给管理人员带来了沉重的负担。

（2）除了报告，施工人员在进行某些关键工序前，还需要填写各种申请表格，如施工许可证申请表格、材料使用申请表格、设备进场申请表格等。这些申请表格的填写要求严格，一旦出现错误或遗漏，就可能导致施工进度的延误。

2.要求填写的报告及申请表格太多。

（1）管理人员反映，他们需要填写的报告种类繁多，包括但不限于日报表、周报表、月报表等。这些报告的内容有很多重复之处，但为了满足市政府的要求，他们不得不花费大量时间进行填写和整理。

（2）施工人员也表示，他们在施工过程中需要填写的申请表格数量庞大，且很多表格之间的内容相互关联，一旦某个环节出现延误或错误，就会影响到后续的施工计划。

四、后果与影响

1.工程进度延误。管理人员和施工人员需要花费大量时间在报告和申请表格的填写上，导致他们无法全身心投入工程的建设中。这直接影响了工程的进度，使得原定的工期被迫延长。

2. 管理成本增加。繁复的流程和要求填写的众多报告及申请表格增加了项目的管理成本，管理人员需要投入更多的时间和精力去处理这些文书工作，而无法专注于工程的实际管理。

3. 工作效率下降。过多的报告和申请表格使得工作人员的工作重心发生了偏移，他们不得不将大量的时间和精力投入文书的编写和审核中，从而降低了整体的工作效率。

4. 员工士气受挫。长时间面对繁琐的文书工作和不断重复的申请流程，员工的工作积极性和士气受到严重打击。他们可能会感到自己的工作得不到应有的认可和重视，从而对项目的热情和投入度降低。

此案例揭示了建设工程项目中管理流程的重要性。合理的管理流程应该是高效、简洁且符合项目实际的。过多的报告和申请表格不仅会增加管理成本和工作量，还会影响项目的顺利进行。因此，项目管理者应该根据实际情况对项目的管理流程进行优化和调整，以提高工作效率和项目效益。

问题认定与法律条文

一、流程繁复

1. 问题认定。案例中提到的流程繁复，主要指的是项目管理过程中需要遵循的步骤和程序过于复杂。这可能并不直接违反具体的法律法规，但可能反映出项目管理效率不高，资源利用不合理，从而可能间接违反关于高效利用公共资源和合理行政的法律原则。

2. 法律条文。虽然流程繁复本身可能不直接触犯具体的法律条文，但可参考《中华人民共和国行政许可法》的相关规定。行政机关实施行政许可应当遵循便民原则，提高办事效率，提供优质服务。若流程的繁复导致了行政效率的低下，影响了公共服务的质量，那么可以认为其违反了便民和效率原则。

二、要求填写的报告及申请表格太多

1. 问题认定。案例中提到的需要填写的报告和申请表格过多，可能涉及行政负担过重的问题。如果这些要求没有明确的法律依据或者超出了法律法规规定的范围，就可能构成对公民、法人和其他组织合法权益的侵犯，违反依法行政的原则。

2. 法律条文。

《中华人民共和国行政许可法》第二十七条："行政机关实施行政许可，不得向申请人提出购买指定商品、接受有偿服务等不正当要求。行政机关及其工作人员办理行政许可，不得索取或者收受申请人的财物，不得谋取其他利益。"填写报告及申请表格若并非出于法律法规等要求，而增加了行政相对人的负担，可能被视为行政机关滥用职权或增加不必要负担的行为。

同时，根据行政效率原则，行政机关应当在保证行政职责的履行以及行政目标实现的条件下，尽可能保持行政过程的简洁和高效。过多的报告和申请可能违反这一原则。

整改措施

一、针对流程繁复问题的整改措施

1. 简化项目管理流程。对现有的项目管理流程进行全面梳理，去除冗余环节，合并相似流程，以简化操作步骤，提高管理效率。

2.引入信息化管理系统。采用先进的项目管理软件或平台，实现流程的自动化和信息的实时共享，减少人工操作和纸质文档的传递，缩短审批和处理时间。

3.优化决策机制。建立快速响应机制，对于非关键性决策，可以适当下放权限，减少层级审批，加快决策速度。

二、针对要求填写的报告及申请表格太多问题的整改措施

1.精简报告和申请表格。对现有报告和申请表格进行全面评估，去除重复、无效或过于复杂的内容，设计更为简洁、高效的表格。

2.合并相似表格。对内容相似或重复的表格进行合并，减少填写数量，同时确保信息的完整性和准确性。

3.电子化申请流程。推广电子化申请流程，通过在线填写、提交和审批，减少纸质文档的传递和存档工作，提高工作效率。

4.加强培训和指导。对项目管理人员和施工人员进行相关培训，指导他们正确、高效地填写报告和申请表格，减少错误和重复工作。

5.建立反馈机制。设立专门的反馈渠道，收集项目参与方对报告和申请表格的意见和建议，以便持续优化和改进。

实施以上整改措施，可以有效解决流程繁复和报告及申请表格过多的问题，提高项目管理效率和工作质量，确保项目的顺利进行。同时，也能减轻项目参与方的工作负担，提升员工的工作积极性和士气。

专题 12：纵容聊天、擅离工作岗位、浪费时间

案例简介

一、案例背景

某市正在进行一项大型公共基础设施建设项目，该项目由市政府投资，旨在改善城市交通和环境质量。由于项目规模庞大，吸引了众多施工队伍参与，施工现场人员众多，管理难度较大。为了确保项目的顺利进行，施工单位制定了一系列规章制度，对施工现场的工作纪律进行了明确要求。

二、具体问题

在项目的日常管理中，审计部门发现存在"纵容聊天、擅离工作岗位、浪费时间"的问题。部分施工人员在工作时间内聊天、擅离工作岗位，甚至有的员工在休息时间结束后仍迟迟不归，严重影响了施工进度和工作效率。

三、具体案例分析

1.纵容聊天。

（1）在施工现场，审计人员发现一些施工人员在工作时间聚在一起聊天，谈论与工作无关的话题。这种行为不仅分散了他们的注意力，还影响了周围同事的工作节奏。

（2）管理人员对此类行为并未给予足够的重视，有时甚至参与其中，这在一定程度上纵容了

聊天行为的发生。

2. 擅离工作岗位。

（1）部分施工人员在未经许可的情况下，擅自离开工作岗位，前往其他区域闲逛或与同事闲聊。

（2）有些员工甚至在工作时间内长时间离开岗位，导致施工进度受阻，其他同事不得不承担额外的工作负担。

3. 浪费时间。

（1）一些施工人员在休息时间结束后，仍然逗留在休息区，迟迟不归工作岗位。

（2）部分员工在工作时间内处理私人事务，如长时间使用手机聊天、浏览社交媒体等，浪费了宝贵的工作时间。

四、后果与影响

1. 施工进度受阻。由于部分员工的不负责任行为，施工进度受到严重影响。原本可以按时完成的工程被迫延期，给项目带来了额外的成本和时间压力。

2. 工作效率下降。纵容聊天、擅离工作岗位和浪费时间等行为导致整体工作效率下降，员工之间的协作受到影响，工作氛围变得松散，难以形成高效的工作节奏。

3. 安全隐患增加。施工现场是一个复杂且危险的环境，员工擅离岗位或注意力不集中可能会引发安全事故。这些坏习惯的存在增加了施工现场的安全隐患。

4. 管理成本上升。为了应对这些不良行为带来的问题，管理层需要投入更多的时间和精力进行监督和纠正。这不仅增加了管理成本，还可能影响其他正常的管理工作。

此案例揭示了建设工程项目中员工工作纪律的重要性。纵容聊天、擅离工作岗位、浪费时间不仅会影响施工进度和工作效率，还可能增加安全隐患和管理成本。因此，项目管理者应该加强对员工工作纪律的监管和教育，培养员工良好的工作习惯，以确保项目的顺利进行。

问题认定与法律条文

一、纵容聊天

1. 问题认定。施工现场的工作人员在工作时间聊天，谈论与工作无关的内容，属于懈怠工作的行为。管理人员未能有效制止这种行为，甚至参与其中，实际上是在纵容员工违反工作纪律，影响了工作效率和项目进度。这违反了劳动纪律和职业道德的基本要求。

2. 法律条文。虽然法律法规中没有明确禁止工作时间内聊天的具体条文，但《中华人民共和国劳动法》第三条规定："劳动者应当完成劳动任务，提高职业技能，执行劳动安全卫生规程，遵守劳动纪律和职业道德。"因此，员工在工作时间内聊天，不专注于工作，可被视为违反了劳动纪律。

二、擅离工作岗位

1. 问题认定。员工在工作时间未经许可擅自离开工作岗位，违反了工作纪律和岗位责任。这种行为可能导致工作任务的延误或中断，对项目的顺利进行造成负面影响。

2. 法律条文。根据《中华人民共和国劳动法》第三条，劳动者应当遵守劳动纪律。擅离工作岗位明显违反了这一规定。此外，如果这种行为导致了工作损失或安全事故，还可能涉及更严重的法律责任。

三、浪费时间

1. 问题认定。员工在工作时间内处理私人事务，如长时间使用手机进行私人聊天、浏览社交媒体等，属于在工作时间内做与工作无关的事情，浪费了工作时间，降低了工作效率。

2. 法律条文。同样依据《中华人民共和国劳动法》第三条，员工有义务完成劳动任务并遵守劳动纪律。在工作时间处理私人事务，显然没有履行其完成劳动任务的职责，违反了劳动纪律。此外，如果这种浪费时间的行为严重影响了工作进度或造成了经济损失，还可能涉及违反工作合同的相关条款。

综上所述，上述不良行为虽然不一定直接违反具体的法律法规，但显然违反了劳动纪律和职业道德，影响了工作效率和项目进度。项目管理者应当依据相关法律法规和内部规章制度，加强对员工行为的监督和管理，以确保项目的顺利进行。

整改措施

一、针对纵容聊天问题的整改措施

1. 加强宣传教育。向全体员工明确工作时间内专注工作的重要性，强调工作纪律和职业道德，提高员工对工作效率的认识。

2. 制订明确的规章制度。在员工手册或工作准则中明确规定，工作时间内不得进行与工作无关的聊天，并对违规行为进行处罚。

3. 加强监督管理。管理人员应定期巡视施工现场，及时发现和制止聊天行为，并对违规员工进行提醒和警告。

二、针对擅离工作岗位问题的整改措施

1. 明确岗位职责。为每个岗位制订明确的工作职责和岗位要求，让员工清楚自己的工作内容和责任范围。

2. 建立请假制度。员工在需要长时间离开工作岗位时，必须向直接上级请示并获得批准，确保工作交接无误。

3. 安装监控设备。在关键区域安装监控摄像头，监督员工的工作状态，确保员工不擅离岗位。

三、针对浪费时间问题的整改措施

1. 制订工作计划。要求员工制订每日或每周的工作计划，明确工作目标和时间安排，提高工作效率。

2. 限制使用手机。在工作时间内，限制员工使用手机进行私人通话或浏览社交媒体，确保员工专注于工作。

3. 设立奖惩机制。对工作效率高、按时完成任务的员工给予奖励和表彰，对浪费时间、影响工作进度的员工进行批评和处罚。

4. 提供培训和指导。针对员工在工作中存在的问题，提供相关的培训和指导，帮助他们提高工作效率和时间管理能力。

实施以上整改措施，可以有效解决纵容聊天、擅离工作岗位和浪费时间的问题，提高员工的

工作效率，保证项目进度。同时，也能增强员工的工作责任感和职业素养，为项目的顺利进行提供有力保障。

专题 13：疏于监督，工序衔接不上，造成施工空白期

案例简介

一、案例背景

在某市的新区开发项目中，一个大型商业综合体的建设工程正在紧锣密鼓地进行。该项目由知名地产商承建，旨在打造集购物、娱乐、办公于一体的一站式消费地标。该项目工程规模庞大，涉及多个专业施工队伍和复杂的工序衔接。由于工程进度要求高，各施工队伍之间的协作显得尤为重要。

二、具体问题

在工程项目的推进过程中，审计部门发现存在"疏于监督，工序衔接不上，造成施工空白期"的问题。具体来说，项目管理层在监督施工工序衔接方面存在疏忽，导致不同施工队伍之间的工作交接不畅，进而出现了施工空白期。

三、具体案例分析

1. 监督缺失。

（1）项目管理层未能对各施工队伍的工作进度进行有效跟踪和监督，导致在部分施工队伍完成自身任务后，后续施工队伍未能及时接手，形成了工作断层。

（2）现场监理人员对工序衔接的关键节点把控不严，未能及时发现并解决问题，使得施工过程中的问题逐渐累积，最终影响整体进度。

2. 工序衔接不畅。

（1）不同施工队伍之间缺乏有效的沟通机制，导致信息传递不畅，一个施工队伍完成工作后，下一个施工队伍往往无法第一时间得知并接手。

（2）部分施工队伍对自身工作任务的完成标准理解不一，造成工作交接时的质量参差不齐，增加了衔接难度。

3. 施工空白期的出现。

（1）由于监督和工序衔接的问题，工程项目中多次出现施工空白期，即某个施工环节完成后，下一个环节迟迟无法开始，导致整体施工进度受阻。

（2）施工空白期不仅浪费了宝贵的建设时间，还增加了项目的成本风险和管理难度。

四、后果与影响

1. 工程进度延误。由于施工空白期的出现，原本紧凑的施工计划被迫打乱，工程项目整体进度受到严重影响，可能导致项目无法按期交付。

2. 成本增加。施工空白期意味着设备和人力资源的闲置，造成浪费。同时，为了赶工而增加的加班和人力投入也会增加项目成本。

3. 质量风险提升。工序衔接不畅可能导致施工质量问题被掩盖或忽视，长期累积可能引发更

大的质量问题，甚至影响整个项目的安全性能。

4.客户满意度下降。项目延期交付和质量问题都会对项目开发商的声誉造成负面影响，进而影响客户的满意度和忠诚度。

此案例揭示了建设工程项目中监督管理和工序衔接的重要性。项目管理层应加强对施工过程的全面监督，确保各施工队伍之间的顺畅衔接，避免施工空白期的出现，以保障项目的顺利进行和按时交付。

问题认定与法律条文

一、监督缺失

1.问题认定。项目管理层未能对各施工队伍的工作进度进行有效跟踪和监督，属于未尽到应有的管理职责。这种监督缺失可能导致施工进度受阻、质量问题等，违反工程项目管理的基本要求。

2.法律条文。《建设工程质量管理条例》第十三条："建设单位在开工前，应当按照国家有关规定办理工程质量监督手续，工程质量监督手续可以与施工许可证或者开工报告合并办理。"项目管理层监督缺失，可视为违反了该条文中关于质量监督的要求。

二、工序衔接不畅

1.问题认定。不同施工队伍之间缺乏有效的沟通机制，信息传递不畅，以及对工作任务完成标准理解不一，都导致了工序衔接不畅。这属于施工组织和管理不当，可能影响工程质量和进度。

2.法律条文。《中华人民共和国建筑法》第五十八条："建筑施工企业对工程的施工质量负责。"建筑施工企业必须按照工程设计图纸和施工技术标准施工，不得偷工减料。工序衔接不畅可能导致施工质量问题，从而违反建筑施工企业对施工质量负责的法律要求。

三、施工空白期的出现

1.问题认定。监督和工序衔接的问题导致的施工空白期，是工程项目管理不善的直接结果。这种空白期不仅影响工程进度，还可能增加项目成本和风险，违反工程项目高效、有序进行的原则。

2.法律条文。虽然没有直接针对施工空白期的法律条文，但施工空白期可能引发一系列后果，如工程进度延误、成本增加等，可能违反《中华人民共和国民法典》中关于合同履行和违约责任的规定。若管理不善导致合同无法按时履行，项目管理方可能需要承担相应的法律责任。

综上所述，监督缺失、工序衔接不畅以及施工空白期的出现等问题，都可能违反相关法律法规中关于工程质量管理、施工进度和合同履行等方面的规定。项目管理层应当依据这些法律法规，加强监督和管理，确保工程项目的顺利进行。

整改措施

一、加强监督和管理

1.增设质量监督岗位。设立专门的质量监督岗位，负责全面跟踪和监督各施工队伍的工作进度和质量，确保每个施工环节都符合工程标准和设计要求。

2. 强化现场监理。提升现场监理人员的专业水平和责任意识，确保他们对工序衔接的关键节点有严格的把控，及时发现问题并督促整改。

3. 建立定期汇报机制。要求各施工队伍定期向项目管理层汇报工作进度和问题，以便管理层及时了解施工情况并做出相应调整。

二、优化工序衔接

1. 建立有效的沟通机制。定期召开施工队伍之间的沟通会议，促进信息共享和协作，确保一个施工环节完成后，下一个环节能够及时接手。

2. 明确任务交接标准。制订详细的任务交接流程和标准，确保各施工队伍对工作任务和完成标准有统一的认识，降低衔接难度。

3. 引入信息化管理系统。采用先进的工程项目管理软件，实时更新施工进度和信息，提高信息传递效率和准确性，减少信息不畅导致的衔接问题。

三、避免施工空白期

1. 制订合理的施工计划。根据工程规模、施工队伍能力和其他实际情况，制订合理的施工计划，并预留一定的缓冲时间以应对可能出现的意外情况。

2. 加强施工队伍间的协调。确保不同施工队伍之间的工作能够无缝对接，避免因某个环节的延误而影响整体进度。

3. 建立奖惩机制。对能够按时完成工作并保证质量的施工队伍给予奖励，对因自身原因导致施工空白期的施工队伍进行相应的处罚。

实施以上整改措施，可以加强工程项目的监督和管理，优化工序衔接，避免施工空白期的出现，从而提高工程质量、效率和客户满意度。同时，这些措施也有助于降低项目成本和风险，保障项目的顺利进行和按时交付。

专题 14：员工的执行力跟不上

案例简介

一、案例背景

某大型建设工程项目在进行过程中，尽管项目团队已经制订了详细的项目计划和执行流程，但项目的进度频频受阻。内部审计发现，主要问题在于"员工的执行力跟不上"。该项目是一个综合性的商业建筑项目，涵盖了商业、办公和住宅等多个功能区域。项目团队由多个部门组成，包括工程管理、设计、施工、财务和采购等。

二、具体问题

1. 任务执行不及时。在多个关键节点，员工未能按时完成预定任务，导致整体项目进度滞后。

2. 沟通不畅。部门间信息传递存在障碍，员工对任务的理解和执行存在偏差。

3. 责任心不强。部分员工对待工作的态度不够认真，缺乏主动性和紧迫感。

三、具体案例分析

1. 任务分配不明确与跟进不足

（1）在项目启动初期，任务分配不够明确，没有详细的工作计划和时间表，导致员工对各自职责认识模糊。

（2）中层管理人员对任务执行的跟进不够紧密，员工在缺乏监督的情况下容易松懈。

2. 培训与激励机制不完善

（1）项目开始前未对员工进行充分的项目管理和技能培训，导致员工在执行过程中遇到困难时无法有效应对。

（2）缺乏有效的激励机制，员工工作积极性不高，影响了执行效率。

3. 沟通不畅

（1）部门间缺乏有效的沟通渠道，信息传递不畅，导致任务协调出现问题。

（2）项目会议未能充分发挥作用，会议效率低下，问题得不到及时解决。

四、后果与影响

1. 项目进度滞后。由于员工执行力不足，项目的多个关键节点被延误，整体进度受到严重影响。

2. 成本增加。项目延期导致额外的管理成本和人力成本，同时可能面临合同违约的风险。

3. 客户满意度下降。项目延期交付会影响客户的正常使用和商业计划，从而降低客户对项目的满意度。

4. 团队士气低落。项目执行不力会对团队成员的士气产生负面影响，进一步影响项目的执行效率和质量。

此案例揭示了员工执行力在项目管理中的重要性。为了提高员工的执行力，项目管理层需要优化任务分配、加强员工培训、完善激励机制以及改进沟通方式。实施这些措施，可以提升团队的整体执行力和项目的成功率。

问题认定与法律条文

一、任务执行不及时

1. 问题认定。

员工未能按时完成预定任务，违反了劳动合同中的工作职责和工作效率要求，也可能违反公司内部的管理制度。

2. 法律条文。

《中华人民共和国劳动合同法》第二十九条："用人单位与劳动者应当按照劳动合同的约定，全面履行各自的义务。"如果公司内部管理制度有关于任务完成时效的具体规定，则员工未按时完成预定任务还可能违反公司的规章制度。

二、沟通不畅

1. 问题认定。

部门间信息传递存在障碍，可能影响项目的正常运行和团队协作。这涉及公司内部管理和沟通机制的问题，并不直接违反具体的法律法规，但可能与公司治理和劳动法中员工职责的部分相关。

2. 法律条文。

《中华人民共和国劳动合同法》第三条："订立劳动合同，应当遵循合法、公平、平等自愿、协商一致、诚实信用的原则。"良好的沟通是诚实信用原则的体现。

三、责任心不强

1. 问题认定。

员工对待工作态度不认真，可能违反劳动合同中的勤勉义务和职业道德，也可能与公司的规章制度相违背。

2. 法律条文。

根据《中华人民共和国劳动法》第三条，员工应遵守劳动纪律和职业道德。不认真的工作态度可能违反职业道德的要求。

另外，员工工作态度的问题更多依赖公司内部管理和公司文化来引导和改善，而不仅仅是通过法律法规来约束。法律法规主要提供框架和基本原则，具体的执行和管理还需要公司根据自身情况来细化和实施。

四、项目进度滞后、成本增加、客户满意度下降及团队士气低落

这些问题主要是前述问题的后果，而非员工或公司的直接行为，因此它们本身不直接违反具体的法律法规。但是，项目进度、成本、客户满意度、团队士气可以作为评估员工绩效和公司管理效率的重要指标，并可能影响劳动合同的履行和公司内部管理制度的调整。

在处理这些问题时，公司可以依据《中华人民共和国劳动合同法》以及公司内部的管理制度，对员工进行绩效评估、实施奖惩措施或者提供必要的培训和支持。同时，公司也应当积极采取措施来把控项目进度、控制成本、提升客户满意度和团队士气，以确保项目的顺利进行和公司的长期发展。

整改措施

一、针对任务执行不及时问题的整改措施

1. 制订详细的项目计划和时间表，确保每个阶段的任务都有明确的时间节点和责任人。

2. 加强中层管理人员对任务执行的跟进和监督，确保员工按时完成任务。

3. 引入任务管理软件或工具，实时追踪任务进度，及时发现和解决问题。

二、针对沟通不畅问题的整改措施

1. 建立有效的沟通渠道，如定期的项目会议、部门间沟通会议等，确保信息在各部门之间顺畅传递。

2. 提高项目会议的效率，明确会议目的和议程，确保问题能够得到及时解决。

3. 鼓励员工之间进行非正式沟通，加强团队协作和信息共享。

三、针对责任心不强问题的整改措施

1. 加强员工的职业道德教育，提高员工对工作责任心的认识。

2. 建立明确的奖惩机制，对表现优秀的员工进行表彰和奖励，对责任心不强的员工进行约谈和调整。

3.定期开展员工培训和技能提升课程，提高员工的专业素养和工作能力。

四、针对项目进度滞后、成本增加、客户满意度下降及团队士气低落问题的整改措施

1.对项目进度进行重新评估和调整，制定切实可行的赶工计划，确保项目能够按照新的时间表顺利进行。

2.加强成本控制和管理，优化资源配置和提高利用效率，减少浪费和支出。

3.加强与客户的沟通和协调，及时解决客户的问题和满足客户需求，提高客户满意度。

4.关注团队士气和员工心理健康，定期开展团队建设和激励活动，增强员工的工作积极性和归属感。

综上所述，制定详细的项目计划和时间表、加强沟通和协作、增强员工责任心和提高专业素养等措施，可以有效地解决上述案例中提出的问题。同时，也需要持续关注项目的进展情况和员工的心理状态，及时调整和优化整改措施以确保项目的顺利进行和公司的长期发展。

专题15：不能立即清查出误工原因，导致延期

案例简介

一、案例背景

在某大型基础设施建设工程项目中，由于一系列复杂因素，项目在执行过程中出现了多次误工现象。该项目是一座大型公路桥梁建设项目，涉及桥梁、道路、排水等多个子项目。项目团队由多家施工单位组成，且工期紧迫，对进度要求极高。

二、具体问题

1.误工事件频发。在项目施工过程中，多次出现工人停工等待、设备闲置等现象，严重影响工程进度。

2.原因不清。每当发生误工时，项目团队不能立即清查出具体原因，导致问题得不到及时解决，误工时间延长。

三、具体案例分析

1.管理混乱导致误工原因不清。

（1）项目管理层对施工现场的监控不足，当误工发生时，无法迅速定位问题源头。

（2）现场日志和记录不完善，缺乏实时更新的施工进度数据和问题记录，使得问题回溯变得困难。

2.沟通不畅导致误工原因不清。

（1）不同施工单位之间的沟通存在障碍，信息流通不畅，当某个环节出现问题时，其他环节往往不能及时得到通知。

（2）项目管理人员与施工团队之间的信息传递存在延误，管理层对现场情况了解不足，难以及时做出决策。

3.技术难题导致误工原因不清。

（1）项目涉及复杂的技术难题，如地质条件变化、设计变更等，这些问题出现时，缺乏专业

的即时分析，导致原因判断困难。

（2）施工单位对新技术、新材料的应用不熟悉，遇到问题时无法迅速找到解决方案。

四、后果与影响

1. 工期延误。由于不能迅速查清误工，导致问题得不到及时解决，工期不断被延误。

2. 成本增加。误工期间，人力、物力资源的闲置造成浪费，同时可能需要支付额外的赶工费用或违约金。

3. 质量风险。长时间的误工可能导致施工质量下降，增加后期维护和修复的成本。

4. 信誉受损。频繁误工会影响项目团队和施工单位的市场信誉，对未来承接项目造成不利影响。

此案例揭示了项目管理中迅速响应和查清问题的重要性。为了提高项目的执行效率和质量，项目管理层需要加强现场管理、完善沟通机制、提高技术应对能力，并建立健全问题记录和回溯机制。实施这些措施，可以更快地定位并解决问题，减少误工带来的损失。

问题认定与法律条文

一、管理混乱导致误工频发且原因不清

1. 问题认定。

项目管理层未能实施有效的监控措施，且现场日志和记录不完善，导致误工事件发生时无法迅速定位问题并采取措施。这反映了管理层在项目管理上的失职，可能违反工程管理和安全生产的相关规定。

2. 法律条文。

依据《建设工程安全生产管理条例》的相关规定，施工单位应当建立、健全安全生产责任制度和安全生产教育培训制度，制订安全生产规章制度和操作规程，保证本单位安全生产条件所需资金的投入，对所承担的建设工程进行定期和专项安全检查，并做好安全检查记录。项目管理层未能做好上述工作，导致误工且无法及时查清原因，可能违反该条例。

二、沟通不畅导致误工且原因难以查清

1. 问题认定。

不同施工单位之间以及项目管理人员与施工团队之间沟通不畅，信息传递存在障碍和延误，这影响了项目的顺利进行，并可能导致安全生产隐患。这违反了工程项目中信息沟通和协调的相关规定。

2. 法律条文。

根据《中华人民共和国建筑法》的相关规定，建筑工程安全生产管理必须坚持安全第一、预防为主的方针，建立健全安全生产的责任制度和群防群治制度。沟通不畅可能导致安全隐患无法被及时发现和处理，违反了安全生产管理的方针和制度。

三、技术难题导致误工且无法迅速查明原因

1. 问题认定。

项目团队在遇到技术难题时，缺乏专业的即时分析，导致原因判断困难，且施工单位对新技术、新材料的应用不熟悉。这反映了项目团队在技术管理和应对能力上的不足，可能违反关于工程质量和技术管理的要求。

2.法律条文。

《建设工程质量管理条例》第二十八条：施工单位必须按照工程设计图纸和施工技术标准施工，不得擅自修改工程设计，不得偷工减料。施工单位在施工过程中发现设计文件和图纸有差错的，应当及时提出意见和建议。第二十六条：施工单位对建设工程的施工质量负责。施工单位应当建立质量责任制，确定工程项目的项目经理、技术负责人和施工管理负责人。

整改措施

一、针对管理混乱导致误工频发且原因不清问题的整改措施

1.加强项目管理层的监控能力。定期对项目管理层进行培训，提升其对施工现场的监控能力。引入现代化管理工具，如项目管理软件，以实时监控施工进度和问题。

2.完善现场日志和记录。建立严格的施工日志和记录制度，确保每一步施工都有详细记录。引入电子化管理系统，方便数据的即时更新和查询，以便在问题出现时能够迅速回溯并找到原因。

二、针对沟通不畅导致误工且原因难以查清问题的整改措施

1.建立有效的沟通机制。定期组织施工单位之间的协调会议，确保各单位之间的信息流通。使用统一的通信平台或工具，以便即时传递信息和反馈问题。

2.加强项目管理人员与施工团队的沟通。项目管理人员应定期到施工现场了解实际情况，与施工团队面对面交流，确保双方对施工进度和问题有共同的认识。

三、针对技术难题导致误工且无法迅速查明原因问题的整改措施

1.加强技术团队的建设和培训。组建专业的技术团队，对施工中可能遇到的技术难题进行预判，定期对技术团队进行培训，提升其解决复杂技术问题的能力。

2.引入外部专家。与专业的工程咨询机构或高校合作，遇到技术难题时及时寻求外部专家的帮助和指导。

3.加强新技术、新材料的学习和应用。定期组织施工单位学习新技术、新材料的应用方法，确保在遇到新技术挑战时能够迅速应对。

综上所述，实施加强项目管理、改善沟通机制、提升技术能力等方面的整改措施，可以有效减少误工事件的发生，提高项目的执行效率和质量。同时，也有助于提升项目团队的整体素质和市场竞争力。

专题16：不按规范施工，工程质量不达标，导致返工

案例简介

一、案例背景

在某城市的新区开发中，一项重要的公共基础设施建设项目——新区污水处理厂正在紧锣密鼓地建设中。该项目旨在提高新区的污水处理能力，以满足日益增长的城市污水处理需求。项目由市政府投资兴建，经过公开招标，选择了一家具有丰富施工经验的承包商负责具体施工。

二、具体问题

1. 不按规范施工。在施工过程中，承包商为了赶工期和节约成本，未严格按照设计图纸和施工规范进行施工。例如，在污水处理池的混凝土浇筑过程中，没有按照规定的浇筑顺序和振捣要求进行，导致混凝土出现蜂窝、麻面等质量问题。

2. 工程质量不达标。由于不按规范施工，多个分项工程的质量未达到设计要求。特别是在关键的水处理设备安装环节，部分设备的基础承载力不足，安装精度未达到标准，严重影响了设备的正常运行和使用寿命。

3. 返工。监理单位在质量检查中发现了上述问题，并要求承包商进行返工处理。这意味着已经完成的工程部分需要拆除或改造，以达到设计要求和施工规范。

三、具体案例分析

1. 赶工期与节约成本的心态。承包商在面对紧张的工期和成本控制压力时，选择了牺牲施工质量来换取进度和成本的节约。这种行为在短期内可能看似有效，但实际上埋下了巨大的质量隐患。

2. 施工管理与技术水平的不足。不按规范施工反映出承包商在施工管理和技术水平上的不足。缺乏有效的质量监控体系和严格的技术交底，导致施工队伍在执行过程中缺乏明确的指导和监督。

3. 监理与质检的疏忽。虽然监理单位在后期发现了问题并要求返工，但在施工过程中未能及时发现并制止不规范施工行为，也暴露出监理和质检工作的疏忽和不足。

四、后果与影响

1. 工期延误。由于需要返工处理质量问题，原本紧张的工期被进一步拉长。这不仅影响了项目的整体进度，还可能引起后续工作的连锁反应，造成更大的延误。

2. 成本增加。返工意味着已经投入的材料、劳动力和时间成本被浪费，同时还需要额外投入资源进行修复和重建工作，大大增加了项目的总成本。

3. 信誉受损。对承包商而言，此次事件严重损害了其在市场上的信誉和口碑，未来在承接新项目时可能会面临更多的质疑和挑战。

4. 安全风险。工程质量不达标可能引发安全事故，特别是污水处理厂这样的重要公共设施，一旦发生事故将对环境和公共安全造成严重影响。

此案例揭示了严格按照施工规范和设计要求进行施工的重要性。承包商应加强施工管理和技术培训，提高施工队伍的整体素质和技术水平。同时，监理单位和业主方也应加强质量监控和验收工作，确保每一个施工环节都符合规范和设计要求，从源头上避免返工和质量问题的发生。

问题认定与法律条文

一、不按规范施工

1. 问题认定。

承包商在施工过程中未严格按照设计图纸和施工规范进行施工，违反了建筑工程施工质量管理的相关规定。

2. 法律条文。

《中华人民共和国建筑法》第五十九条："建筑施工企业对工程的施工质量负责。建筑施工企业必须按照工程设计图纸和施工技术标准施工，不得偷工减料。工程设计的修改由原设计单位负责，建筑施工企业不得擅自修改工程设计。"承包商的上述行为显然违反了该条文规定。

二、工程质量不达标

1. 问题认定。

不按规范施工，导致工程质量未达到设计要求，这违反了建筑工程质量管理的要求。

2. 法律条文。

《建设工程质量管理条例》第二十九条："施工单位必须按照工程设计要求、施工技术标准和合同约定，对建筑材料、建筑构配件、设备和商品混凝土进行检验，检验应当有书面记录和专人签字；未经检验或者检验不合格的，不得使用。"工程质量不达标表明施工单位未能按照上述规定确保工程质量。

三、返工

1. 问题认定。

工程质量不达标导致监理单位要求返工，这反映了初步工程质量验收不合格，需要进行整改。

2. 法律条文。

《建设工程质量管理条例》第三十二条："施工单位对施工中出现质量问题的建设工程或者竣工验收不合格的建设工程，应当负责返修。"监理单位要求返工是依法行事，而返工的责任应由施工单位承担。

综上所述，承包商在施工过程中不按规范施工、工程质量不达标，违反了相关法律法规的规定，依法应承担相应的法律责任。

整改措施

一、加强施工规范培训与执行

1. 组织施工规范培训。定期对施工队伍进行规范操作和施工技术的培训，确保每一位施工人员都了解并遵循施工规范。

2. 设立质量监督小组。成立专门的质量监督小组，对施工过程进行实时监控，确保每一步施工都符合规范。

二、强化工程质量管理与验收

1. 建立严格的质量检测体系。从材料采购、施工过程到工程验收，建立全方位的质量检测体系，确保工程质量达标。

2. 引入第三方质量检测机构。在项目关键节点和竣工时，引入第三方专业机构进行质量检测，提供客观的质量评估报告。

三、返工与预防返工措施

1. 返工整改。对于已经发现的质量问题，立即组织专业队伍进行返工整改，确保问题得到彻底解决。

2. 建立预防返工机制。分析返工原因，总结经验教训，建立预防返工的长效机制，包括加强过程控制、提高施工精度、引入先进施工技术等。

四、加强监理与质检力度

1. 强化监理职责。要求监理单位加强现场监督，确保施工过程的每一个环节都符合规范和设计要求。

2. 定期质量评估。定期对工程质量进行评估，及时发现问题并督促整改，确保工程质量持续达标。

五、建立奖惩机制

1. 设立质量奖励。对在施工中严格遵守规范、保证工程质量的团队或个人给予奖励，激励大家持续提高施工质量。

2. 严格追究责任。对不按规范施工导致工程质量问题的团队或个人，应依法追究其责任，并进行相应的处罚。

综上所述，实施加强施工规范培训与执行、强化工程质量管理与验收、建立预防返工机制、加强监理与质检力度以及建立奖惩机制等整改措施，可以有效提升施工质量和减少返工现象，确保工程项目的顺利进行和高质量完成。

专题 17：总包单位与监理方沟通不畅，频繁停工整改

案例简介

一、案例背景

在某市的新建商业中心项目中，甲方委托了一家知名建筑公司作为总包单位，同时聘请了一家专业的监理公司对项目建设进行全面监理。该项目旨在打造一个集购物、娱乐、餐饮于一体的综合性商业中心，对城市的发展和形象提升具有重要意义。

二、具体问题

1. 总包单位与监理方沟通不畅。在施工过程中，总包单位与监理方之间的沟通存在严重障碍。监理方提出的整改意见和要求往往不能及时、准确地传达给总包单位，导致双方在工作上产生误解和冲突。

2. 频繁停工整改。由于沟通不畅，总包单位经常在不了解监理方具体要求的情况下进行施工，结果多次因为不符合监理方的质量标准而被迫停工整改。这不仅影响了工程进度，还增加了不必要的成本。

三、具体案例分析

1. 沟通机制的缺失。本案例中，总包单位与监理方之间缺乏一个有效、及时的沟通机制。监理方的整改意见通常通过书面文件传达，而总包单位在施工现场往往难以及时获取这些文件，导致信息滞后。

2. 对监理方要求理解不足。总包单位在施工过程中对监理方的质量要求理解不够深入，有时甚至误解。这导致了多次的返工和停工整改，严重影响了工程进度。

3.施工现场管理混乱。由于缺乏有效的沟通，施工现场的管理混乱。工人不明确具体的施工标准和要求，监理方和总包单位之间经常因为质量问题产生争执。

四、后果与影响

1.工程进度受阻。频繁的停工整改导致工程进度严重受阻。原本计划一年内完成的项目，因为不断的返工和整改，最终可能需要更长的时间才能完成。

2.成本增加。每次停工整改都意味着资源的浪费和成本的增加，不仅包括直接的材料和人工费用，还有因此产生的间接成本，如项目管理费用、资金占用成本等。

3.项目风险增加。长期的停工整改不仅影响项目的经济效益，还可能引发其他风险，如合同违约风险、供应链中断风险等。

4.团队士气受挫。频繁的停工整改对施工现场的工人和管理人员士气造成了极大的打击。长期的挫败感和不确定性可能导致团队效率的下降和人员流失。

本案例揭示了建设工程项目中沟通机制的重要性。为了避免类似问题的发生，总包单位和监理方应建立有效的沟通渠道，确保信息的及时、准确传递。同时，总包单位应加强对监理方要求的理解和执行，提高施工现场的管理水平。只有这样，才能确保项目的顺利进行并减少不必要的损失。

问题认定与法律条文

一、总包单位与监理方沟通不畅

1.问题认定。

总包单位与监理方之间的沟通存在严重障碍，导致监理方的整改意见和要求不能及时、准确地传达给总包单位。

2.法律条文。

《建设工程监理规范》GB/T 50319—2013 中第 5.1.5 条："项目监理机构应协调工程建设相关方之间的关系。项目监理机构与工程建设相关方之间的工作联系，除另有规定外宜采用工作联系单形式进行。"沟通不畅违反了监理规范中对项目监理机构与总包单位之间应保持良好沟通的要求。

二、频繁停工整改

1.问题认定。

由于与监理方沟通不畅，总包单位在不了解监理方具体要求的情况下进行施工，多次因为不符合质量标准而被迫停工整改。

2.法律条文。

《建设工程质量管理条例》第二十八条："施工单位必须按照工程设计图纸和施工技术标准施工，不得擅自修改工程设计，不得偷工减料。"频繁停工整改反映出施工单位未能按照上述规定确保施工符合设计要求和技术标准，导致工程质量不达标而需要停工整改。

综上所述，总包单位与监理方之间沟通不畅以及频繁停工整改的问题，违反了相关法律法规和规范的要求，依法应采取相应措施进行整改，以确保工程的顺利进行和质量的达标。

整改措施

一、建立有效的沟通机制

1. 定期召开会议。总包单位和监理方应定期召开工程进度和质量控制会议，确保双方对当前施工状态和存在的问题有清晰的认识。

2. 明确沟通渠道。确定专门的沟通渠道，如使用项目管理软件、建立即时通信群组或设置专线电话等，以便双方能够迅速、准确地交换信息。

3. 文档化管理。所有的沟通记录、整改要求和施工指导等应通过书面形式进行确认，确保双方对要求有明确的理解和执行依据。

二、加强对监理要求的理解和执行

1. 培训和交底。总包单位应定期组织员工针对监理方的要求进行培训和交底，确保每个施工人员都清楚了解施工标准和质量控制要求。

2. 设立质量监督岗位。在施工现场设立质量监督岗位，负责与监理方对接，确保施工质量和进度符合监理方的要求。

三、优化施工现场管理

1. 标准化作业流程。制订详细的施工作业流程和质量检查清单，确保每一步施工都符合既定的质量标准。

2. 实时质量监控。通过引入现代化管理工具，如使用无人机巡检、安装摄像头进行实时监控等，提高施工现场的透明度和可控性。

四、建立奖惩机制

1. 奖励制度。对符合或超过质量标准的施工团队或个人给予奖励，激励大家持续提高施工质量。

2. 惩罚措施。对沟通不畅或施工质量问题导致的停工整改，应查明原因并追究相关责任人的责任，同时采取相应的惩罚措施，以避免类似问题的再次发生。

综上所述，建立有效的沟通机制、加强对监理要求的理解和执行、优化施工现场管理以及建立奖惩机制等整改措施，可以有效解决总包单位与监理方沟通不畅和频繁停工整改的问题，确保工程项目的顺利进行和高质量完成。

第2章
材料方面的审计专题

专题18：监管不严，进场材料不符合要求

案例简介

一、案例背景

某市的一个大型公共设施建设工程项目，旨在建设一个综合性的文化活动中心，以满足市民日益增长的文化需求。项目由市政府投资，通过公开招标选择了一家具有丰富经验的施工单位进行承建。为确保工程质量和进度，市政府还特别聘请了专业的监理单位对项目的各个环节进行监管。

二、具体问题

1. 监管不严。监理单位对进场材料的监管存在疏忽，未能严格按照规定的标准和程序进行检查和验收。

2. 进场材料不符合要求。部分进场的建筑材料未达到规定的质量标准，存在以次充好、假冒伪劣等问题。

三、具体案例分析

1. 监管流程形同虚设。监理单位虽然制订了详细的材料验收流程，但在实际操作中，这些流程并未得到严格执行。监理人员在对进场材料进行检查时，往往只是走马观花，未能深入细致地核查材料的质量证明文件、生产厂家的资质以及材料的实际质量。

2. 材料质量把控不严。由于监管不严，部分供应商趁机混入不合格材料。例如，进场的一批钢筋直径未达到设计要求，强度等级也不符合标准，监理单位在验收时却未能及时发现并阻止其进入施工现场。

3. 施工单位与供应商勾结。在案例中，还发现施工单位与某些不合格材料的供应商之间存在勾结行为。施工单位为降低成本，故意采购低价、低质的材料，并与供应商共同隐瞒材料质量问题，以逃避监理单位的检查。

四、后果与影响

1. 工程质量隐患。使用不符合要求的建筑材料将严重影响工程的质量和安全。如案例中的不合格钢筋，若用于承重结构，可能导致建筑物在使用过程中出现安全隐患。

2. 工期延误。一旦发现不合格的材料，就需要重新采购和更换材料，这不仅会耽误工期，还可能增加额外的成本。

3. 经济损失。对于已经使用的不合格材料，可能需要进行拆除或加固等补救措施，这将造成

巨大的经济损失。同时，工程质量问题引发的法律纠纷和赔偿也将给项目带来额外的经济负担。

4. 社会信任危机。一旦工程质量问题被曝光，将严重损害政府和相关责任单位的声誉，引发社会信任危机。市民对公共设施的安全性和可靠性将产生怀疑，影响社会的稳定和和谐。

本案例揭示了建设工程项目中监管不严和进场材料不符合要求的严重后果。为避免类似问题的发生，相关单位应加强对监理单位的监督和管理，确保其严格履行职责；同时，施工单位也应自觉遵守法律法规和工程质量标准，采购和使用合格的建筑材料。只有这样，才能确保工程项目的质量和安全，维护社会的稳定和和谐。

问题认定与法律条文

一、监管不严

1. 问题认定。

监理单位对进场材料的监管未严格按照规定的标准和程序进行检查和验收，存在监管不严的问题。

2. 法律条文。

《建设工程质量管理条例》第三十六条："工程监理单位应当依照法律、法规以及有关技术标准、设计文件和建设工程承包合同，代表建设单位对施工质量实施监理，并对施工质量承担监理责任。"监理单位未能严格履行职责，违反了上述规定中对于监理单位应严格进行质量监理的要求。

二、进场材料不符合要求

1. 问题认定。

进场的部分建筑材料未达到规定的质量标准，存在以次充好、假冒伪劣等问题，属于进场材料不符合要求的情况。

2. 法律条文。

《建设工程质量管理条例》第二十九条："施工单位必须按照工程设计要求、施工技术标准和合同约定，对建筑材料、建筑构配件、设备和商品混凝土进行检验，检验应当有书面记录和专人签字；未经检验或者检验不合格的，不得使用。"施工单位使用不合格材料，未按照要求进行材料检验，并使用了不合格的建筑材料，违反了上述规定。

综上所述，监管不严和进场材料不符合要求的问题违反了相关法律法规的规定。相关责任单位应依法承担相应的法律责任，并采取整改措施，确保工程的质量和安全。

整改措施

一、加强对监理单位的管理和监督

1. 提高监理人员素质。对监理人员进行定期培训，提升其专业素质和责任意识。确保他们熟悉相关法律法规、技术标准以及监理流程。

2. 优化监理流程。监理单位应完善并严格执行材料验收、质量检查等流程，确保每一步都有明确的操作规范和责任人。

3. 引入第三方审计。定期对监理单位的工作进行第三方审计，评估其工作效果，确保其严格履行职责。

二、加强材料进场管理

1.严格材料验收。所有进场材料必须经过严格的质量检查，包括查看质量证明文件、核查生产厂家资质以及材料的实际质量，不合格的材料一律不得进场。

2.建立材料台账。对进场的所有材料建立详细的台账，记录材料的来源、数量、质量等信息，便于追踪和管理。

3.加强抽样检测。对进场的材料进行定期的抽样检测，确保材料质量持续符合标准。

三、加强施工单位与供应商的管理

1.严格供应商筛选。建立供应商评价体系，选择信誉良好、产品质量有保障的供应商进行合作。

2.加强合同管理。在合同中明确材料的质量标准、验收流程以及违约责任等条款，从法律层面约束供应商和施工单位的行为。

3.建立奖惩机制。对提供高质量材料的供应商给予一定的奖励，对提供不合格材料的供应商进行处罚，并列入黑名单，禁止再次合作。

综上所述，加强对监理单位的管理和监督、加强材料进场管理以及加强施工单位与供应商的管理等整改措施，可以有效解决"监管不严，进场材料不符合要求"的问题，确保工程项目的质量和安全。

专题19：材料领取不规范，钢筋、水泥等主材浪费或流失

案例简介

一、案例背景

某城市的一个重点基础设施建设工程项目是一个大型交通枢纽站的建设。由于项目规模庞大，所需材料种类繁多，特别是钢筋、水泥等主材的用量巨大。为确保工程进度和质量，项目管理团队特别注重材料采购与管理。然而，在实际施工过程中，还是出现了材料管理问题。

二、具体问题

1.材料领取不规范。施工现场的材料领取流程缺乏严格的管理和监督，导致材料领取混乱，无法准确追踪材料的去向和使用情况。

2.钢筋、水泥等主材浪费或流失。由于领取流程不规范，加之施工现场监管不到位，大量钢筋、水泥等主材被浪费或流失。

三、具体案例分析

1.材料领取流程形同虚设。在项目中，虽然制订了材料领取流程，但在实际操作中，这些流程往往被忽视。工人可以随意领取材料，没有严格的审批和记录程序。这导致了材料的无序领取，使得项目管理团队难以掌握材料的实际使用情况。

2.施工现场监管不力。在施工现场，对材料的使用和存储没有进行有效的监管。钢筋、水泥等主材经常被随意堆放，没有采取任何保护措施，导致材料因天气、人为等因素而损坏或流失。

同时，施工现场也存在盗窃行为，由于缺乏有效的监控手段，很难追查到责任人。

3. 工人素质参差不齐。部分工人对材料的节约意识不强，施工过程中存在随意切割钢筋、过量使用水泥等现象。这不仅造成了材料的浪费，还增加了工程成本。

四、后果与影响

1. 工程成本增加。材料的浪费和流失直接导致工程成本上升。项目管理团队不得不频繁采购补充材料，以满足施工进度的需要，这增加了项目的总体成本。

2. 工期延误。材料供应不足或需要重新采购，可能导致施工进度受阻，进而造成工期的延误。这不仅会影响项目的整体计划，还可能给项目管理团队带来额外的经济和时间成本。

3. 质量风险增加。材料的浪费和流失可能导致施工现场使用质量不达标的材料，这些材料一旦用于工程中，将严重影响工程的质量和安全性。

4. 管理效率下降。材料管理的混乱不仅影响施工现场的秩序，还降低了项目管理团队的工作效率。管理团队需要花费更多的时间和精力来处理材料问题，而无法专注于工程的进度和质量。

本案例揭示了建设工程项目中材料领取不规范以及钢筋、水泥等主材浪费或流失的严重后果。为避免类似问题的发生，项目管理团队应加强对材料领取流程的制定和执行，同时加强施工现场的监管，提高工人的节约意识。实施这些措施，可以有效减少材料的浪费和流失现象，降低工程成本风险并提高项目的整体效益。

问题认定与法律条文

一、材料领取不规范

1. 问题认定。

施工现场的材料领取流程缺乏严格的管理和监督，没有按照既定规定和标准执行，存在领取混乱、无法准确追踪材料去向和使用情况的问题，这违反了工程项目材料管理的规范要求。

2. 法律条文。

根据《建设工程施工合同管理办法》以及相关的工程建设标准，施工单位有责任建立完善的材料管理制度，并确保其有效执行。材料领取不规范违反了施工单位应合理、节约使用材料，并建立材料使用台账的要求。

二、钢筋、水泥等主材浪费或流失

1. 问题认定。

领取流程不规范和施工现场监管不到位，导致钢筋、水泥等主材的大量浪费或流失，这构成了对工程项目资源的不合理使用和损失。

2. 法律条文。

依据《建设工程质量管理条例》的相关规定，施工单位应当合理使用建筑材料、构配件和设备，并按照工程设计要求进行施工，不得偷工减料。同时，《中华人民共和国建筑法》也规定，建筑施工企业应当节约使用材料，合理利用资源。材料的浪费和流失违反了上述法律法规对合理利用和节约使用建筑材料的要求。

整改措施

一、规范材料领取流程

1.建立严格的材料领取制度。制订明确的材料领取流程，包括领取申请、审批、发放和记录等环节，确保每一步都有明确的操作规范和责任人。

2.实施电子化管理。引入材料管理软件或系统，实现电子化的材料领取申请、审批和记录，提高管理效率和透明度。

3.加强领取申请的审核。设立专门的材料管理员，负责审核领取申请，确保申请的合理性和准确性。

二、加强施工现场材料管理

1.设立材料存储区域。在施工现场设立专门的材料存储区域，对钢筋、水泥等主材进行分类存储，并做好防护措施，避免材料损坏或流失。

2.加强材料使用监控。建立材料使用台账，记录材料的领取、使用和剩余情况，及时追踪和监控材料的使用效率。

3.提高工人节约意识。通过培训和宣传，提高工人对材料节约的重视程度，教育他们合理使用材料，减少浪费行为。

三、强化监管和奖惩机制

1.加强施工现场监管。增加施工现场的巡查频次，确保材料领取和使用的规范性和合理性。对于违规行为，及时进行制止和纠正。

2.建立奖惩机制。对材料管理和节约表现优秀的个人或团队，给予适当的奖励和表彰；对浪费或滥用材料的行为，采取相应的处罚措施，以警示他人。

综上所述，规范材料领取流程、加强施工现场材料管理以及强化监管和奖惩机制等整改措施，可以有效解决"材料领取不规范，钢筋、水泥等主材浪费或流失"的问题。这些措施有助于提高材料管理的效率和准确性，降低工程成本及风险，并确保工程项目的质量和安全。

专题20：材料随意堆放，未考虑施工及加工是否方便

案例简介

一、案例背景

某市的一个商业综合体建设工程项目旨在打造一个集购物、娱乐、餐饮等多功能于一体的现代商业中心。项目规模庞大，涉及的材料种类繁多，包括钢筋、水泥、砖块、管道、电线等多种建筑材料。

二、具体问题

1.材料随意堆放。在施工现场，各种建筑材料被随意堆放在不同区域，没有明确的分类和标志。

2.未考虑施工及加工方便。材料的堆放位置没有充分考虑施工流程和材料加工的便利性，导致施工效率低下。

三、具体案例分析

1. 材料管理混乱。在施工现场，各种材料如钢筋、水泥、管道等被随意堆放在不同的地方，没有进行系统的分类和有序摆放，有些材料甚至被堆放在通道上，严重影响了施工人员的通行和施工设备的进出。

2. 缺乏明确标志。堆放的材料没有明确的标志，施工人员难以快速准确地找到所需的材料，导致大量时间浪费在寻找材料上。

3. 施工流程受阻。由于材料的堆放没有考虑到施工流程和材料加工的方便性，施工人员在施工过程中需要频繁地移动材料，甚至需要将材料从一堆中挑选出来再进行加工，大大降低了施工效率。

4. 安全隐患增加。随意堆放的材料还增加了施工现场的安全隐患。例如，一些重型材料如钢筋、水泥块等如果堆放不稳，很容易滑落或倒塌，对施工人员构成威胁。

四、后果与影响

1. 施工效率降低。由于材料管理混乱和施工流程受阻，施工效率大大降低。原本可以按时完成的工程被拖延，导致项目整体进度受到影响。

2. 成本增加。施工效率降低意味着需要更多的劳动力和时间来完成相同的工程量，从而增加了项目的总体成本。同时，材料管理不善导致的浪费和损耗也会增加成本。

3. 安全风险提升。材料随意堆放增加了施工现场的安全风险，一旦发生材料倒塌或滑落等事故，不仅会对项目造成负面影响，还可能造成人员伤亡。

4. 项目形象受损。施工现场的混乱状况会给外界留下不良印象，影响项目的整体形象和声誉。

本案例揭示了建设工程项目中材料随意堆放、未考虑施工及加工方便的严重后果。为避免类似问题的发生，项目管理团队应加强对施工现场材料的管理和规划，确保材料有序堆放、明确标志并充分考虑施工流程和材料加工的便利性。实施这些措施，可以有效提高施工效率、降低成本、减少安全风险并提升项目形象。

问题认定与法律条文

一、材料随意堆放

1. 问题认定。

施工现场的材料被随意堆放，没有明确分类、有序摆放及明确标识，违反了施工现场材料管理的基本规范和安全要求。

2. 法律条文。

依据《建筑施工安全检查标准》等相关法规，施工单位有责任确保施工现场的整洁、有序，并对各种建筑材料进行有序堆放、分类存储，并设置明显的安全警示标志。材料的随意堆放行为违反了上述法规对施工现场材料管理的要求。

二、未考虑施工及加工方便

1. 问题认定。

在施工现场，材料的堆放位置没有充分考虑施工流程和材料加工的便利性，这导致施工效率低下，同时可能增加施工风险，违反了高效、安全施工的基本原则。

2.法律条文。

根据《建设工程安全生产管理条例》等法规，施工单位应当合理规划施工现场布局，确保施工流程和材料加工的便利性，以提高施工效率和确保施工安全。未考虑施工及加工方便，影响了施工流程的高效进行，违反了上述法规对施工安全生产管理的要求。

整改措施

一、建立有序的材料堆放体系

1.分类堆放。对施工现场的材料进行明确分类，如钢筋、水泥、砖块等，每类材料应设立专门的堆放区域，避免混放。

2.明确标识。在每个材料堆放区域设置明显的标志，标明材料名称、规格、数量等信息，便于施工人员快速准确地找到所需材料。

3.堆放整齐。确保材料堆放整齐、稳定，防止材料滑落或倒塌，同时保持通道畅通，不影响施工人员通行和施工设备进出。

二、优化材料堆放位置

1.考虑施工流程。根据施工进度和施工流程，合理安排材料的堆放位置，确保材料能够按照施工顺序及时供应，减少不必要的搬运和移动。

2.便于材料加工。将需要加工的材料堆放在靠近加工区域的位置，方便施工人员取料和加工，提高工作效率。

三、加强材料管理

1.建立材料管理制度。制订明确的材料管理制度，规范材料的采购、运输、堆放、使用等各个环节，确保材料管理有序进行。

2.定期检查与整理。定期对施工现场的材料进行检查和整理，及时发现并纠正材料堆放不当的问题，保持施工现场整洁有序。

3.培训与教育。加强对施工人员的培训和教育，提高他们的材料管理意识和技能水平，确保每个人都能够按照规范进行材料堆放和管理。

综上所述，建立有序的材料堆放体系、优化材料堆放位置以及加强材料管理等整改措施，可以有效解决"材料随意堆放，未考虑施工及加工方便"的问题。这些措施有助于提高施工效率、降低成本、减少安全风险并提升项目整体管理水平。

专题21：钢筋工程专业知识不够，图纸理解不足，盲目开料单

案例简介

一、案例背景

某市的一个大型住宅楼建设工程项目由一家知名建筑公司承建，工程涉及大量的钢筋混凝土结构施工，对钢筋的加工和布置有着严格的要求。然而，在施工过程中，项目团队遇到了一些与钢筋工程相关的问题。

二、具体问题

1. 钢筋工程专业知识不够。部分项目管理人员和施工人员对钢筋工程的专业知识掌握不足，无法准确理解和执行施工图纸上的要求。

2. 图纸理解不足。由于缺乏必要的专业知识和经验，相关人员无法全面理解施工图纸中的钢筋布置细节和特殊要求。

3. 盲目开料单。在未能充分理解图纸的情况下，部分人员急于开出钢筋采购和加工的料单，导致实际施工中的钢筋尺寸、数量和布置与设计要求不符。

三、具体案例分析

1. 专业知识匮乏。在施工过程中，部分负责钢筋工程的人员缺乏必要的专业知识，无法准确判断图纸中钢筋的直径、间距、锚固长度等关键参数，导致在实际施工中出现错误。

2. 图纸解读失误。有一次，施工人员在没有充分理解图纸的情况下，将原本应该布置在梁底部的钢筋错误地放置在了梁顶部，这一错误直到浇筑混凝土前才被发现，给项目造成了不小的损失。

3. 盲目开料单。在项目的初期阶段，由于急于推进工程进度，相关人员在没有充分理解图纸的情况下就盲目开出了钢筋加工的料单。结果，加工出来的钢筋尺寸和数量与图纸要求不符，不仅造成了材料的浪费，还影响了工程的进度和质量。

四、后果与影响

1. 工程质量隐患。钢筋工程的错误施工，可能导致结构的承载能力和稳定性受到影响，进而给整个工程的质量带来隐患。

2. 成本增加。错误的钢筋加工和布置不仅会造成材料的浪费，还会增加返工和修复的成本。同时，工程进度受到影响，可能导致项目延期交付，从而产生额外的违约成本。

3. 项目形象受损。上述问题一旦被发现并曝光，将对项目的形象和建筑公司的声誉造成负面影响，可能导致客户信任的丧失和市场份额的下降。

4. 法律责任风险。如果因钢筋工程问题导致严重的质量事故或安全事故，建筑公司及相关责任人可能被追究法律责任。

本案例揭示了建设工程项目中因钢筋工程专业知识不够、图纸理解不足而盲目开料单所带来的严重后果。为避免类似问题的发生，项目管理团队应加强对施工人员的专业培训和技术交底工作，确保他们能够准确理解和执行施工图纸的要求。同时，应建立严格的图纸会审和技术复核制度，确保在施工前能够及时发现并纠正图纸中的问题和错误。此外，还应加强现场管理和监督，确保施工过程中的每一步都符合设计和规范要求。

问题认定与法律条文

一、钢筋工程专业知识不够

1. 问题认定。

项目管理人员和施工人员对钢筋工程的专业知识掌握不足，导致无法准确理解和执行施工图纸要求，这违反了建筑工程对专业人员技能和专业知识的基本要求。

2. 法律条文。

根据《中华人民共和国建筑法》以及相关行业标准,从事建筑活动的专业技术人员,应当依法取得相应的执业资格证书,并在其执业资格证书等级许可的范围内从事建筑活动。施工单位有责任确保其员工具备相应的专业知识和技能,以保障工程的质量和安全。

二、图纸理解不足

1. 问题认定。

相关人员未能全面理解施工图纸,导致施工中的错误,这违反了工程设计和施工的基本规范,显示出专业能力的不足和对工程设计的不尊重。

2. 法律条文。

依据《建设工程质量管理条例》,施工单位必须按照工程设计图纸和施工技术标准施工,不得擅自修改工程设计。施工人员对图纸的理解不足,可能导致施工质量不符合设计要求,违反了按图纸施工的规定。

三、盲目开料单

1. 问题认定。

相关人员在未能充分理解图纸的情况下盲目开出钢筋采购和加工的料单,这种行为缺乏专业性,可能导致材料浪费和工程质量问题,违反了工程管理和材料采购的规范流程。

2. 法律条文。

根据《建设工程质量管理条例》以及工程建设的相关标准,施工单位应当按照工程设计和施工计划进行材料采购和使用。盲目开料单,未经充分审核和确认,可能导致资源的浪费和工程的返工,违反了资源合理利用和工程质量管理的要求。

整改措施

一、加强专业培训与知识更新

1. 定期组织专业培训。邀请行业专家和资深工程师,对施工管理人员和施工人员进行钢筋工程专业知识培训,提升他们的专业水平。

2. 开展技能竞赛。通过组织技能竞赛,激发施工人员学习专业知识的热情,提高他们的实际操作能力。

3. 建立知识更新机制。鼓励员工自主学习,提供学习资源,确保他们的专业知识能够跟上行业发展和技术更新的步伐。

二、强化图纸会审与技术交底

1. 健全图纸会审制度。在施工前,组织项目管理人员、技术人员和施工人员进行图纸会审,确保每个人都能够准确理解图纸要求。

2. 细化技术交底。技术人员应向施工人员进行详细的技术交底,解释图纸中的重点和难点,确保施工人员能够按照图纸进行施工。

3. 建立问题反馈机制。鼓励施工人员在施工过程中发现问题及时反馈,以便及时调整和优化施工方案。

三、规范材料采购与开料单流程

1. 建立严格的材料采购制度。明确材料采购的流程、标准和责任人，确保采购的材料符合工程要求。

2. 优化开料单审核流程。在开料单前，应组织相关人员对图纸进行仔细审核，确保开出的料单准确无误。

3. 监控材料使用情况。对材料的使用情况进行实时监控，防止材料的浪费和滥用，确保工程成本的有效控制。

综上所述，加强专业培训与知识更新、强化图纸会审与技术交底以及规范材料采购与开料单流程等整改措施，可以有效解决"钢筋工程专业知识不够，图纸理解不足，盲目开料单"的问题。这些措施有助于提高施工团队的专业水平，确保工程质量和安全，同时降低工程成本。

专题22：图纸破损、图纸难懂、看错图纸，造成加工失误

案例简介

一、案例背景

某市的一个大型商业中心建设工程项目由国内知名的建筑设计院进行设计，并由一家经验丰富的建筑公司负责施工。工程涉及多个专业领域，其中钢结构工程是一个重要组成部分。在施工过程中，施工单位遇到了与施工图纸相关的问题。

二、具体问题

1. 图纸破损。部分施工图纸在传递和使用过程中出现了破损，导致图纸上的标注和信息不完整。

2. 图纸难懂。由于设计复杂和标注不清晰，部分施工图纸难以理解，给施工人员解读造成了困难。

3. 看错图纸。施工人员在解读破损且难懂的图纸时，错误地理解了设计意图。

三、具体案例分析

1. 图纸传递与保管不善。在施工过程中，图纸在多个部门之间频繁传递，且没有妥善的保管措施，导致部分图纸边缘磨损、折叠甚至撕裂，关键尺寸和标注变得模糊不清。

2. 设计复杂导致图纸解读困难。该商业中心的设计非常现代且复杂，图纸中包含了大量的细节和特殊要求。设计师在图纸上的标注不够明确，加之图纸本身的复杂性，使得施工人员难以准确理解。

3. 看错图纸引发加工失误。在一次钢结构构件的加工过程中，施工人员看错破损且难以理解的图纸，误解焊接的钢板厚度，导致加工出来的钢结构构件尺寸不符合设计要求。

四、后果与影响

1. 工程进度受阻。由于加工失误，已经完成的构件无法使用，需要重新加工，这不仅浪费了材料，还严重影响了工程进度。

2. 成本增加。重新加工构件不仅需要更多的材料，还增加了劳动力和时间成本。同时，由于

工程进度延误，施工单位可能面临合同违约的风险和额外的费用。

3.质量和安全隐患。看错图纸导致的加工失误可能给工程质量和安全带来潜在风险。如果未能及时发现并纠正错误，可能会在项目完工后才发现问题，届时修复成本将更高。

4.信任和声誉受损。上述问题会对建筑公司和设计院的声誉造成负面影响，可能导致客户信任的丧失和市场份额的下降。

本案例揭示了建设工程项目中图纸破损、图纸难懂、看错图纸造成的加工失误所带来的严重后果。为避免类似问题的发生，项目管理团队应加强对施工图纸的管理和保护工作，确保图纸的完整性和清晰度。同时，设计院应提供更清晰、更易于理解的图纸，并加强与施工单位的沟通与交流，确保设计意图能够准确传达给施工人员。施工单位也应加强员工培训，提高他们的图纸解读能力，并严格执行图纸会审和技术交底制度，以降低图纸问题导致的施工失误风险。

问题认定与法律条文

一、图纸破损

1.问题认定。

施工图纸在传递和使用过程中出现了破损，关键信息和标注不完整，影响了施工的正常进行，并可能导致施工质量问题。这违反了施工图纸保护和管理的相关规定。

2.法律条文。

根据《中华人民共和国建筑法》以及相关施工质量管理规定，施工单位有责任确保施工图纸的完整性和清晰度，以保障施工的准确性和工程的质量。图纸的破损可能导致施工错误，进而影响工程的安全和稳定性，违反了上述法律法规对施工质量的基本要求。

二、图纸难懂

1.问题认定。

施工图纸的设计复杂和标注不清晰导致图纸难以理解，给施工人员解读造成困难。这种情况可能引发施工错误，影响工程质量，违反了设计文件应清晰易懂的原则。

2.法律条文。

依据《建设工程质量管理条例》，工程设计文件应当符合国家规定的设计深度要求，并且应当清晰、准确。设计图纸的难以理解可能导致施工人员无法准确按照设计要求进行施工，进而影响工程质量，这违反了设计文件应清晰易懂、能够指导施工的规定。

三、看错图纸

1.问题认定。

由于施工图纸的破损和难懂，施工人员误解了设计意图，导致加工失误。这种行为违反了施工人员应准确理解和执行施工图纸的要求。

2.法律条文。

根据《中华人民共和国建筑法》以及施工合同的相关条款，施工单位必须严格按照设计图纸和施工规范进行施工。施工人员看错图纸，未能准确执行设计要求，可能导致工程质量问题，这违反了按图纸施工的法律规定和施工合同的约定。施工人员应对其施工行为的准确性和工程质量负责。

整改措施

一、加强图纸管理和保护

1.建立图纸管理制度。制订严格的图纸管理制度，明确图纸的传递、使用、保存和更新流程，确保图纸在传递和使用过程中得到妥善保护。

2.使用电子版图纸。推广使用电子版图纸，减少纸质图纸的使用，从而降低图纸破损的风险。同时，电子版图纸方便更新和修正，有利于提高工作效率。

3.设立图纸管理员。指定专人负责图纸的管理，包括图纸的接收、登记、分发、收回和存档等工作，确保图纸的完整性和准确性。

二、优化图纸设计和标注

1.提高设计清晰度。与设计院沟通，要求设计师在出图时尽可能简化设计，明确标注关键尺寸和细节，减少歧义和误解的可能性。

2.加强设计交底。组织设计院和施工单位的交流会，确保施工单位能够准确理解设计意图，对图纸中的难点和疑问进行解答。

3.建立图纸会审机制。在施工前组织相关人员对图纸进行会审，发现并纠正图纸中的错误和不合理之处，确保图纸的准确性和可行性。

三、提升施工人员图纸解读能力

1.加强培训。定期组织施工人员进行图纸解读培训，提高他们的图纸阅读和理解能力，减少看错图纸导致的失误。

2.设立图纸咨询渠道。建立与设计院的快速沟通渠道，当施工人员对图纸有疑问时，能够及时得到解答和指导。

3.建立奖惩机制。对能够准确解读图纸并避免失误的施工人员给予奖励，对看错图纸导致失误的人员进行适当的惩罚，以提高施工人员的责任心和工作准确性。

综上所述，加强图纸管理和保护、优化图纸设计和标注以及提升施工人员图纸解读能力等整改措施，可以有效解决"图纸破损、图纸难懂、看错图纸，造成加工失误"的问题。这些措施有助于提高施工团队的工作效率和准确性，确保工程质量和安全。

专题23：技术交底含糊不清，没有明确技术指标要求

案例简介

一、案例背景

某城市的一个重点基础设施建设项目是一座大型立交桥的建设，由于项目技术难度高、施工工期紧，建设单位委托一家具有丰富经验的施工单位进行承建。为确保项目顺利进行，施工单位在项目开始前召开了技术交底会议。

二、具体问题

1.技术交底含糊不清。在技术交底会议上，施工单位对立交桥的关键施工工艺和技术要求没有给出明确的说明。

2. 没有明确技术指标要求。施工单位在技术交底时未提供具体的施工技术指标，如混凝土强度、钢筋绑扎精度等关键参数。

三、具体案例分析

1. 技术交底过程缺乏详细性。在技术交底会议上，施工单位的项目经理对整体施工方案进行了概述，但在涉及具体施工技术和细节时，表述含糊，未对关键技术指标进行明确说明。例如，关于立交桥桥墩的施工方法、混凝土浇筑的质量控制标准等均未给出详细的技术要求。

2. 技术指标缺失导致施工混乱。由于技术交底时没有给出明确的技术指标要求，施工队伍在实际施工中缺乏具体的操作标准。这导致不同施工队伍之间对同一施工环节的理解和操作存在差异，甚至出现了部分施工环节质量不达标的情况。

3. 沟通与协调不足。在技术交底会议后，施工单位与建设单位的沟通协调不足，没有及时解答建设单位关于技术指标的疑问，也没有在施工过程中对技术指标进行补充和明确，这进一步加剧了施工现场的混乱和施工质量的不确定性。

四、后果与影响

1. 施工质量难以保证。由于技术指标不明确，施工过程中很难对质量进行有效控制，可能导致立交桥的整体质量下降，存在安全隐患。

2. 工期延误。由于施工现场的混乱和施工环节的反复整改，原本紧张的工期受到了严重影响。施工单位不得不花费额外的时间和资源去解决技术指标不明确导致的问题。

3. 成本增加。缺乏明确技术指标导致的施工质量问题和工期延误，都直接导致了项目成本的上升，施工单位需要承担额外的材料、劳动力和时间成本。

4. 法律风险和信誉损失。如果立交桥在交付使用后因为质量问题而发生事故，施工单位将面临巨大的法律风险。同时，项目的质量问题和工期延误也会对施工单位的行业信誉造成严重影响。

本案例揭示了建设工程项目中技术交底含糊不清、没有明确技术指标要求的严重后果。为避免类似问题的发生，施工单位应充分重视技术交底工作，确保每一项技术指标都清晰明确，并与建设单位保持密切的沟通协调。同时，建设单位也应加强对施工单位的监督和管理，确保施工质量符合设计要求。

问题认定与法律条文

一、技术交底含糊不清

1. 问题认定。

施工单位在技术交底会议上对关键施工工艺和技术要求没有给出明确的说明，这违反了关于技术交底应清晰明确、确保施工质量和安全的基本要求。

2. 法律条文。

《建设工程质量管理条例》第二十八条："施工单位必须按照工程设计图纸和施工技术标准施工，不得擅自修改工程设计，不得偷工减料。施工单位在施工过程中发现设计文件和图纸有差错的，应当及时提出意见和建议。"同时，施工单位有责任确保技术交底的清晰明确，以保障施工质量和工人安全。技术交底含糊不清，可能导致施工质量和安全问题，违反了上述法规对施工质量的基本要求。

二、没有明确技术指标要求

1. 问题认定。

施工单位在技术交底时未提供具体的施工技术指标，如混凝土强度、钢筋绑扎精度等关键参数。这违反了施工单位应明确并遵循具体技术指标进行施工的法律要求。

2. 法律条文。

《中华人民共和国建筑法》第五十八条："建筑施工企业对工程的施工质量负责。建筑施工企业必须按照工程设计图纸和施工技术标准施工，不得偷工减料。工程设计的修改由原设计单位负责，建筑施工企业不得擅自修改工程设计。"施工单位应明确并遵循具体技术指标，以确保工程质量和安全。没有明确技术指标要求进行施工，违反了上述法律对施工质量和技术指标的规定。

整改措施

一、加强技术交底的详细性和准确性

1. 制订详细的技术交底计划。在技术交底前，施工单位应制订详细的技术交底计划，明确技术交底的内容、时间和参与人员，确保技术交底过程的全面性和系统性。

2. 使用专业人员进行技术交底。确保技术交底由具有丰富经验和专业知识的技术人员进行，能够清晰、准确地传达施工工艺和技术要求。

3. 采用多种形式进行技术交底。除了口头讲解外，还可以利用图纸、模型、演示视频等多种形式进行技术交底，帮助施工人员更好地理解和掌握技术要求。

4. 建立技术交底记录制度。对技术交底的内容进行详细记录，并由参与技术交底的人员签字确认，以确保技术交底的准确性和可追溯性。

二、明确技术指标要求并严格执行

1. 制订具体的技术指标清单。针对每个施工环节，制订明确的技术指标清单，包括混凝土强度、钢筋绑扎精度等关键参数，确保施工人员能够按照清单进行操作。

2. 加强技术指标培训和考核。对施工人员进行技术指标的培训，确保他们理解和掌握各项技术指标要求。同时，定期对施工人员进行考核，评估他们对技术指标的掌握情况。

3. 建立技术指标监测机制。在施工过程中，建立技术指标监测机制，对施工过程中的技术指标进行实时监测和记录，确保施工质量符合设计要求。

4. 严格执行技术指标验收标准。在每个施工环节完成后，按照技术指标验收标准进行验收，对不符合技术指标要求的施工环节进行整改，直至达到标准为止。

综上所述，加强技术交底的详细性和准确性、明确技术指标要求并严格执行等整改措施，可以有效解决"技术交底含糊不清，没有明确技术指标要求"的问题。这些措施有助于提高施工质量和效率，确保项目的顺利进行。

专题 24：钢筋加工机械调试不到位

案例简介

一、案例背景

在某市的一项重点安居工程项目中，为确保施工进度和质量，施工单位引入了一批新型的钢筋加工机械，旨在提高钢筋加工的效率，以满足工程项目的需求。然而，在实际操作过程中，这些钢筋加工机械却出现了问题。

二、具体问题

钢筋加工机械调试不到位。新型钢筋加工机械在安装完成后，未经过充分的调试，就直接投入使用。

三、具体案例分析

1.调试流程缺失。施工单位在引入新型钢筋加工机械后，没有制订详细的调试流程，机械安装完毕后，仅进行了简单的功能性测试，而未对其进行全面的性能调试和校准。

2.操作人员培训不足。由于时间紧迫，施工单位未对操作人员进行充分的培训，操作人员对新型机械的性能、特点和操作要领了解不足，导致在使用过程中无法充分发挥机械效能。

3.机械故障频发。由于调试不到位，机械在使用过程中频繁出现故障，如钢筋切割不准确、弯曲角度不达标等。这不仅影响了施工进度，还增加了额外的维修成本。

4.安全隐患。调试不到位的机械可能存在安全隐患，如电气系统不稳定、安全防护装置失效等，给施工现场带来潜在的安全风险。

四、后果与影响

1.施工进度受阻。钢筋加工机械频繁出现故障，导致钢筋加工效率降低，进而影响了整体施工进度。项目原本计划的工期被迫延长，给施工单位和业主都带来了不小的损失。

2.成本增加。机械故障频发不仅增加了维修成本，还因工期延长而产生了额外的人工费用和管理费用。同时，由于钢筋加工质量不达标，部分已加工的钢筋需要返工或报废，进一步增加了材料成本。

3.质量风险。调试不到位的机械可能导致钢筋加工精度不达标，进而影响整体工程的质量。如果问题未能及时发现和纠正，将给工程带来长期的安全隐患。

4.信誉受损。该项目的延误和质量问题引起了业主和社会的不满，对施工单位的信誉造成了严重影响。未来在承接新项目时，施工单位可能会面临更加严格的审查和更高的信任门槛。

本案例揭示了建设工程项目中钢筋加工机械调试不到位所带来的严重后果。为避免类似问题的发生，施工单位应充分重视机械的调试工作，制订详细的调试流程，并对操作人员进行充分的培训。同时，建设单位也应加强对施工单位的监督和管理，确保施工质量符合设计要求。

问题认定与法律条文

钢筋加工机械调试不到位

1.问题认定。

施工单位在安装新型钢筋加工机械后，未进行充分的调试就直接投入使用，这违反了关于机械设备使用前应进行必要调试和安全检查的规定。

2.法律条文。

《中华人民共和国安全生产法》第三十六条："生产经营单位必须对安全设备进行经常性维护、保养，并定期检测，保证正常运转。维护、保养、检测应当作好记录，并由有关人员签字。"

《建设工程安全生产管理条例》第三十四条："施工单位采购、租赁的安全防护用具、机械设备、施工机具及配件，应当具有生产（制造）许可证、产品合格证，并在进入施工现场前进行查验。施工现场的安全防护用具、机械设备、施工机具及配件必须由专人管理，定期进行检查、维修和保养，建立相应的资料档案，并按照国家有关规定及时报废。"钢筋加工机械调试不到位，未经充分测试即投入使用，违反了上述法律法规对设备调试、维护和检查的要求，可能导致安全生产事故的发生。

整改措施

一、建立严格的机械调试流程

1.制订详细的调试计划。在机械安装完成后，应制订详细的调试计划，包括调试的时间表、步骤和验收标准。

2.进行全面性能调试。按照调试计划，对机械进行全面性能调试，包括对机械的各项功能、精度和安全性等方面的测试。

3.记录和分析调试数据。在调试过程中，详细记录各项调试数据，并对数据进行分析，确保机械性能达到设计要求。

二、加强操作人员培训

1.进行专业培训。针对新型钢筋加工机械的特点和操作要领，对操作人员进行专业培训，确保他们熟练掌握机械的操作方法。

2.考核操作人员。培训结束后，对操作人员进行考核，评估他们对机械操作的熟练程度和安全意识。

三、加强机械维护和保养

1.制订维护和保养计划。根据机械的使用情况和厂家要求，制订详细的维护和保养计划。

2.定期检查和维护。按照计划进行定期的检查和维护工作，确保机械处于良好的工作状态。

四、加强安全管理

1.完善安全操作规程。制订和完善钢筋加工机械的安全操作规程，明确安全操作要求和禁止事项。

2.加强现场监督。安排专人负责现场监督，确保操作人员按照安全操作规程进行作业。

3.及时处理安全隐患。一旦发现机械存在安全隐患，应立即停止使用，并及时进行处理，确保机械的安全性能。

综上所述，建立严格的机械调试流程、加强操作人员培训、加强机械维护和保养以及加强安全管理等整改措施，可以有效解决"钢筋加工机械调试不到位"的问题。这些措施有助于提高机械的使用效率和安全性，确保施工项目的顺利进行。

专题25：未对每一工序的材料及使用情况进行检查、未进行标准与差异分析

案例简介

一、案例背景

在某市的一项商业综合体建设工程项目中，施工单位负责项目的主体结构施工。该项目包含多个工序，每一道工序都需要使用不同的建筑材料。为了确保工程质量和控制成本，项目合同中明确要求施工单位需对每一工序的材料及使用情况进行严格检查，并进行标准与差异分析。

二、具体问题

未对每一工序的材料及使用情况进行检查。施工单位在施工过程中，未按照合同要求对每一工序所使用的材料及其使用情况进行全面检查。

三、具体案例分析

1. 材料验收流程缺失。施工单位未建立完善的材料验收流程，导致部分不合格或不符合规格要求的材料进入了施工现场，并被使用在了工程上。

2. 使用情况记录不完整。在施工过程中，施工单位未对每个工序的材料使用情况进行详细记录，导致后期无法进行准确的标准与差异分析。

3. 监管缺失。监理单位未能有效履行监督职责，对施工单位的材料检查和使用情况记录缺乏必要的审核和监督。

4. 成本与质量控制失效。由于未对材料进行检查和未对材料使用情况进行记录，施工单位无法准确掌握每个工序的成本和质量状况，导致项目成本和质量控制失效。

四、后果与影响

1. 工程质量隐患。使用不合格或不符合规格要求的材料，可能给工程带来严重的质量隐患，甚至引发安全事故。

2. 成本超支。由于无法准确掌握每个工序的材料使用情况，施工单位可能面临成本超支的风险，影响项目的经济效益。

3. 工期延误。若材料问题导致工程质量不达标，需要进行返工或修复，将造成工期的延误。

4. 法律风险和信誉损失。若工程因材料问题出现质量事故或安全隐患，施工单位将面临法律责任追究和巨额赔偿的风险，同时企业的信誉也将受到严重损害。

本案例揭示了建设工程项目中未对每一工序的材料及使用情况进行检查的严重后果。为避免类似问题的发生，施工单位应建立完善的材料验收和使用情况记录制度，确保每一道工序所使用的材料都符合质量要求，并进行标准与差异分析，以有效控制工程成本和保证工程质量。同时，监理单位也应加强监督，切实履行监督职责，确保施工单位的各项制度得到有效执行。

问题认定与法律条文

一、未对材料进行严格检查

1. 问题认定。

施工单位在施工过程中，未按照合同要求对每一工序所使用的材料进行全面检查，这违反了

建筑施工中对材料质量把控的相关规定。

2.法律条文。

《建设工程质量管理条例》第二十九条："施工单位必须按照工程设计要求、施工技术标准和合同约定，对建筑材料、建筑构配件、设备和商品混凝土进行检验，检验应当有书面记录和专人签字；未经检验或者检验不合格的，不得使用。"在此案例中，施工单位未对每一工序的材料进行严格检查，违反了上述规定。

二、未对材料使用情况进行详细记录

1.问题认定。

施工单位在施工过程中，未对每个工序的材料使用情况进行详细记录，这违反了施工管理中关于材料使用记录的要求。

2.法律条文。

《建设工程质量管理条例》第三十一条："施工人员对涉及结构安全的试块、试件以及有关材料，应当在建设单位或者工程监理单位监督下现场取样，并送具有相应资质等级的质量检测单位进行检测。"同时，施工单位有责任确保施工过程中的各项记录真实、完整。在此案例中，施工单位未对材料使用情况进行详细记录，违反了施工管理的相关规定。

三、监理单位监管缺失

1.问题认定。

监理单位未能有效履行监督职责，对施工单位的材料检查和使用情况记录缺乏必要的审核和监督，这违反了监理单位的职责要求。

2.法律条文。

依据《建设工程监理规范》的相关规定，监理单位应对施工过程进行全程监督，确保施工单位按照工程设计文件、施工技术标准和合同约定进行施工。监理单位在此案例中未能有效履行监督职责，违反了监理规范的要求。

综上所述，施工单位和监理单位在材料检查、材料使用情况记录以及监理职责方面违反了相关法律法规和规范的要求，应依法承担相应的责任。

整改措施

一、加强材料进场检验

1.建立严格的材料进场检验制度。制订详细的材料验收标准和流程，确保每一批进场的材料都经过严格的质量检验，符合工程设计要求和合同约定。

2.强化材料验收人员的培训。提高验收人员对材料质量、规格等要求的认知，确保他们能够准确判断材料是否合格，并严格按照验收标准进行操作。

二、完善材料使用情况记录

1.建立详细的材料使用记录制度。要求施工人员对每个工序的材料使用情况进行详细记录，包括材料名称、规格、数量、使用时间等信息，确保记录真实、完整。

2.加强记录审核和监督。设立专人负责材料使用情况记录的审核和监督工作，确保记录的准确性和及时性，发现问题及时纠正。

三、加强监理单位的监督

1. 强化监理单位的职责意识。明确监理单位在施工过程中的监督职责，加强其对施工单位材料检查和使用情况记录的审核和监督。

2. 定期开展监理培训。提高监理单位人员的专业水平和监督能力，确保他们能够有效履行职责，发现并及时纠正施工单位存在的问题。

四、建立标准与差异分析机制

1. 制订标准与差异分析流程。建立每个工序的标准操作流程和成本预算，与实际使用情况进行对比分析，找出差异原因并提出改进措施。

2. 定期开展标准与差异分析会议。组织相关人员参与会议，共同分析每个工序的材料使用情况和成本差异，总结经验教训，持续优化施工流程。

综上所述，加强材料进场检验、完善材料使用情况记录、加强监理单位的监督以及建立标准与差异分析机制等整改措施，可以有效解决"未对每一工序的材料及使用情况进行检查、未进行标准与差异分析"的问题。这些措施有助于提高工程质量、控制成本并减少潜在的安全隐患。

专题26：现场管理人员对材料的价值认识不够

案例简介

一、案例背景

在某市的一个大型住宅小区建设工程项目中，施工单位负责整个小区的多层住宅楼建设。该项目对材料的要求较高，因为材料的质量直接影响住宅的安全性和使用寿命。然而，在施工过程中，审计团队发现现场管理人员对材料的价值认识存在明显不足。

二、具体问题

现场管理人员对材料的价值认识不够。现场管理人员在选择和使用建筑材料时，未能充分认识到材料质量对工程项目的重要性，导致采购了低质量的材料，给工程质量带来了隐患。

三、具体案例分析

1. 材料采购环节的问题。由于现场管理人员对材料的价值认识不够，他们在采购过程中过于关注价格而忽视了材料的质量。例如，在采购钢筋时，管理人员选择了价格较低的产品，而没有对其质量进行严格把控。这些钢筋的强度和耐久性未达到设计要求，给住宅楼的结构安全带来了潜在风险。

2. 材料使用环节的问题。在施工过程中，现场管理人员未能对进场的材料进行严格检查，导致部分质量不合格的材料被使用在工程中。例如，使用了质量不达标的混凝土，可能会导致楼板开裂、渗漏等问题，严重影响住宅的使用功能和安全性。

3. 缺乏有效的材料管理制度。现场管理人员未能建立起完善的材料管理制度，对材料的采购、验收、存储和使用等环节缺乏有效的监督和控制。这导致了材料管理混乱，进一步引发了材料质量问题。

四、后果与影响

1. 工程质量隐患。使用低质量的建筑材料将直接导致工程质量下降，可能引发房屋结构安全问题，给居民的生命财产安全带来严重威胁。

2. 返工和修复成本增加。若工程中出现质量问题，施工单位将不得不进行返工或修复工作，这将大幅增加项目成本和时间成本。

3. 法律风险和信誉损失。若材料质量问题导致工程事故或纠纷，施工单位将面临法律责任追究和巨额赔偿的风险。同时，企业的信誉也将受到严重损害，影响其在行业内的竞争力和市场份额。

4. 客户投诉和维权难度增加。房屋质量问题将引发大量客户投诉，施工单位可能需要投入大量资源和时间与业主进行协商和赔偿，增加了企业的运营成本和法律风险。

本案例揭示了现场管理人员对材料的价值认识不够所带来的严重后果。为避免类似问题的发生，施工单位应加强对现场管理人员的培训和教育，提高他们的材料价值认识和质量意识。同时，应建立完善的材料管理制度和监督机制，确保采购和使用高质量的建筑材料，从而保障工程项目的质量和安全。

问题认定与法律条文

一、材料采购环节的问题

1. 问题认定。

现场管理人员在材料采购环节过于关注价格而忽视材料质量，采购了低质量的材料，违反了建设工程中对材料质量的基本要求。

2. 法律条文。

《建设工程质量管理条例》第二十九条："施工单位必须按照工程设计要求、施工技术标准和合同约定，对建筑材料、建筑构配件、设备和商品混凝土进行检验，检验应当有书面记录和专人签字；未经检验或者检验不合格的，不得使用。"现场管理人员未按规定进行材料质量检验，采购了不符合设计要求的低质量材料，违反了该条文。

二、材料使用环节的问题

1. 问题认定。

现场管理人员在施工过程中未能对进场的材料进行严格检查，导致部分质量不合格的材料被使用在工程中，这违反了建筑施工中对材料质量控制的规定。

2. 法律条文。

《建设工程质量管理条例》第三十一条："施工人员对涉及结构安全的试块、试件以及有关材料，应当在建设单位或者工程监理单位监督下现场取样，并送具有相应资质等级的质量检测单位进行检测。"现场管理人员未按规定对材料进行严格检查，违反了材料使用前的质量检测要求。

三、缺乏有效的材料管理制度

1. 问题认定。

现场管理人员未能建立起完善的材料管理制度，对材料的采购、验收、存储和使用等环节缺乏有效的监督和控制，这违反了工程项目管理中对材料管理制度的基本要求。

2. 法律条文。

虽然法律法规中没有明确规定必须建立材料管理制度，但《建设工程质量管理条例》等法规要求施工单位必须确保工程质量，而建立完善的材料管理制度是保障工程质量的重要手段。因此，缺乏有效的材料管理制度可视为违反了保障工程质量的总体要求。

综上所述，现场管理人员在材料采购、使用和管理制度上违反了相关法律法规和规范的要求，应依法承担相应的责任，并采取措施进行整改，以确保工程质量和安全。

整改措施

一、加强材料采购管理

1. 建立严格的材料采购标准和流程。制订明确的材料采购规范，要求采购人员不仅要考虑价格因素，还要重视材料的质量和性能，确保所采购的材料符合工程设计要求和合同约定。

2. 加强材料供应商管理。对材料供应商进行严格筛选和评估，选择信誉良好、产品质量可靠的供应商进行合作。定期对供应商进行评估和审核，确保其持续提供高质量的材料。

二、强化材料验收和使用监督

1. 建立完善的材料验收制度。制订详细的材料验收标准和程序，确保每批进场的材料都经过严格的质量检验。对于不合格的材料，坚决予以拒收，并及时与供应商沟通处理。

2. 加强材料使用过程的监督。设立专门的材料监督岗位，对施工过程中的材料使用情况进行实时监控。确保施工人员严格按照工程设计要求和施工规范使用材料，杜绝使用低质量材料。

三、建立有效的材料管理制度

1. 制订材料管理规范。建立完善的材料管理制度，明确材料的采购、验收、存储、使用和报废等流程，确保每个环节都有明确的责任人和操作规范。

2. 加强材料管理人员的培训。定期对材料管理人员进行专业知识和技能培训，提高他们的材料管理水平和质量意识，确保他们能够熟练掌握材料管理制度和操作流程。

四、加强质量意识和责任意识教育

1. 开展质量和责任教育活动。定期组织施工人员进行质量意识和责任意识教育，让他们充分认识到材料质量对工程质量的重要性。通过案例分析等方式，警示施工人员低质量材料的危害。

2. 建立奖惩机制。设立质量奖励和惩罚制度，对在材料管理和使用过程中表现优秀的个人或团队进行表彰和奖励，对违反材料管理规定的行为进行严肃处理，以儆效尤。

实施以上整改措施，可以提高现场管理人员对材料价值的认识，加强材料采购、验收、存储和使用等环节的管理和监督，从而确保工程质量和安全。同时，也可以提升施工单位的整体管理水平和市场竞争力。

专题 27：缺乏纪律，纵容粗心或不当的工作

案例简介

一、案例背景

在某市的新建商业中心项目中，一家知名建筑公司被选为总承包商，负责整个项目的建设管理。该项目涉及多个分包商和大量施工人员，工程规模庞大且复杂。然而，在施工过程中，审计团队发现总承包商在管理上存在明显问题，主要表现为"缺乏纪律，纵容粗心或不当的工作"。

二、具体问题

1. 施工现场纪律松散。施工现场存在工人随意进出、不佩戴安全帽、高空抛物等违反安全规定的行为。

2. 工作粗心大意。部分施工人员在进行测量、放线等关键工作时粗心大意，导致多次出现误差。

3. 纵容不当工作行为。管理人员对施工人员的不规范操作未及时纠正，甚至有时为了赶工期而默许一些违规操作。

三、具体案例分析

1. 施工现场纪律松散。

在某次夜间施工中，审计人员发现多名工人未佩戴安全帽，且在高空作业时存在随意抛物现象。这些行为严重违反了安全生产规定，极易引发安全事故。调查发现，总承包商在现场管理方面缺乏严格的纪律要求，导致工人安全意识淡薄。

2. 工作粗心大意。

在进行某楼层的放线工作时，施工人员的粗心大意，导致放线位置出现较大偏差。这不仅影响了施工进度，还给后续的施工带来了极大的不便。总承包商未能对施工人员进行有效的技术培训和责任心教育，导致类似问题屡次发生。

3. 纵容不当工作行为。

为了赶工期，总承包商的管理人员有时会对施工人员的违规操作视而不见。例如，在某次混凝土浇筑过程中，施工人员未按照规范进行振捣操作，管理人员发现后并未及时制止和纠正。这种行为不仅影响了工程质量，还带来了严重的安全隐患。

四、后果与影响

1. 安全隐患增加。纪律松散和工作粗心大意会直接导致施工现场的安全隐患增加，严重时可能引发安全事故，威胁施工人员的生命安全。

2. 工程质量下降。纵容不当工作行为会导致工程质量难以保证，可能出现结构裂缝、渗漏等质量问题，影响建筑物的使用寿命和安全性能。

3. 项目进度受阻。工作粗心大意导致的放线偏差等问题会严重影响施工进度，造成工期延误和成本增加。

4. 企业信誉受损。总承包商的管理问题一旦被曝光，将严重损害其市场信誉和竞争力，影响企业的长远发展。

本案例揭示了"缺乏纪律，纵容粗心或不当的工作"所带来的严重后果。为避免类似问题的发生，总承包商应加强对施工现场的纪律管理，提高施工人员的安全意识和责任心。同时，应建立完善的质量管理体系和技术培训体系，确保施工过程的规范化和精细化。只有这样，才能保障工程项目的质量、安全和进度。

整改措施

一、针对施工现场纪律松散问题的整改措施

1. 加强安全教育培训。定期组织施工人员进行安全教育培训，强调安全规章制度的重要性，提高工人的安全意识。

2. 实施严格的门禁制度。设置门禁系统，确保只有佩戴有效证件的人员才能进入施工现场，防止非施工人员随意进出。

3. 加大安全巡查力度。增加安全巡查频次，对发现的违规行为及时制止并处罚，形成有效的监督机制。

4. 设立安全奖惩制度。对遵守安全规定的工人给予奖励，对违反规定的给予相应的处罚，以此强化纪律性。

二、针对工作粗心大意问题的整改措施

1. 提升技术培训水平。定期对施工人员进行技术培训和考核，确保他们掌握正确的施工方法和精度要求。

2. 实施质量检查制度。在每个施工环节结束后进行严格的质量检查，确保施工质量符合设计要求。

3. 建立问题追责机制。对粗心大意导致的问题，要追究相关人员的责任，并进行相应的处罚。

三、针对纵容不当工作行为问题的整改措施

1. 明确管理责任。明确各级管理人员的职责和权利，确保他们能够有效监督和管理施工现场的工作行为。

2. 加强现场监管。管理人员应经常深入施工现场，对施工人员的操作进行实时监督，及时纠正不当行为。

3. 建立严格的施工规范。制订详细的施工操作规范，要求施工人员严格按照规范进行操作，不得违规作业。

4. 完善激励机制。通过合理的激励机制，鼓励施工人员遵守规范、高效工作，减少为赶工期而纵容违规操作的情况。

5. 定期开展内部审核。定期对施工现场的管理和工作流程进行审核，确保所有规定和措施得到有效执行。

实施以上整改措施，可以加强施工现场的纪律性，增强施工人员的责任心和提高其严谨性，减少粗心大意和不当工作行为的发生，从而确保工程项目的安全、质量和进度。

专题 28：搬运过程中，操作不当导致物料损坏

案例简介

一、案例背景

某市正在建设一座大型商业综合体，该项目由多家施工单位共同参与。在施工过程中，物料的搬运是一个重要环节，涉及大量建材、装饰材料等从仓库到施工现场的转运。

二、具体问题

在某次物料搬运过程中，由于操作不当，部分物料损坏。损坏的物料主要包括高级瓷砖和一些精装的木饰面板。

三、具体案例分析

1. 搬运流程的不规范。

在搬运过程中，工人们没有按照既定的操作流程进行，缺乏有效的物料搬运培训和指导。部分工人为了省事，采用了不恰当的搬运方式，如单人抬重物、不使用搬运工具等。

2. 包装保护措施的不足。

物料在搬运前未进行适当的包装或采取保护措施。例如，瓷砖没有用泡沫或纸板进行间隔，导致相互碰撞；木饰面板没有用保护膜包裹，导致刮擦。

3. 搬运工具的缺乏和维护不当。

现场搬运工具数量不足，且部分工具因长期使用缺乏维护而损坏，如搬运车的轮子不灵便、手柄松动等，这些都增加了物料在搬运过程中损坏的风险。

4. 监督管理的缺失。

现场管理人员对搬运过程的监督不够严格，没有及时发现并纠正工人们的不规范操作，也未能定期检查搬运工具的状态。

四、后果与影响

1. 成本增加。

物料损坏直接导致了项目成本的增加。损坏的物料需要重新采购，这不仅增加了材料采购成本，还增加了运输和储存材料的费用。

2. 工期延误。

由于物料损坏，需要时间进行物料的重新采购和替换，这可能会导致工程的进度受到影响，进而造成工期延误。

3. 质量控制难度增加。

损坏的物料如果未能被及时发现并替换，可能会被错误地使用到工程中，从而影响整个工程的质量。此外，频繁的物料更换也可能增加质量控制的难度。

4. 工人安全意识降低。

不规范的搬运操作可能会让工人觉得即使操作不规范也不会造成严重后果，从而降低安全意识，增加施工现场的安全隐患。

综上所述，这个案例揭示了物料搬运过程中可能存在的问题及其对工程项目造成的负面影

响。它强调了规范操作、适当保护、良好维护和严格监督在物料搬运过程中的重要性。

问题认定与法律条文

一、搬运流程不规范与工人操作问题

1. 问题认定。

搬运流程不规范可能违反相关的安全生产法规和操作规程。工人在搬运过程中未按照既定流程操作，缺乏专业培训和指导，可能存在违反劳动安全规定的行为。

2. 法律条文。

《中华人民共和国安全生产法》第五十七条："从业人员在作业过程中，应当严格落实岗位安全责任，遵守本单位的安全生产规章制度和操作规程，服从管理，正确佩戴和使用劳动防护用品。"工人必须遵守安全操作规程，确保生产过程中的安全。

二、包装保护措施的不足

1. 问题认定。

物料在搬运前未进行适当的包装或采取保护措施，可能违反关于产品保护和防止损坏的规定。

2. 法律条文。

参考《中华人民共和国民法典》中关于货物运输的规定，虽然该法律主要针对的是货物运输合同，但其中的保护货物免受损坏的原则同样适用于建设工程项目中的物料搬运。合同双方有责任采取必要措施保护货物，防止其损坏。

三、搬运工具的缺乏和维护不当

1. 问题认定。

搬运工具的缺乏和维护不当可能违反劳动安全和设备维护的相关规定。

2. 法律条文。

《中华人民共和国安全生产法》第三十六条："安全设备的设计、制造、安装、使用、检测、维修、改造和报废，应当符合国家标准或者行业标准。"企业有责任确保设备的正常运行和维护，以保障工作人员的安全。

四、监督管理的缺失

1. 问题认定。

现场管理人员对搬运过程的监督不够严格，未能及时发现和纠正不规范操作，可能违反安全生产管理和监督的相关规定。

2. 法律条文。

《中华人民共和国安全生产法》第四十六条："生产经营单位的安全生产管理人员应当根据本单位的生产经营特点，对安全生产状况进行经常性检查；对检查中发现的安全问题，应当立即处理；不能处理的，应当及时报告本单位有关负责人，有关负责人应当及时处理。检查及处理情况应当如实记录在案。"管理人员有责任监督并确保工作场所的安全生产。

综上所述，案例中涉及的问题可能违反《中华人民共和国安全生产法》及其他相关法律法规中关于劳动安全、设备维护及监督管理的规定。相关责任主体应依法承担责任，并采取措施预防

类似问题的再次发生。

整改措施

一、针对搬运流程不规范与工人操作问题的整改措施

1. 制订并严格执行规范的物料搬运操作流程，确保每位工人都了解和遵守。

2. 定期对工人进行物料搬运的专业培训，提高他们的操作技能和安全意识。

3. 设立监督机制，确保工人在搬运过程中严格按照操作流程进行。

二、针对包装保护措施的不足问题的整改措施

1. 制订详细的物料包装和保护标准，确保物料在搬运前得到适当的包装和保护。

2. 为工人提供必要的包装材料和工具，如泡沫、纸板、保护膜等。

3. 定期检查物料的包装情况，确保保护措施得到有效执行。

三、针对搬运工具的缺乏和维护不当问题的整改措施

1. 增加搬运工具的数量，确保施工现场有足够的搬运工具可供使用。

2. 建立搬运工具的定期维护和检查制度，确保工具的正常运行和使用安全。

3. 对损坏严重的搬运工具进行及时更换，避免影响搬运效率和安全。

四、针对监督管理的缺失问题的整改措施

1. 加强现场管理人员的培训，提高他们的监督管理能力。

2. 设立定期检查制度，对搬运过程进行监督和评估，及时发现问题并采取措施进行改进。

3. 建立奖惩机制，对遵守规定的工人进行奖励，对违规行为进行处罚，以提高工人的自律性和安全意识。

实施以上整改措施，可以有效改善物料搬运过程中存在的问题，提高搬运效率和质量，同时保障工人的安全和工程的顺利进行。

专题 29：加工标准或规范未及时更新，导致加工材料不能用

案例简介

一、案例背景

在某市的一项桥梁建设工程项目中，施工单位负责按照设计图纸和技术要求进行钢结构的加工和安装。该项目采用的是国内先进的桥梁施工技术，对材料的加工精度和质量要求非常高。

二、具体问题

在施工过程中，审计团队发现施工单位使用的加工标准或规范未及时更新，与当前行业最新标准不符。这导致了一批已经加工完成的钢材构件无法满足设计要求，不能被使用在项目上。

三、具体案例分析

1. 加工标准滞后。

施工单位在加工过程中依据的是旧版的行业标准，而该标准在项目实施期间已被新版标准取代。新版标准对材料的强度、耐腐蚀性、加工精度等方面提出了更高要求。

2. 沟通不畅与信息更新不及时。

项目管理部门与技术部门之间的沟通不畅，导致技术部门未能及时获知行业标准更新的信息。同时，施工单位也未能主动跟踪行业标准的动态变化，及时更新自身的加工规范。

3. 质量控制失效。

施工单位由于未及时获知行业标准更新的信息，在加工过程中未能有效控制材料的质量，部分钢材构件的尺寸精度、材质性能等未达到新版标准的要求，因此无法通过质量验收。

4. 缺乏应对机制。

施工单位在面对加工标准变化时，缺乏灵活的应对机制。当发现加工材料不能用时，没有有效的补救措施，导致时间和资源的浪费。

四、后果与影响

1. 成本增加。

由于已经加工完成的钢材构件不能使用，施工单位需要重新采购和加工材料，这不仅增加了材料采购成本，还增加了运输和储存材料的费用。

2. 工期延误。

重新采购和加工材料需要时间，这可能会导致整个工程的进度受到影响。工期的延误可能会带来额外的管理成本和违约风险。

3. 资源浪费。

原先加工完成的钢材构件由于不符合新版标准而被迫废弃，造成了资源的浪费，不符合绿色施工的环保理念。

4. 声誉受损。

上述问题可能导致施工单位的声誉受损，影响其在行业内的竞争力和市场份额。同时，也可能影响项目的整体质量和安全性能。

综上所述，这个案例揭示了加工标准或规范未及时更新的严重后果。它强调了施工单位必须密切关注行业动态和技术标准的更新，及时调整自身的加工规范和质量控制体系，以确保工程项目的顺利进行和质量的可靠。

问题认定与法律条文

一、加工标准滞后

1. 问题认定。

施工单位未能按照最新的行业标准进行施工，违反了关于建筑施工应遵守最新技术标准和规范的要求。

2. 法律条文。

《建设工程质量管理条例》第二十八条："施工单位必须按照工程设计图纸和施工技术标准施工，不得擅自修改工程设计，不得偷工减料。"施工单位应遵守最新的技术标准进行施工，确保工程质量。

二、沟通不畅与信息更新不及时

1. 问题认定。

项目管理部门与技术部门之间沟通不畅，可能导致技术信息的传递受阻，违反了企业内部管理应确保信息畅通的规定。

2. 法律条文。

《中华人民共和国民法典》第五百零九条：当事人应当按照约定全面履行自己的义务。当事人应当遵循诚信原则，根据合同的性质、目的和交易习惯履行通知、协助、保密等义务。

三、质量控制失效

1. 问题认定。

加工标准未及时更新，导致质量控制失效，可能构成对工程质量的不负责任行为。

2. 法律条文。

《建设工程质量管理条例》第三十条："施工单位必须建立、健全施工质量的检验制度，严格工序管理，作好隐蔽工程的质量检查和记录。"施工单位有责任确保施工过程中的质量控制。

四、缺乏应对机制

1. 问题认定。

施工单位在面对标准变化时缺乏应对机制，未能及时采取措施防止损失扩大，可能违反企业应对突发事件和变化的管理职责。

2. 法律条文。

《中华人民共和国民法典》第五百九十一条："当事人一方违约后，对方应当采取适当措施防止损失的扩大；没有采取适当措施致使损失扩大的，不得就扩大的损失请求赔偿。当事人因防止损失扩大而支出的合理费用，由违约方负担。"虽然此条主要针对违约后的损失扩大，但企业应有应对变化的机制以减轻潜在损失的原则是相似的。

综上所述，施工单位在加工标准未及时更新的问题上，可能违反关于建筑施工质量管理、合同履行以及企业内部管理等多个方面的法律法规和合同条款。施工单位应负相应的法律责任，并采取措施预防类似问题的再次发生。

整改措施

一、建立标准更新跟踪机制

1. 设立专门的技术团队或指派专人负责跟踪行业标准的动态变化。

2. 定期查阅权威的行业标准发布渠道，如国家标准化管理委员会、行业协会等官方网站，确保第一时间获取最新标准信息。

3. 做好标准更新记录，对新旧标准进行比对，明确变化内容及其对工程施工的影响。

二、加强内部沟通与协调

1. 定期组织项目管理、技术、采购等部门之间的沟通协调会议，确保技术信息的及时传递和共享。

2. 建立有效的信息共享平台或内部通信系统，便于各部门之间快速沟通和反馈。

3. 对关键岗位人员进行培训，提高他们的沟通技巧和信息敏感度。

三、强化质量控制体系

1. 根据最新标准更新质量控制流程和检验标准，确保每个施工环节都符合最新要求。

2. 加强对原材料和加工过程的监督检查，防止不合格材料进入施工现场。

3. 定期对施工人员进行质量标准培训，提高他们的质量意识和操作技能。

四、建立灵活应对机制

1. 制订应急预案，明确在标准更新等突发事件发生时的应对措施和责任人。

2. 建立材料替换和重新采购的快速反应机制，确保在发现问题后能够迅速调整施工计划，减少损失。

3. 加强与供应商的合作与沟通，确保在需要时能够及时获得符合新标准的材料。

通过以上整改措施的实施，施工单位可以更有效地应对加工标准更新的挑战，减少标准变化带来的损失和风险，确保工程项目的顺利进行和质量的可靠。

专题30：施工过程中，施工不规范导致材料浪费

案例简介

一、案例背景

某市一项商业综合体建设项目中，施工单位在进行混凝土浇筑作业时施工不规范，导致了大量的材料浪费。该项目是一个集购物、娱乐、办公于一体的大型建筑群，对施工质量和成本控制要求极高。

二、具体问题

在施工过程中，审计人员发现施工单位在混凝土浇筑作业中存在以下问题。

1. 混凝土浇筑前的准备工作不足。施工单位未对模板进行充分检查，导致部分模板变形、漏浆，造成混凝土流失。

2. 施工操作不规范。工人在浇筑过程中未按照技术要求进行振捣，使得混凝土内部产生大量气泡和空隙，降低了混凝土的密实度和强度，同时也增加了材料的使用量。

3. 现场管理混乱。施工现场缺乏有效的物料管理，混凝土搅拌站与浇筑现场之间的协调不畅，导致部分混凝土在等待浇筑过程中初凝，无法正常使用。

三、具体案例分析

1. 准备工作不充分。

施工单位在浇筑前未对模板进行全面检查，部分使用了老化、变形的模板，浇筑时混凝土从缝隙中漏出，不仅影响了结构质量，还造成了大量混凝土的浪费。

2. 施工操作问题。

浇筑作业中，工人没有严格按照施工规范进行振捣操作，振捣不足导致混凝土内部存在空隙，影响了结构的整体性能，同时为了达到设计要求的强度，不得不增加混凝土的用量。

3. 现场管理缺失。

施工现场对物料的调度和管理不够精细，导致部分混凝土在运输和等待过程中超过了可使用

时间，这部分混凝土只能作废处理，造成了浪费。

四、后果与影响

1. 成本增加。施工不规范导致的材料浪费，直接增加了项目的材料成本。同时，为了修复因施工不规范造成的问题，还需要投入额外的人工和时间成本。

2. 工期延误。浪费的材料需要重新采购和加工，这会导致工期的延误，进而影响项目的整体进度。

3. 质量隐患。不规范的施工操作可能影响建筑的整体质量，给未来的使用带来安全隐患。

4. 环境污染。浪费的混凝土等材料若处理不当，还可能对环境造成污染。

综上所述，这个案例揭示了施工过程中施工不规范导致的材料浪费问题及其严重后果。它强调了施工单位必须严格遵守施工规范，加强现场管理，提高工人的操作技能和质量意识，以减少材料浪费，保证工程质量，降低工程成本。

问题认定与法律条文

一、混凝土浇筑前的准备工作不足

1. 问题认定。

施工单位未对模板进行充分检查，导致模板变形、漏浆，进而造成混凝土浪费。此行为可能违反关于建筑施工前应进行充分准备和检查的规定。

2. 法律条文。

《建设工程质量管理条例》第三十条："施工单位必须建立、健全施工质量的检验制度，严格工序管理，作好隐蔽工程的质量检查和记录。"施工单位有责任确保施工前的准备工作充分，包括模板的检查等，以防止材料浪费和施工质量问题。

二、施工操作不规范

1. 问题认定。

工人在浇筑过程中未按照技术要求进行振捣，违反了建筑施工应遵循的技术规范和操作程序。

2. 法律条文。

《建设工程质量管理条例》第二十八条："施工单位必须按照工程设计图纸和施工技术标准施工，不得擅自修改工程设计，不得偷工减料。"施工单位应严格按照技术标准进行施工操作，确保工程质量，防止材料浪费。

三、现场管理混乱

1. 问题认定。

施工现场缺乏有效的物料管理，导致部分混凝土在等待浇筑过程中初凝浪费。这可能违反关于建筑施工现场应进行有效管理的规定。

2. 法律条文。

虽然法律法规对施工现场物料管理的细节没有详细规定，但《建设工程安全生产管理条例》强调施工单位应确保施工现场的整洁、有序和安全。混乱的现场管理可能导致材料浪费和安全隐患，从而违反了施工单位应负的管理职责。

综上所述，施工单位在施工不规范导致材料浪费的问题上，可能违反建筑施工质量管理、施工现场管理等多个方面的法律法规，施工单位应负相应的法律责任，并采取措施预防类似问题的再次发生。同时，这些法律法规也强调了施工单位应确保施工质量和减少材料浪费的重要性。

整改措施

一、加强施工前准备工作

1. 建立严格的施工前检查制度，确保所有模板、设备和其他施工材料在使用前都经过全面检查，及时更换老化、变形的模板，防止漏浆和混凝土浪费。

2. 提高施工人员的专业技能和质量意识，通过培训和考核，确保他们了解施工前的各项准备工作要求。

二、规范施工操作

1. 制订详细的施工操作规程，明确混凝土浇筑、振捣等关键步骤的技术要求和操作方法，并对施工人员进行定期培训，确保他们熟练掌握施工技术。

2. 设立质量监督岗位，对施工过程进行实时监控和指导，及时纠正不规范的操作行为，确保施工质量和减少材料浪费。

三、强化现场管理

1. 建立完善的物料管理制度，确保混凝土等材料的采购、存储、运输和使用都有明确的计划和记录，减少材料的浪费和损失。

2. 加强施工现场的协调和调度工作，确保混凝土搅拌站与浇筑现场之间的顺畅沟通，避免混凝土在等待浇筑过程中初凝浪费。

3. 引入先进的施工管理软件或系统，实现材料使用的实时监控和数据分析，及时发现浪费现象并进行调整。

四、建立奖惩机制

1. 设立材料节约奖励制度，对施工过程中能够有效节约材料的个人或团队给予一定的物质奖励或表彰。

2. 对施工不规范导致材料浪费的行为进行严肃处理，包括警告、罚款等措施，以提高施工人员的责任心和节约意识。

通过以上整改措施的实施，施工单位可以更有效地解决施工过程中施工不规范导致的材料浪费问题，降低工程成本，提高工程质量和效益。同时，也有助于提升施工单位的整体管理水平和市场竞争力。

专题 31：使用不适当的材料

案例简介

一、案例背景

在某市的一个公共基础设施建设项目中，一座新的公路桥梁正在紧锣密鼓地施工。该项目是城市交通网络的重要组成部分，旨在缓解日益增长的交通压力。然而，在项目的实施过程中，出现了关于材料使用的问题。

二、具体问题

1. 使用过于高端的材料。在桥梁的部分结构中，施工单位使用了远超出设计要求的昂贵材料，如高强度特种钢材和高级耐磨涂料。

2. 使用质量不达标的材料。在一些非关键部分，如桥面铺装和护栏建设中，施工单位选用了质量较低、耐久性差的材料。

三、具体案例分析

1. 使用过于高端的材料。

在桥梁的主承重结构上，设计要求使用普通高强度钢材即可，但施工单位却选用了价格昂贵、性能超标的特种钢材。这不仅增加了项目成本，而且在实际应用中并无必要，因为普通高强度钢材已能满足结构强度和耐久性的要求。

2. 使用质量不达标的材料。

在桥面铺装材料的选择上，施工单位为了降低成本，选用了质量较低的沥青混合料，其耐磨性和抗压性均不满足长期使用的要求。同样，护栏建设中使用的防腐涂料也是低端产品，其防锈蚀能力不足，预期会影响护栏的使用寿命。

四、后果与影响

1. 成本超支。使用过于高端的材料导致项目成本大幅上升，超出了预算范围，给项目的投资回报带来了负面影响。

2. 资源浪费。高端材料的使用并非出于性能需求，造成了资源浪费。

3. 质量隐患。低质量材料的使用给桥梁的耐久性和安全性带来了隐患，可能导致桥梁在使用过程中出现损坏，甚至发生安全事故。

4. 信誉受损。上述问题一旦被曝光，将严重损害施工单位的声誉和公众信任度，对其未来的业务承接和市场竞争力产生不良影响。

综上所述，这个案例揭示了使用不适当的材料所带来的严重后果。它强调了材料选择应根据工程实际需求进行，既要避免浪费，也要确保材料的质量和性能满足设计要求。施工单位应建立严格的材料采购和验收制度，以确保项目的经济效益和安全性。

问题认定与法律条文

一、使用过于高端的材料

1. 问题认定。

施工单位在材料选择上，使用了远超出设计要求的昂贵材料，此行为可能违反工程项目应按照设计要求和经济合理性原则进行材料选择的规定。

2. 法律条文。

根据《建设工程质量管理条例》的相关规定，施工单位应当按照工程设计图纸和施工技术标准进行施工，不得擅自修改工程设计。尽管此案例中使用高端材料并未直接违反该规定，但过于奢侈、不经济的材料选择可能违背工程的经济合理性原则，经济合理性原则通常也是工程项目管理中的一个重要考量因素。此外，如果这种行为导致成本显著增加，可能还涉及对投资方或业主的欺诈行为，违反诚实信用原则。

二、使用质量不达标的材料

1.问题认定。

施工单位在桥面铺装和护栏建设中选用了质量较低、耐久性差的材料，这违反了关于建筑施工应使用符合质量标准要求的材料的规定。

2.法律条文。

《建设工程质量管理条例》第二十八条："施工单位必须按照工程设计图纸和施工技术标准施工，不得擅自修改工程设计，不得偷工减料。"在此案例中，施工单位使用质量不达标的材料，实际上是一种偷工减料的行为，严重影响了工程的质量和安全，违反了上述规定。

综上所述，施工单位在材料选择上可能违反建筑施工质量管理、工程设计和施工技术标准等多个方面的法律法规。施工单位应负相应的法律责任，并采取措施预防类似问题的再次发生。同时，这些法律法规也强调了施工单位应确保施工质量和材料选择的合理性及经济性。

整改措施

一、建立严格的材料选择标准

1.制订明确的材料选择指南和标准，确保所选材料符合工程设计要求和经济效益。

2.设立专门的材料审查团队，对材料选择进行严格的审核和监督，确保不出现过于奢侈或质量不达标的情况。

二、加强与设计单位的沟通

1.与设计单位建立紧密的沟通机制，确保施工单位准确理解设计意图和材料要求。

2.在施工前与设计单位进行材料确认，明确所需材料的规格、性能和质量要求。

三、优化材料采购与验收流程

1.建立完善的材料采购流程，确保采购的材料符合设计要求和经济效益。

2.设立严格的材料验收环节，对所有进场材料进行质量检查，确保材料质量达标。

四、加强施工人员培训与教育

1.对施工人员进行材料知识培训，提高他们对材料性能和选择的认识。

2.强调材料选择的重要性，让施工人员明白选择不合理材料可能带来的后果。

五、建立奖惩机制

1.对在材料选择中表现出色的个人或团队给予奖励和表彰，鼓励大家遵循材料选择标准。

2.对违反材料选择规定的个人或团队进行严肃处理，包括警告、罚款等措施，以确保规定得到有效执行。

六、加强项目监管与审计

1.加大项目监管力度，定期对施工现场材料使用情况进行检查和审计。

2.对发现的问题及时进行整改，并对相关责任人进行问责，确保问题得到根本解决。

通过以上整改措施的实施，施工单位可以规范材料选择行为，确保所选材料既符合设计要求又经济合理，从而提高工程项目的质量和效益。同时，也有助于提升施工单位的管理水平和市场竞争力。

专题 32：出现问题，不能追踪事故责任人，以致不能纠正问题

案例简介

一、案例背景

在某市的一个大型商业综合体建设项目中，由于项目进度紧张，多个施工队伍同时作业，施工现场管理相对复杂。一天，该项目的一栋建筑在浇筑混凝土楼板时出现了严重的质量问题，部分楼板出现了裂缝和下沉。然而，在事后追查原因和责任人时，遭遇了重重困难。

二、具体问题

1. 责任模糊。由于多个施工队伍同时作业，且没有明确的责任划分，在楼板质量问题出现后，无法准确追踪到具体负责的施工队伍和个人。

2. 记录缺失。施工现场的监控录像和施工日志等关键记录缺失或不完整，无法为追踪责任人提供有效线索。

3. 管理混乱。现场管理人员对各个施工队伍的监督不够严格，导致责任人在事故发生后有机会逃避责任。

三、具体案例分析

1. 责任模糊。

在该综合体建设项目中，多个施工队伍同时作业，但各自的工作范围和职责没有明确划分。当楼板出现质量问题时，各施工队伍互相推诿，均声称自己不是责任方。由于缺乏明确的责任界定，项目管理方无法确定具体的责任人。

2. 记录缺失。

施工现场虽然安装了监控设备，但由于设备故障和维护不当，关键时段的监控录像丢失。同时，施工日志的记录也存在遗漏和不准确的情况，记录的缺失使得追踪责任人变得更加困难。

3. 管理混乱。

现场管理人员在监督施工队伍时存在疏忽，未能及时发现并纠正施工中的问题。此外，管理人员对施工队伍的人员流动和作业情况了解不足，导致在事故发生后无法迅速锁定责任人。

四、后果与影响

1. 质量风险。由于无法追踪到具体的责任人，楼板的质量问题无法得到及时有效的解决，给整个项目的结构安全带来了潜在风险。

2. 进度延误。事故调查和处理过程中耗费了大量时间，导致项目进度受到严重影响。同时，修复楼板质量问题需要额外的时间和资源投入。

3. 成本增加。修复楼板质量问题需要额外的材料和劳动力投入，增加了项目的总成本。此外，事故调查和处理过程中的资源浪费，也进一步推高了项目成本。

4. 信誉受损。该事件对项目的声誉和开发商的信誉造成了严重损害，可能导致潜在投资者和客户的信任度下降。

综上所述，这个案例揭示了项目管理中责任不明确、记录不完整和管理混乱等问题所带来的严重后果。为了避免类似情况的发生，项目管理方应建立完善的责任划分机制、加强现场监控和

施工日志的记录工作、提高管理人员的专业素养和责任心。只有这样，才能在出现问题时迅速追踪到责任人并采取有效措施进行纠正。

问题认定与法律条文

一、责任模糊

1. 问题认定。

在案例中，多个施工队伍同时作业且责任划分不明确，导致在发生楼板质量问题后无法准确追踪到具体负责的施工队伍和个人。这违反了明确工程质量和安全责任的规定。

2. 法律条文。

根据《建设工程质量管理条例》的规定，施工单位应当建立质量责任制度，明确各级管理人员和操作人员的质量责任。在此案例中，责任划分不明确，导致质量问题出现后无法确定具体责任人，这明显违反了上述规定中关于明确质量责任的要求。

二、记录缺失

1. 问题认定。

施工现场的监控录像和施工日志等关键记录缺失或不完整，使得在追查事故原因和责任人时缺乏有效证据。这违反了关于建设工程施工过程记录和档案管理的规定。

2. 法律条文。

依据《建设工程质量管理条例》，施工单位应当建立工程技术档案和施工管理资料，并按照要求及时、真实、准确地填写和整理。案例中提到的监控录像丢失和施工日志记录不完整，显然没有遵守这一规定，导致在事故调查中无法提供完整的证据链。

三、管理混乱

1. 问题认定。

现场管理人员对施工队伍的监督不够严格，未能及时发现并纠正施工中的问题，且在事故发生后无法迅速锁定责任人。这反映了管理上的混乱和不足，违反了关于施工现场管理和监督的规定。

2. 法律条文。

依据《中华人民共和国建筑法》和相关建设工程质量管理的规定，施工单位应当建立健全质量管理体系，加强施工现场管理，确保工程质量和安全。案例中描述的管理混乱情况，如监督不严格、无法迅速锁定责任人等，均表明施工单位在管理体系的制定和执行上存在明显问题，未能有效履行其法定职责。

综上所述，该案例反映出的问题涉及责任不明确、记录不完整以及管理混乱等方面，违反了相关的法律法规。为了避免类似情况的发生，施工单位应严格遵守法律法规要求，明确各级质量责任、完善施工记录和档案管理，并加强施工现场的监督管理。

整改措施

一、明确责任划分

1. 制订详细的责任分工表，明确每个施工队伍和施工人员的具体职责和工作范围，确保在出现问题时能够迅速确定责任人。

2. 设立专门的质量管理团队，负责监督各施工队伍的工作质量，并及时记录和反馈问题，以便在事故发生时能够迅速追踪到相关责任人。

二、完善记录和档案管理

1. 加强施工现场监控设备的维护和检修，确保监控录像的完整性和可靠性，以便在需要时能够提供有效的证据。

2. 建立严格的施工日志记录制度，要求施工人员每日记录工作进展、问题和解决措施，确保施工过程的可追溯性。

三、加强施工现场管理

1. 提升现场管理人员的专业素养和责任心，加强培训和教育，确保他们能够有效地监督施工队伍的工作质量。

2. 引入先进的项目管理软件，实时监控施工进度和质量，及时发现并纠正施工中的问题，降低事故发生的概率。

四、建立奖惩机制

设立明确的奖励和惩罚制度，对施工质量高、遵守规定的施工队伍和个人给予奖励，对施工质量低、违反规定的施工队伍和个人进行惩罚，以提高施工人员的责任意识和积极性。

五、优化事故应急处理机制

1. 制订详细的事故应急预案和处理流程，确保在事故发生时能够迅速响应并采取措施，降低事故损失。

2. 定期组织应急演练，提高施工人员的应急处理能力和协作水平。

实施明确责任划分、完善记录和档案管理、加强施工现场管理、建立奖惩机制以及优化事故应急处理机制等整改措施，可以提高工程项目的质量和安全性，降低事故发生的概率，确保在事故发生时能够迅速追踪到责任人并采取有效措施进行纠正。

专题 33：领取材料过多，却未办理退料手续

案例简介

一、案例背景

某市一项商业建筑项目正在紧锣密鼓地进行。该项目由知名建筑公司 A 承建，为了保障工程进度，A 公司对材料领取采取了较为宽松的政策，允许施工队伍根据需求自由申领材料。然而，在项目审计过程中，审计人员发现了一个普遍存在的问题：施工队伍在领取了大量材料后，往往未将剩余材料退回仓库，导致大量材料堆积在施工现场，甚至发生浪费和丢失的情况。

二、具体问题

1. 材料领取无计划。施工队伍在领取材料时缺乏明确的计划和预算，往往凭经验或估计领取，导致领取数量远超实际使用量。

2. 退料流程缺失。项目现场没有建立完善的退料流程，施工队伍在材料使用完毕后，没有意

识或动力将剩余材料退回仓库。

3. 监管不力。项目管理部门对材料领取和使用情况监管不力，未能及时发现并纠正材料浪费和不合理领取的问题。

三、具体案例分析

1. 材料领取无计划。

在某次混凝土浇筑作业前，施工队伍根据以往经验申领了大量混凝土和相关配料。然而，由于设计变更和现场实际情况的变化，实际使用量远低于领取量。剩余的大量混凝土因时间过长而硬化，无法使用，造成了严重的浪费。

2. 退料流程缺失。

在一次装饰工程中，施工队伍领取了大量壁纸和胶水等材料。工程完工后，剩余了大量未使用的材料。然而，由于没有明确的退料流程，施工队伍将这些材料堆放在角落，最终导致材料的损坏和丢失。

3. 监管不力。

项目管理部门在定期的材料盘点中发现大量未使用的材料堆积在现场，然而，由于缺乏有效的监管措施和惩罚机制，施工队伍对此并不重视，问题没有得到根本解决。

四、后果与影响

1. 材料浪费。大量领取但未使用的材料造成了严重的浪费，增加了项目成本。

2. 成本上升。浪费的材料需要重新采购，增加了项目的总成本。

3. 管理混乱。缺乏明确的材料管理和退料流程导致现场管理混乱，降低了工作效率。

4. 环境污染。长期堆放的剩余材料可能对环境造成污染，如废弃的油漆桶、胶水桶等污染。

5. 项目进度受阻。材料管理不善可能导致工程进度受阻，影响项目的整体交付时间。

综上所述，该案例揭示了项目管理中材料领取无计划、退料流程缺失和监管不力等问题所带来的严重后果。为了避免类似情况的发生，项目管理方应建立完善的材料计划和管理制度、明确退料流程，并加强现场监管。只有这样，才能确保材料的合理使用和管理，降低项目成本并保障工程进度。

问题认定与法律条文

一、材料领取无计划

1. 问题认定。

施工队伍在领取材料时缺乏明确的计划和预算，凭经验或估计领取，导致领取数量远超实际使用量，这违反了关于合理利用资源和减少浪费的法律规定。

2. 法律条文。

依据《中华人民共和国节约能源法》的相关规定，国家鼓励企业合理使用资源，降低消耗，提高资源利用效率。施工队伍无计划地领取过多材料，造成资源浪费，未遵守合理利用资源和减少浪费的法律要求。

二、退料流程缺失

1. 问题认定。

项目施工现场没有建立完善的退料流程，导致施工队伍在材料使用完毕后没有将剩余材料退回仓库，这违反了关于企业应当建立完善内部管理制度的法律规定。

2. 法律条文。

根据《中华人民共和国企业管理法》的相关规定，企业应当建立健全内部管理制度，确保企业运营活动的合法性和规范性。项目施工现场退料流程的缺失，表明企业内部管理制度不完善，未遵守相关法律规定。

三、监管不力

1. 问题认定。

项目管理部门对材料领取和使用情况监管不力，未能及时发现并纠正材料浪费和不合理领取的问题，这违反了关于企业应当加强内部监督和管理的法律规定。

2. 法律条文。

依据《中华人民共和国企业管理法》及《中华人民共和国节约能源法》的相关规定，企业应当加强内部监督和管理，确保资源合理利用和减少浪费。项目管理部门的监管不力导致材料浪费，表明其未履行监督和管理的法律职责。

综上所述，该案例中涉及的材料领取无计划、退料流程缺失以及监管不力等问题，违反了相关的法律法规。为了避免类似情况的发生，企业应遵守相关法律法规，建立完善的材料计划和管理制度、退料流程，并加强内部监督和管理，确保材料的合理使用和管理，降低项目成本并保障项目进度。

整改措施

一、建立材料计划和管理制度

1. 制订详细的材料计划，根据施工进度和工程量，精确估算所需材料数量，避免过多领取。

2. 设立专门的材料管理团队，负责材料计划的制定、审核和执行，确保材料领取的合理性和准确性。

二、完善退料流程

1. 建立明确的退料流程，规定剩余材料必须及时退回仓库，并办理退料手续。

2. 设立退料点，方便施工队伍退还剩余材料，并确保退料过程的顺畅和高效。

3. 加强对退料情况的监督和检查，确保退料流程的有效执行。

三、加强监管

1. 建立健全材料领取和使用的监督机制，定期对材料领取、使用和退料情况进行检查和审计。

2. 引入先进的材料管理系统，实时监控材料的领取、使用和退回情况，及时发现并纠正问题。

3. 设立奖惩机制，对合理使用材料、遵守退料规定的施工队伍和个人给予奖励，对浪费材料、不遵守规定的施工队伍和个人进行惩罚。

四、加强培训和宣传

1.加强对施工队伍的材料管理培训，提高他们的材料管理意识和能力。

2.在项目施工现场设置宣传栏，宣传材料节约和合理利用的重要性，营造节约资源的氛围。

实施建立材料计划和管理制度、完善退料流程、加强监管、加强培训和宣传等整改措施，可以促进材料的合理使用和提高材料管理水平，降低项目成本并保障项目进度。同时，这也有助于提高企业的社会责任意识和环保意识，促进企业可持续发展。

专题34：未领取正确的材料，用错材料

案例简介

一、案例背景

某市一项市政基础设施建设项目正在进行，该项目由市建设部门负责，通过公开招标选择了一家具有丰富经验的施工单位进行承建。项目主要包括道路修建、排水系统安装及绿化等工作。在施工过程中，审计部门对该项目进行了常规审计，以确保项目的合规性和资金使用的有效性。

二、具体问题

1.材料计划不准确。项目施工前，施工单位提交的材料计划与实际工程需求不符，导致领取了错误的材料。

2.材料管理混乱。施工现场的材料管理不规范，不同种类的材料未进行明确标识和分类存放，导致工人误用材料。

3.施工人员培训不足。施工人员对材料性能和使用方法了解不足，无法准确识别和正确使用各类材料。

三、具体案例分析

1.材料计划不准确。

施工单位在项目施工前提交的材料计划中，由于对项目需求理解不准确，计划中列出的材料与实际所需不符。例如，原计划中需要使用的是高强度混凝土，而实际领取的却是普通混凝土。这导致在道路修建过程中，部分路段使用了不符合要求的混凝土，存在安全隐患。

2.材料管理混乱。

施工现场的材料堆放区域未进行明确划分，不同种类的材料混杂在一起，且缺乏明确的标志。工人在施工过程中，由于时间紧迫和沟通不畅，误将一段排水系统所使用的管道用于另一段排水系统的安装，导致部分排水管道直径不符合设计要求，影响了排水效果。

3.施工人员培训不足。

由于施工人员对新型防水材料的使用方法了解不足，在施工过程中，未能按照规范进行操作，导致防水材料未能有效发挥作用，部分区域出现了渗漏现象。这不仅影响了工程质量，还增加了后期的维修成本。

四、后果与影响

1.工程质量问题。使用错误的材料会直接影响工程的质量和安全性能。如上述案例中的高强

度混凝土被替换为普通混凝土，可能导致路面承载能力下降，增加发生交通事故的风险。

2. 工程进度延误。一旦发现使用了错误材料，通常需要进行返工或修补工作，这不仅会消耗额外的时间和资源，还可能导致整个工程进度延误。

3. 成本增加。错误材料的使用往往意味着需要重新采购正确材料、拆除或改造已完成的工程部分，这些都会造成项目总成本的上升。

4. 法律责任风险。如果因使用错误材料而导致工程质量问题或安全事故，施工单位和相关责任人可能面临法律责任追究。

综上所述，该案例揭示了项目管理中材料计划不准确、材料管理混乱和施工人员培训不足等问题所带来的严重后果。为了避免类似情况的发生，项目管理方应提高材料计划的准确性、规范施工现场的材料管理，并加强对施工人员的培训和考核工作。只有这样，才能确保工程质量和安全性能达到预期标准。

问题认定与法律条文

一、材料计划不准确

1. 问题认定。

施工单位提交的材料计划与实际工程需求不符，领取了错误的材料，这违反了关于确保建筑质量和安全的法律规定。

2. 法律条文。

根据《中华人民共和国建筑法》的相关规定，建筑施工企业必须按照工程设计图纸和施工技术标准施工，不得偷工减料。工程设计的修改由原设计单位负责，建筑施工企业不得擅自修改工程设计。施工单位因材料计划不准确导致领取错误材料，可能构成对工程设计的擅自修改，违反了建筑法对建筑质量和安全的要求。

二、材料管理混乱

1. 问题认定。

施工现场的材料管理不规范，导致工人误用材料，这违反了关于施工现场管理和材料存放规定的法律法规。

2. 法律条文。

依据《建设工程安全生产管理条例》的相关规定，施工单位应当在施工现场采取措施保证材料和设备的合理存放，确保施工安全。材料管理混乱可能导致施工安全隐患，违反了施工现场管理的法律要求。

三、施工人员培训不足

1. 问题认定。

施工人员对材料性能和使用方法了解不足，无法准确识别和正确使用材料，这违反了关于施工人员应具备相应专业知识和技能的法律规定。

2. 法律条文。

根据《中华人民共和国建筑法》以及《建筑施工企业安全生产许可证管理规定》的相关规定，建筑施工企业应当加强对从业人员的安全生产教育和培训，保证从业人员具备必要的安全生产知识，熟悉有关的安全生产规章制度和安全操作规程。施工人员培训不足，可能导致安全生产事故的发生，违反了建筑施工企业对从业人员培训和教育的法律义务。

综上所述，该案例中涉及的材料计划不准确、材料管理混乱以及施工人员培训不足等问题，违反了相关的法律法规。为了避免类似情况的发生，企业应遵守相关法律法规，确保材料计划的准确性，规范材料管理，并加强对施工人员的培训和教育工作，以保障建筑施工的质量和安全。

整改措施

一、提高材料计划的准确性

1. 加强与设计单位、供应商的沟通，确保对工程设计图纸和材料需求有准确理解。

2. 设立专门的材料计划审核机制，由专业人员对材料计划进行仔细审核，确保材料计划的准确性和完整性。

3. 采用先进的材料管理软件，通过数字化手段提高材料计划的精确度和可追溯性。

二、规范材料管理

1. 建立严格的材料入库、出库管理制度，确保材料的数量、型号、规格等信息准确无误。

2. 对施工现场的材料存放区域进行明确划分，并设置清晰的标志，防止不同材料之间的混淆。

3. 定期对施工现场的材料进行盘点和检查，确保材料的完好无损和正确使用。

三、加强施工人员培训

1. 定期组织施工人员进行专业技能和安全知识培训，增加他们对材料性能和使用方法的了解。

2. 建立施工人员考核机制，对他们的专业知识和操作技能进行定期评估，确保他们具备胜任工作的能力。

3. 在施工现场设置明显的安全警示标志和操作指南，提醒施工人员注意材料使用的正确性和安全性。

四、强化项目管理和监督

1. 加强项目管理团队的建设，提高项目管理人员的专业素质和责任心。

2. 定期对项目进度、质量、安全等方面进行检查和评估，及时发现并纠正存在的问题。

3. 建立有效的信息反馈机制，鼓励施工人员积极反映材料使用和管理方面的问题，以便及时采取措施进行整改。

实施提高材料计划的准确性、规范材料管理、加强施工人员培训以及强化项目管理和监督等整改措施，可以确保工程的顺利进行和质量的可控性。同时，这也有助于提高企业的管理水平和施工效率，减少浪费和损失。

专题 35：把可再用的材料当废料处理

案例简介

一、案例背景

某市一项商业综合体建设项目在接近尾声时，项目管理团队决定对施工现场进行清理。由于项目规模较大，施工过程中产生了大量看似废弃的材料，包括剩余的建筑材料、拆卸下来的模板、脚手架等。为了迅速清理现场，项目管理团队决定将这些看似废弃的材料当作废料处理。

二、具体问题

1.缺乏有效的材料评估和分类机制。项目管理团队未对施工现场剩余的材料进行有效评估和分类，导致部分仍可再用的材料被误判为废料。

2.废料处理流程不规范。项目团队在处理废料时，未按照规定的流程进行，缺乏必要的审批和监督环节。

3.资源浪费和环境污染。将可再用的材料当作废料处理，不仅造成了资源的浪费，还可能对环境造成污染。

三、具体案例分析

1.缺乏有效的材料评估和分类机制。

在项目收尾阶段，施工现场剩余了大量建筑材料和拆卸下来的模板、脚手架等。由于项目管理团队缺乏有效的材料评估和分类机制，这些材料未经仔细检查就被判定为废料。例如，部分拆卸下来的模板和脚手架仍然完好无损，完全可以在其他项目中再次使用，但由于缺乏评估机制，这些材料被错误地归类为废料。

2.废料处理流程不规范。

在处理废料时，项目管理团队未按照规定的流程进行。他们没有向相关部门提交废料处理申请，也没有经过必要的审批程序。此外，处理过程中缺乏监督环节，导致部分可再用的材料被当作废料运往垃圾处理场。

3.资源浪费和环境污染。

将可再用的材料当作废料处理，不仅造成了资源的极大浪费，还可能对环境造成污染。例如，部分建筑材料中含有有害物质，如果未经处理直接丢弃在自然环境中，会对土壤和水源造成污染。此外，大量可再用的材料被浪费也增加了项目的成本支出。

四、后果与影响

1.资源浪费。将可再用的材料当作废料处理，直接导致了资源的浪费。这些材料本可以在其他项目中继续发挥作用，降低新材料的采购成本。

2.成本增加。由于浪费了大量可再用的材料，项目团队不得不购买更多新材料以满足后续项目的需求，从而增加了项目的总成本。

3.环境污染风险。部分废料可能含有有害物质，如果处理不当，可能对环境造成长期污染。这不仅违反了环保法规，还可能对周边居民的健康造成潜在威胁。

4.企业声誉受损。上述行为一旦被曝光，将严重损害企业的声誉和形象。客户和投资者可能会质疑企业的管理能力和环保意识，从而影响企业的业务发展和市场竞争力。

综上所述，该案例揭示了项目管理中缺乏有效的材料评估和分类机制、废料处理流程不规范以及资源浪费和环境污染等问题所带来的严重后果。为了避免类似情况的发生，项目管理团队应建立完善的材料评估和分类机制、规范废料处理流程并加强环保意识培训。只有这样，才能确保资源的合理利用和环境保护的双重目标得以实现。

问题认定与法律条文

一、缺乏有效的材料评估和分类机制

1. 问题认定。

项目管理团队未对施工现场剩余的材料进行有效评估和分类，导致可再利用的材料被错误地当作废料处理。这违反了资源节约和废弃物管理的相关法律规定。

2. 法律条文。

根据《中华人民共和国循环经济促进法》的相关规定，国家鼓励和支持企业开展资源综合利用，提高资源利用效率。企业应当采用先进技术、工艺和设备，对生产过程中产生的废料、废气、废水、废渣等进行综合利用或者无害化处理。项目管理团队未进行有效评估和分类，违反了资源综合利用的法律要求。

二、废料处理流程不规范

1. 问题认定。

项目管理团队在处理废料时，未按照规定的流程进行，缺乏必要的审批和监督环节。这违反了废弃物处理和环境保护的相关法规。

2. 法律条文。

依据《中华人民共和国固体废物污染环境防治法》的相关规定，产生、收集、贮存、运输、利用、处置固体废物的单位和个人，应当采取措施，防止或者减少固体废物对环境的污染，对所造成的环境污染依法承担责任。项目管理团队未按照规定的流程处理废料，可能构成对环境的污染，违反了废弃物处理的法律规定。

三、资源浪费和环境污染

1. 问题认定。

将可再用的材料当作废料处理，造成了资源的浪费，并可能对环境造成污染。这违反了资源保护和环境保护的相关法律规定。

2. 法律条文。

根据《中华人民共和国环境保护法》和《国家鼓励的资源综合利用认定管理办法》的相关规定，国家实行资源节约和综合利用政策，鼓励和支持资源节约和综合利用技术的研究、开发和推广。同时，一切单位和个人都有保护环境的义务，应当采取措施防止环境污染和生态破坏。项目管理团队浪费资源并可能造成环境污染，违反了资源节约和环境保护的法律要求。

综上所述，案例中涉及的问题违反了《中华人民共和国循环经济促进法》《中华人民共和国固体废物污染环境防治法》《中华人民共和国环境保护法》《国家鼓励的资源综合利用认定管理办法》等相关法律法规。为了遵守法律法规，项目管理团队应建立完善的材料评估和分类机制，

规范废料处理流程，并加强环保意识，确保资源的合理利用和加强对环境的保护。

整改措施

一、建立有效的材料评估和分类机制

1.设立专门的材料评估小组，负责对施工现场剩余的材料进行评估和分类。小组成员应包括材料专家、工程师等，确保评估的准确性和专业性。

2.制订明确的材料评估标准和分类指南，对不同类型的材料进行详细划分，明确哪些材料可再利用，哪些材料应作为废料处理。

3.定期对评估小组进行培训，提高其专业能力和对新材料的认识水平，确保评估工作的准确性和时效性。

二、规范废料处理流程

1.制订详细的废料处理流程，包括废料的申请、审批、处理、监督等环节，确保流程的规范化和透明化。

2.设立专门的废料处理监督小组，对废料处理过程进行全程监督，防止违规操作和资源浪费。

3.加强与相关部门的沟通和协作，确保废料处理工作符合法律法规和政策要求。

三、加强资源节约和环境保护意识

1.开展资源节约和环境保护的宣传教育活动，提高项目管理团队和施工人员的环保意识。

2.制订并实施资源回收利用计划，鼓励对可再利用的材料进行回收和再利用，降低新材料采购成本。

3.建立环保责任制度，明确各级管理人员和施工人员在环保方面的职责，确保环保工作的有效落实。

四、完善相关管理制度和激励机制

1.制订完善的材料管理和废料处理制度，明确各项操作流程和责任主体。

2.设立激励机制，对在材料节约、废料处理等方面表现突出的个人或团队进行表彰和奖励。

3.定期对项目管理团队和施工人员进行考核评估，将环保和资源节约纳入考核指标体系，促进整改措施的执行。

实施建立有效的材料评估和分类机制、规范废料处理流程、加强资源节约和环境保护意识以及完善相关管理制度和激励机制等整改措施有助于项目管理团队更好地管理施工现场的材料和废料，提高资源利用效率，减少资源浪费和环境污染，从而实现可持续发展目标。

专题 36：产生不合规物料，未立即停止生产

案例简介

一、案例背景

某市一家大型建筑施工企业承接了一项重要的公共设施建设项目，该项目旨在提升城市基础设施建设水平，改善市民生活环境。在施工过程中，企业采购了一批物料用于项目建设，然而，

在物料进场检验环节，发现部分物料不符合规格要求。

二、具体问题

在项目建设过程中，质量检查人员发现进场的某批次物料存在质量问题，主要是材料强度未达到设计要求。按照相关规定，一旦发现不合规物料，应立即停止使用该批物料，并进行封存、退货等处理。然而，在该项目中，施工单位在发现物料不合规后，出于赶工期和减少成本的考虑，并未立即停止生产，而是继续使用这批物料进行施工。

三、具体案例分析

1. 检验流程疏忽。物料进场时，质量检查人员未能严格按照标准流程进行检验，导致不合规物料进入施工现场。此外，检验设备可能存在老化或校准不准确的问题，也会影响检验结果的准确性。

2. 施工管理不严格。项目管理人员对施工现场的监控不够严格，未能及时发现并制止使用不合规物料的行为。同时，对物料采购、检验、使用等环节的衔接和协调也存在不足。

3. 赶工期压力。由于项目工期紧张，施工单位面临着巨大的交付压力。在这种情况下，为了赶进度，施工单位可能选择忽视物料质量问题，继续施工。

4. 成本控制考虑。施工单位可能出于成本控制的考虑，不愿意承担退货或重新采购的成本损失，因此选择继续使用不合规物料。

四、后果与影响

1. 工程质量隐患。使用不合规物料进行施工，会直接导致工程质量下降，甚至可能引发安全事故。一旦工程出现质量问题或安全事故，将对人民群众的生命财产安全造成严重威胁。

2. 法律责任风险。施工单位未按照相关规定处理不合规物料，继续使用不合规物料进行施工，将面临法律责任风险。一旦被发现，可能面临罚款、停工整顿等处罚措施。

3. 企业信誉受损。此类事件一旦被曝光，将对施工企业的信誉造成严重损害，影响其在行业内的竞争力和市场份额。

4. 返工成本增加。若工程在竣工验收时被发现存在质量问题，施工单位将不得不进行返工处理，这将大大增加施工成本和时间成本。

综上所述，该案例揭示了建筑施工企业在物料管理和施工质量控制方面存在的问题及其严重后果。企业应加强内部管理，严格执行相关规定和标准，确保工程质量和安全。

问题认定与法律条文

一、未严格按照标准检验物料

1. 问题认定。

在该案例中，质量检查人员在物料进场时未能严格按照标准流程进行检验，导致不合规物料进入施工现场。这一行为违反了我国关于建筑施工质量管理方面的法律法规。

2. 法律条文。

《建设工程质量管理条例》第二十九条："施工单位必须按照工程设计要求、施工技术标准和合同约定，对建筑材料、建筑构配件、设备和商品混凝土进行检验，检验应当有书面记录和专人签字；未经检验或者检验不合格的，不得使用。"

二、使用不合规物料进行施工

1. 问题认定。

施工单位在发现物料存在质量问题后，未按规定停止使用并进行相应处理，而是选择继续使用这批物料进行施工。这一行为构成了违法施工，因为它违反了我国关于建筑施工中对不合格材料处理的规定。

2. 法律条文。

《建设工程质量管理条例》第六十四条："施工单位在施工中偷工减料的，使用不合格的建筑材料、建筑构配件和设备的，或者有不按照工程设计图纸或者施工技术标准施工的其他行为的，责令改正，处工程合同价款 2% 以上 4% 以下的罚款；造成建设工程质量不符合规定的质量标准的，负责返工、修理，并赔偿因此造成的损失；情节严重的，责令停业整顿，降低资质等级或者吊销资质证书。"

三、施工管理不严导致质量隐患

1. 问题认定。

由于项目管理人员对施工现场的监控不严，未能及时发现并制止使用不合规物料的行为，体现了施工管理上的疏忽，可能导致工程质量问题和安全隐患。

2. 法律条文。

《中华人民共和国建筑法》第七十四条："建筑施工企业在施工中偷工减料的，使用不合格的建筑材料、建筑构配件和设备的，或者有其他不按照工程设计图纸或者施工技术标准施工的行为的，责令改正，处以罚款；情节严重的，责令停业整顿，降低资质等级或者吊销资质证书；造成建筑工程质量不符合规定的质量标准的，负责返工、修理，并赔偿因此造成的损失；构成犯罪的，依法追究刑事责任。"

四、赶工期而忽视物料质量

1. 问题认定。

施工单位因赶工期而忽视了物料质量，继续使用不合格物料进行施工，这一行为违反了建筑施工中对工程质量和安全的基本要求。

2. 法律条文。

《建设工程质量管理条例》第三条："建设单位、勘察单位、设计单位、施工单位、工程监理单位依法对建设工程质量负责。"以及前文提到的相关法律法规，施工单位有责任确保工程质量和安全，不得因赶工期而忽视物料质量。若违反相关规定，将依法承担相应责任。

整改措施

一、优化物料检验流程

1. 引入更先进的检验设备，确保设备精度和准确性，定期对设备进行校准和维护。

2. 对质量检查人员进行定期培训，提高他们的专业技能和责任意识，确保他们能够严格按照标准流程进行物料检验。

3. 建立严格的物料进场检验制度，确保每一批物料都经过认真检验，不合格物料一律不得进入施工现场。

二、加强施工现场管理

1. 增加施工现场的监控设备，确保能够实时监控施工情况，及时发现并纠正违规行为。

2. 加强项目管理人员的培训和管理，提高他们的管理水平和责任心，确保他们能够严格监控施工现场。

3. 建立完善的施工日志和记录制度，详细记录施工过程中的重要事件和操作，以便后期追溯和审查。

三、优化工期管理

1. 制订合理的工期计划，充分考虑各种因素，确保工期安排既合理又可行。

2. 加强与供应商和分包商的沟通与协调，确保物料供应和施工进度能够相互匹配。

3. 建立工期延误预警机制，一旦发现工期可能延误，立即采取措施进行调整和优化。

四、加强成本控制和质量管理

1. 建立完善的成本控制制度，确保施工成本在合理范围内。对于不合格物料，应坚决退货或重新采购，避免造成更大的损失。

2. 加强质量管理和监督，确保施工过程中的每一个环节都符合质量标准。对发现的质量问题，应立即进行整改和处理。

3. 建立质量奖惩机制，对质量表现优秀的团队和个人给予奖励，对造成质量问题的行为进行惩罚。

实施以上整改措施，可以优化物料检验、施工现场管理、工期管理和质量控制等方面的工作，从而提高工程质量、确保施工安全并降低潜在风险。

专题 37：未能检查水管、电线管和压缩空气管等管路、线路的裂开、破损情况

案例简介

一、案例背景

某市一项商业综合体建设项目正处于收尾阶段，该项目包括大型购物中心、办公楼和酒店等。在施工过程中，各类管路、线路交错，包括水管、电线管和压缩空气管等。由于工期紧张，施工单位在多个环节试图加快速度，导致一些重要的质量检查步骤被忽视。

二、具体问题

在项目的最后审计阶段，审计人员发现施工单位未能按照规定检查水管、电线管和压缩空气管等管路、线路的裂开、破损情况。这些管路和线路是建筑物内部的重要设施，直接关系到建筑的安全运行和后期维护。

三、具体案例分析

1. 施工管理疏忽。施工单位在项目管理过程中未能严格执行质量检查计划，忽视了管路、线路的检查工作。这可能是由于管理层对细节把控不严，或者是现场工作人员对检查流程的重要性认识不足。

2. 工期压力影响。由于项目工期紧迫，施工单位可能为了赶进度而省略了某些质量检查步

骤，在追求速度的同时，忽视了质量的重要性。

3. 培训不足。施工人员可能缺乏相关的专业知识和技能，无法准确识别管路、线路的潜在问题，这导致了检查过程中的疏忽和遗漏。

4. 监控系统不完善。现场可能缺乏有效的监控系统和设备来实时监测管路、线路的状态，没有及时发现和处理潜在的安全隐患。

四、后果与影响

1. 安全隐患。未能及时检查和处理管路、线路的裂开、破损情况，可能导致水、电或压缩空气泄漏，甚至引发火灾、爆炸等严重安全事故。

2. 影响使用功能。管路、线路的破损可能影响建筑物的正常使用功能，导致供水不足、电力中断等，给商业活动和日常办公带来不便。

3. 经济损失。若发生安全事故或设施故障，将造成巨大的经济损失，包括财产损失、业务中断带来的损失以及可能面临的法律责任。

4. 声誉损害。上述问题一旦被曝光，将对施工单位和建设单位的声誉造成损害，影响其在行业内的信誉和竞争力。

综上所述，该案例揭示了建设工程项目中管路、线路检查的重要性及对其疏忽可能带来的严重后果。施工单位和建设单位应加强对施工过程的监督和管理，确保每一步质量检查都得到严格执行，以保障建筑物的安全性和功能性。

问题认定与法律条文

一、未按规定检查水管、电线管和压缩空气管等管路、线路的破损情况

1. 问题认定。

施工单位在项目施工过程中，未能按照相关规定和标准对水管、电线管和压缩空气管等管路、线路进行必要的检查，以确保其完整性和安全性，从而违反了建设工程质量管理和安全生产的相关规定。

2. 法律条文。

《建设工程质量管理条例》第三十条："施工单位必须建立、健全施工质量的检验制度，严格工序管理，作好隐蔽工程的质量检查和记录。隐蔽工程在隐蔽前，施工单位应当通知建设单位和建设工程质量监督机构。"若施工单位未进行必要的检查，则违反了该条文对施工质量管理的要求。

《中华人民共和国安全生产法》第四十一条："生产经营单位应当建立安全风险分级管控制度，按照安全风险分级采取相应的管控措施。生产经营单位应当建立健全并落实生产安全事故隐患排查治理制度，采取技术、管理措施，及时发现并消除事故隐患。"施工单位未检查管路、线路的破损情况，可能违反生产安全事故隐患排查治理制度。

二、可能引发的安全隐患

1. 问题认定。

未对水管、电线管和压缩空气管等管路、线路进行检查，可能导致安全隐患，进而威胁到施工人员和建筑使用者的生命财产安全，这违反了安全生产的相关规定。

2.法律条文。

《中华人民共和国安全生产法》第三条："安全生产工作……坚持安全第一、预防为主、综合治理的方针，从源头上防范化解重大安全风险。……强化和落实生产经营单位主体责任与政府监管责任，建立生产经营单位负责、职工参与、政府监管、行业自律和社会监督的机制。"施工单位未能通过检查预防潜在的安全问题，违反了预防为主的安全生产方针。

三、对建筑物使用功能的影响

1.问题认定。

若因未检查而未能及时发现并修复管路、线路的破损，可能影响建筑物的正常使用功能，这将对建筑物的使用者造成不便，并可能违反建筑使用功能的相关法规。

2.法律条文。

《建设工程质量管理条例》第四十一条："建设工程在保修范围和保修期限内发生质量问题的，施工单位应当履行保修义务，并对造成的损失承担赔偿责任。"若因施工单位未能检查并修复破损的管路、线路而影响建筑使用功能，施工单位可能需要承担相应的保修和赔偿责任。

通过上述问题认定和法律条文，可以看出施工单位未按规定检查水管、电线管和压缩空气管等管路、线路的破损情况，不仅违反了建设工程质量管理和安全生产的相关法律法规，而且可能引发安全隐患并影响建筑物的正常使用功能，从而需要承担相应的法律责任。

整改措施

一、加强质量检查制度建设

1.制订详细的质量检查计划和流程，明确检查的标准和方法，确保每一步质量检查都得到严格执行。

2.设立专门的质量检查小组，负责监督和执行质量检查工作，确保检查工作的专业性和严谨性。

二、加强施工人员培训

1.对施工人员进行定期的专业知识和技能培训，提高他们的技术水平和质量意识，确保他们能够准确识别和处理管路、线路的潜在问题。

2.加强对施工人员的安全教育，让他们充分认识到管路、线路检查工作的重要性和必要性，增强他们的安全意识和责任心。

三、完善监控系统和设备

1.引入先进的监控系统和设备，实时监测管路、线路的状态，及时发现和处理潜在的安全隐患。

2.建立预警机制，当监控系统检测到异常情况时，能够及时发出警报并通知相关人员进行处理。

四、加强现场管理和监督

1.定期对施工现场进行巡查，确保施工人员严格执行质量检查计划和流程。

2.对于发现的问题，要立即进行整改和处理，并追究相关人员的责任，防止类似问题的再次发生。

3. 建立奖惩机制，对表现优秀的施工人员给予奖励，对违反规定的行为进行惩罚，以此激励施工人员严格遵守质量检查规定。

五、与建设单位和监理单位加强沟通协作

1. 定期与建设单位和监理单位进行沟通，汇报施工进度和质量检查情况，共同解决施工过程中遇到的问题。

2. 接受建设单位和监理单位的监督和指导，及时采纳他们的合理建议和要求，确保施工质量和安全。

实施加强质量检查制度建设、加强施工人员培训、完善监控系统和设备、加强现场管理和监督以及与建设单位和监理单位加强沟通协作等整改措施，可以提高工程质量、确保施工安全并降低潜在风险。

专题 38：把不良材料当良品流入制程

案例简介

一、案例背景

某市一项重要的基础设施建设工程项目正在进行，该项目是一座大型的商业综合体，包括购物中心、办公楼、酒店等多功能区域。由于项目的复杂性和庞大规模，涉及的物料种类繁多，因此物料管理成了项目中的一项重要工作。

二、具体问题

在项目的中期审计过程中，审计人员发现了一项严重问题：部分不良材料被当作良品流入了制程。这些不良材料主要是一些存在质量缺陷的建筑材料，如强度不达标的钢筋、含有杂质的水泥等。

三、具体案例分析

1. 物料检验流程存在漏洞。审计人员调查发现，项目的物料检验流程存在明显漏洞。检验人员对进场的物料进行了初步的外观检查，但未能进行深入的质量检测，导致部分不良材料被误判为良品。

2. 供应商管理不严。项目团队在供应商选择和管理上未能做到严格把关。部分供应商为了降低成本，采用了劣质材料，而项目团队在验收物料时未能及时发现并处理这些问题。

3. 制程监控不足。在制程中，项目团队对物料的使用情况监控不足，部分不良材料在制程中被使用，但并未被及时发现和处理，导致问题进一步扩大。

4. 人员培训不足。审计人员还发现，部分检验和施工人员缺乏必要的专业技能和知识，无法准确识别和判断材料的质量问题。这导致了在物料检验和制程中的疏忽和错误。

四、后果与影响

1. 工程质量隐患。不良材料的使用会严重影响工程的质量和安全。例如，使用强度不达标的钢筋可能导致建筑结构不稳定，增加倒塌的风险。

2. 经济损失。一旦工程质量问题被发现，项目团队可能面临重大的经济损失。这包括修复和

重建的费用，以及因工程延期而产生的额外费用。

3.法律责任。如果使用不良材料导致发生工程事故或人员伤亡，项目团队和相关责任人可能面临法律责任，包括民事赔偿、行政处罚甚至刑事责任。

4.声誉损害。上述问题一旦被曝光，将对项目团队和相关企业的声誉造成严重损害。这可能导致未来的业务机会减少，甚至影响企业的生存和发展。

综上所述，该案例揭示了建设工程项目中物料管理的重要性及对其疏忽可能带来的严重后果。项目团队应加强对物料检验、供应商、制程监控和人员培训等方面的管理，确保每一步都得到严格执行，以保障工程的质量和安全性。

问题认定与法律条文

一、物料检验流程漏洞

1.问题认定。

项目中的物料检验流程存在漏洞，未能对进场物料进行深入的质量检测，导致不良材料被误判为良品并进入制程。这违反了建筑工程质量管理和安全生产的相关规定。

2.法律条文。

《建设工程质量管理条例》第二十八条："施工单位必须按照工程设计图纸和施工技术标准施工，不得擅自修改工程设计，不得偷工减料。施工单位在施工过程中发现设计文件和图纸有差错的，应当及时提出意见和建议。"物料检验流程的漏洞可能导致施工单位使用不符合设计要求的材料，从而违反本条文对施工单位按照设计要求和标准进行施工的规定。

二、供应商管理不严

1.问题认定。

项目团队在供应商选择和管理上未能严格把关，导致部分供应商提供劣质材料而未被及时发现。这违反了对供应商进行有效管理和监督的要求。

2.法律条文。

《中华人民共和国建筑法》第五十六条："建筑工程的勘察、设计单位必须对其勘察、设计的质量负责。勘察、设计文件应当符合有关法律、行政法规的规定和建筑工程质量、安全标准、建筑工程勘察、设计技术规范以及合同的约定。"虽然此条文主要针对勘察、设计单位，但其中的质量负责原则同样适用于供应商。项目团队未能对供应商进行有效管理，可能导致建筑工程的质量问题，从而间接违反建筑法对质量负责的要求。

三、制程监控不足

1.问题认定。

项目团队对物料使用情况的监控不足，导致不良材料在制程中被使用而未被及时发现。这违反了生产过程中对质量进行严格控制的规定。

2.法律条文。

《建设工程质量管理条例》第三十条："施工单位必须建立、健全施工质量的检验制度，严格工序管理，作好隐蔽工程的质量检查和记录。"制程监控不足反映了施工单位在质量检验制度执行上的不足，可能违反该条文对施工质量管理的要求。

四、人员培训不足

1. 问题认定。

部分检验和施工人员缺乏必要的专业技能和知识，导致无法准确识别和判断材料的质量问题。这反映了项目团队在人员培训方面的不足，可能违反保障安全生产和工程质量的相关规定。

2. 法律条文。

《中华人民共和国安全生产法》第二十八条："生产经营单位应当对从业人员进行安全生产教育和培训，保证从业人员具备必要的安全生产知识，熟悉有关的安全生产规章制度和安全操作规程，掌握本岗位的安全操作技能，了解事故应急处理措施，知悉自身在安全生产方面的权利和义务。"人员培训不足可能导致从业人员缺乏必要的安全生产知识和技能，违反了安全生产法对人员培训的要求。虽然此法律主要聚焦安全生产培训，但质量控制的培训与安全生产培训紧密相关，因此可以引申适用。

整改措施

一、完善物料检验流程

1. 修订物料检验流程，增加详细的质量检测步骤和标准，确保每批进场的物料都经过严格的检验。

2. 引入先进的检测设备和技术，提高物料检验的准确性和效率。

3. 定期对检验人员进行培训和考核，确保他们具备专业的检验能力和严谨的工作态度。

二、加强供应商管理

1. 建立严格的供应商筛选和评估机制，确保选择的供应商具有良好的信誉和产品质量。

2. 与供应商签订合同前，进行充分的调查和审核，包括对其质量管理体系、生产能力和产品质量进行评估。

3. 定期对供应商进行绩效评估，对不符合要求的供应商进行淘汰或整改。

三、加强制程监控

1. 在制程中设立多个质量控制点，对每个环节进行严格的监控和记录。

2. 引入自动化和智能化的监控设备，实时监测物料的使用情况和产品质量。

3. 建立问题反馈和处理机制，一旦发现不良材料或质量问题，立即进行整改和处理。

四、加强人员培训

1. 定期组织专业技能和知识培训，提高检验和施工人员的专业水平。

2. 引入外部专家和行业内的优秀人才，进行经验分享和技术交流。

3. 建立激励机制，鼓励员工自主学习和提升，对表现优秀的员工给予奖励和晋升机会。

实施完善物料检验流程、加强供应商管理、加强制程监控和加强人员培训等整改措施，可以提高工程项目的质量管理和安全生产水平，有助于提升项目团队的整体素质和执行力，确保工程项目的顺利进行和高质量完成。

专题 39：缺乏有效系统防止材料损失

案例简介

一、案例背景

在某大型基础设施建设工程项目中，由于项目地理位置偏远，且材料堆放区域较为开放，没有有效的围栏和监控系统，导致材料管理存在一定的安全隐患。该项目涉及大量昂贵的建筑材料，包括钢筋、水泥、砂石等。

二、具体问题

在项目的中期审计过程中，审计人员发现工程项目部缺乏有效系统来防止材料外流，无法避免材料损失的问题。

三、具体案例分析

1. 缺乏物理防护措施。项目的材料堆放区域没有建设足够的围栏和门禁系统，使得外部人员可以轻易进入并接触建筑材料。同时，未安装有效的监控系统，导致无法实时监控材料的进出和使用情况。

2. 管理制度不完善。项目的材料管理制度存在漏洞，没有明确的材料领用、归还和盘点流程，导致材料的流向和使用情况无法准确追踪。此外，缺乏对材料管理人员的培训和监督机制，使得管理效果大打折扣。

3. 安全意识薄弱。项目团队对材料安全的重要性认识不足，未能将防止材料外流作为项目管理的重点任务来落实。这导致在日常工作中，项目团队缺乏对材料安全的足够关注，使得偷盗行为有机可乘。

4. 缺乏应急响应机制。项目团队未建立针对材料偷盗等突发事件的应急响应机制，一旦发生材料失窃事件，项目团队无法迅速做出反应，无法及时追回损失或采取有效措施防止类似事件再次发生。

四、后果与影响

1. 经济损失。由于缺乏有效系统防止材料外流，项目团队可能会遭受重大的经济损失。昂贵的建筑材料被盗将导致项目成本上升，甚至可能影响项目的进度和质量。

2. 项目进度受阻。材料失窃可能导致关键材料短缺，进而影响项目的正常施工进度。这不仅会增加项目的延期风险，还可能给项目团队带来巨大的违约成本。

3. 法律责任。如果项目团队未能采取有效措施保护材料安全，一旦发生失窃事件，可能会面临法律责任。这不仅包括因材料损失而引发的合同纠纷，还可能涉及对项目团队安全管理不善的指控。

4. 声誉损害。材料失窃事件被曝光将对项目团队和相关企业的声誉造成严重损害。这可能导致潜在的合作伙伴和投资者对项目团队的信任度降低，进而影响未来的业务合作和发展机会。

综上所述，该案例揭示了建设工程项目中材料安全管理的重要性及对其疏忽可能带来的严重后果。项目团队应加强物理防护、完善管理制度、提高安全意识并建立应急响应机制，以确保材料的安全和项目的顺利进行。

问题认定与法律条文

一、缺乏物理防护措施

1. 问题认定。

工程项目的材料堆放区域没有足够的安全防护措施，如围栏、门禁系统和监控系统，导致材料易于被盗。这违反了工程施工现场安全与防护的相关规定。

2. 法律条文。

根据《建筑施工安全检查标准》等相关建筑施工安全规范，施工单位应当采取必要的安全防护措施，确保施工现场的材料、设备等安全，防止被盗或损坏。缺乏围栏、门禁和监控系统等物理防护措施，可能违反这些安全规范中关于施工现场安全防护的要求。

二、管理制度不完善

1. 问题认定。

项目团队的材料管理制度存在漏洞，没有明确的材料管理流程，导致材料的流向和使用情况无法准确追踪。这违反了关于工程项目材料管理的规范。

2. 法律条文。

依据《建设工程项目管理规范》，项目管理团队应建立完善的材料管理制度，涉及材料的采购、验收、存储、领用、归还和盘点等环节。材料管理制度不完善可能违反该规范中对材料管理流程的明确要求。

三、安全意识薄弱

1. 问题认定。

项目团队对材料安全的重要性认识不足，未能将材料安全管理作为重点任务落实。这反映了项目管理团队在安全生产责任方面的疏忽。

2. 法律条文。

根据《中华人民共和国安全生产法》，生产经营单位的主要负责人对本单位的安全生产工作全面负责。项目团队安全意识薄弱，未能充分重视材料安全，可能违反安全生产法对安全生产责任的要求。

四、缺乏应急响应机制

1. 问题认定。

项目部未建立有效的应急响应机制来应对材料偷盗等突发事件，这可能导致在发生安全问题时无法及时有效应对。

2. 法律条文。

参照《中华人民共和国安全生产法》以及相关的安全生产管理规定，生产经营单位应当制定应急预案，并定期组织演练，以提高应对突发事件的能力。缺乏应急响应机制可能违反这些法律法规对应急预案和响应机制的要求。

整改措施

一、加强物理防护措施

1.在材料堆放区域周围建设足够高的围栏，并设置门禁系统，确保只有经过授权的人员能够进出。

2.安装高清摄像头和监控系统，确保能够实时监控材料的进出和使用情况，同时也可为后续的调查和取证提供有力支持。

二、完善管理制度

1.制订明确的材料管理流程，包括材料的采购、验收、存储、领用、归还和盘点等环节，确保每一步都有明确的责任人和操作流程。

2.加强对材料管理人员的培训和监督，提高他们的责任意识和管理能力，确保材料管理流程得到有效执行。

三、提高安全意识

1.定期开展安全教育和培训，提高项目团队成员对材料安全重要性的认识。

2.在项目会议上反复强调材料安全的重要性，并将其纳入项目管理的重要议程，确保每个成员都充分认识到自己的安全责任。

四、建立应急响应机制

1.制订针对材料偷盗等突发事件的应急预案，明确在发生偷盗事件时应如何迅速响应并采取措施。

2.定期组织应急演练，提高项目团队应对突发事件的能力和效率，确保在真实事件发生时，能够迅速启动应急预案，追回损失并防止类似事件再次发生。

实施以上整改措施，可以全面提升项目团队的材料安全管理水平，有效防止材料外流和被盗的情况发生，确保项目顺利进行。

专题40：钢筋绑扎过程中搭接过长

案例简介

一、案例背景

在某市的一项高层住宅楼建设工程项目中，施工单位按照设计图纸进行施工。该项目位于市中心区域，总建筑面积较大，共包含多栋高层建筑。在施工过程中，钢筋的绑扎工作是结构施工的关键环节之一，直接关系到建筑物的结构安全和稳定性。

二、具体问题

在进行钢筋绑扎的过程中，审计人员发现部分钢筋的搭接长度超过了设计图纸和规范的要求。具体来说，就是钢筋在搭接时，重叠部分过长，未按照规定的搭接长度进行绑扎。

三、具体案例分析

1.施工操作不规范。在钢筋绑扎过程中，施工人员未严格按照施工图纸和规范进行操作。可能是对图纸理解不够深入，或者缺乏必要的施工技能培训，导致在实际操作中出现了偏差。

2. 监管不到位。施工现场的管理人员对钢筋绑扎过程的监督不够严格，未能及时发现并纠正施工人员的错误操作。同时，也可能存在对规范理解不透彻，对施工质量要求把控不严的问题。

3. 沟通不畅。设计单位与施工单位之间的沟通可能存在问题，导致施工单位对设计图纸中的具体要求理解不清。此外，施工现场的技术人员可能未能及时将问题和疑问反馈给设计单位，从而造成了施工过程中的误解和偏差。

四、后果与影响

1. 结构安全隐患。钢筋搭接过长会导致钢筋之间的传力效率降低，影响结构的整体性能。在极端情况下，可能会引发结构安全问题，威胁到建筑物的稳定性和居住者的生命安全。

2. 材料浪费。过长的钢筋搭接意味着使用了更多的钢筋材料，造成了材料浪费。这不仅增加了工程成本，还违背了绿色建筑和可持续发展的理念。

3. 工期延误。由于需要返工或加固处理，原本的施工计划可能会受到影响，导致工期延误。这不仅会给施工单位带来经济损失，还可能影响项目的整体交付时间。

4. 法律责任。如果钢筋搭接过长导致的结构安全问题引发事故，施工单位和设计单位可能会面临法律责任。这包括因施工质量问题而引发的合同纠纷、质量责任追究以及可能的人身损害赔偿等。

综上所述，该案例揭示了建设工程项目中钢筋绑扎过程中搭接过长的问题及其严重后果。为了避免类似问题的发生，施工单位应加强技术培训、提高施工质量意识、加强与设计单位的沟通，并严格按照施工图纸和规范进行操作。同时，监管部门也应加大对施工现场的监督检查力度，确保建筑物的结构安全和稳定性。

问题认定与法律条文

一、施工操作不规范

1. 问题认定。

在钢筋绑扎过程中，施工人员未严格按照施工图纸和规范进行操作，导致钢筋搭接过长。这违反了建筑施工中对施工质量和技术标准的要求。

2. 法律条文。

根据《建设工程质量管理条例》，施工单位必须按照工程设计图纸和施工技术标准施工，不得擅自修改工程设计，不得偷工减料。施工人员未按照施工图纸和规范进行钢筋绑扎，导致搭接过长，可能违反该条例中对施工质量的明确要求。

二、监管不到位

1. 问题认定。

施工现场的管理人员对钢筋绑扎过程的监督不够严格，未能及时发现并纠正错误操作，反映出管理上的疏忽。

2. 法律条文。

依据《中华人民共和国建筑法》，建筑工程施工单位应当负责施工现场的安全，保证施工质量。管理人员监管不到位，未能履行其监督职责，可能违反建筑法对施工安全和质量管理的要求。

三、沟通不畅

1. 问题认定。

设计单位与施工单位之间的沟通不畅，导致施工单位对设计图纸中的具体要求理解不清，这反映出项目各参与方之间的协调不足。

2. 法律条文。

虽然法律法规对沟通不畅没有明确规定，但根据《中华人民共和国民法典》，当事人应当诚实信用地履行自己的义务。设计单位与施工单位之间的沟通问题，如果导致了工程质量问题或合同履约问题，可能违反《中华人民共和国民法典》中关于诚实信用原则和合同履行义务的规定。

四、结构安全隐患

1. 问题认定。

钢筋搭接过长可能引发结构安全问题，威胁建筑物的稳定性和居住者的生命安全。

2. 法律条文。

根据《中华人民共和国建筑法》和《建设工程质量管理条例》，建筑物必须保证结构安全，符合国家规定的质量标准。钢筋搭接过长会导致结构安全隐患，违反了这些法律法规对建筑物结构安全的基本要求。

综上所述，该案例涉及施工操作不规范、监管不到位、沟通不畅和结构安全隐患等问题，可能违反相关的建筑法规和质量管理规定，相关责任方应当对此负责并采取相应的补救措施。

整改措施

一、针对施工操作不规范问题的整改措施

1. 加强技术培训。定期组织施工人员进行专业技能培训，确保他们熟练掌握施工图纸和规范要求，提高对钢筋绑扎等关键施工环节的技术水平。

2. 实施操作规范。制定详细的施工操作规程，明确钢筋绑扎的具体步骤和标准，要求施工人员严格按照规程操作。

3. 加强现场指导。派遣经验丰富的技术人员到施工现场进行指导，确保施工人员正确理解并执行施工图纸和规范要求。

二、针对监管不到位问题的整改措施

1. 加大监管力度。加强对施工现场的日常巡查和专项检查，确保每个施工环节都符合质量要求。

2. 明确责任分工。明确施工现场管理人员的职责和分工，确保每个环节都有专人负责监督。

3. 建立奖惩机制。对及时发现并纠正施工质量问题的给予奖励，对疏忽职守导致质量问题的进行惩罚。

三、针对沟通不畅问题的整改措施

1. 加强设计单位与施工单位的沟通。定期组织设计单位和施工单位的交流会，确保双方对施工图纸和规范有统一的理解。

2. 建立信息反馈机制。鼓励施工人员及时将问题和疑问反馈给设计单位，确保设计意图能够正确传达给施工现场。

3. 使用信息化管理工具。采用建筑信息模型等信息化管理工具，提高设计单位和施工单位之间的信息共享和沟通效率。

四、针对结构安全隐患问题的整改措施

1. 全面排查结构安全隐患。对已经完成的工程部分进行全面检查，发现钢筋搭接过长等结构安全隐患要立即进行整改。

2. 采取加固处理措施。对于已经发现的结构安全隐患，要采取加固处理措施，确保建筑物的结构安全。

3. 加强质量检测。在施工过程中加强质量检测，确保每个环节都符合质量要求，及时发现并处理潜在的结构安全隐患。

4. 建立应急预案。针对可能出现的结构安全问题，建立应急预案，确保在发生问题时能够迅速响应并采取措施。

实施以上整改措施，可以提高施工单位的施工质量和管理水平，加强设计单位和施工单位之间的沟通协作，确保建筑物的结构安全和稳定性，同时也有助于提升整个工程项目的质量和效率。

专题 41：拉筋及箍筋弯头过长

案例简介

一、案例背景

某市正在建设一个大型商业中心，该项目包括多栋高层建筑和一个大型购物中心。在施工过程中，钢筋混凝土结构的施工质量和细节把控尤为关键。其中，拉筋及箍筋的设置对确保结构稳定性和承载能力具有重要作用。

二、具体问题

在钢筋混凝土梁的施工中，部分拉筋及箍筋弯头过长。这意味着拉筋和箍筋在弯曲加工时，弯头部分的长度超出了设计和规范的要求。

三、具体案例分析

在本案例中，拉筋及箍筋弯头过长的问题可能有以下几个方面的原因。

1. 技术水平与设备问题。钢筋工可能在技术上存在不足，或者在操作加工设备时缺乏精确度，这导致了弯头长度的误差。另外，若加工设备陈旧或存在故障，也会影响钢筋的加工质量。

2. 图纸解读与培训不足。施工人员可能没有准确理解施工图纸上的具体要求，或者没有接受过充分的培训，从而在钢筋加工时没有按照图纸上标注的准确尺寸进行操作。

3. 监管与管理漏洞。现场管理人员可能未能对钢筋加工环节进行有效的质量监督，或者在发现问题后未能及时采取纠正措施。此外，质量控制流程可能存在漏洞，导致问题钢筋流入施工环节。

四、后果与影响

1. 结构稳固性风险。拉筋及箍筋弯头过长可能会影响结构的整体稳固性。这些钢筋在混凝土

中的锚固长度不足，可能导致其与混凝土的黏结力减弱，从而影响梁的承载力和抗震性能。

2. 材料浪费与成本增加。弯头过长的钢筋造成了材料的浪费，增加了工程的总成本。这种浪费会直接影响项目的经济效益。

3. 工期延误。一旦发现问题，可能需要进行返工或采取补救措施，这不仅会耽误工程进度，还可能导致整个项目的交付时间推迟。

4. 潜在的法律与安全问题。如果建筑物因为钢筋加工问题而出现结构安全隐患，施工单位和设计单位可能面临法律责任。此外，一旦建筑物在运营过程中出现安全问题，将严重威胁人民的生命财产安全。

综上所述，这个案例揭示了建筑工程中拉筋及箍筋弯头过长的问题及其可能带来的严重后果。为确保建筑安全，施工单位必须加强技术培训、提高图纸解读能力、完善质量管理体系，并加大对施工过程的监管力度。

问题认定与法律条文

一、拉筋及箍筋弯头过长

1. 问题认定。

施工单位在钢筋混凝土梁的施工过程中，未能按照施工图纸和规范要求进行钢筋加工，导致拉筋及箍筋弯头过长。这种行为可能违反建筑施工质量和安全的相关规定。

2. 法律条文。

《建设工程质量管理条例》第二十八条："施工单位必须按照工程设计图纸和施工技术标准施工，不得擅自修改工程设计，不得偷工减料。"施工单位未按照设计图纸和规范施工，造成拉筋及箍筋弯头过长，可能构成对工程设计的擅自修改，违反了上述规定。

二、结构稳固性风险

1. 问题认定。

拉筋及箍筋弯头过长，可能影响结构的整体稳固性，进而可能导致建筑物存在安全隐患。这种行为可能违反关于建筑物结构安全和稳固性的法律要求。

2. 法律条文。

《中华人民共和国建筑法》第五十九条："建筑施工企业必须按照工程设计要求、施工技术标准和合同的约定，对建筑材料、建筑构配件和设备进行检验，不合格的不得使用。"拉筋及箍筋加工不合格会导致结构安全隐患，违反了该法律规定。

三、材料浪费与成本增加

1. 问题认定。

弯头过长的钢筋造成了材料浪费，增加了工程成本。这可能违反资源合理利用和成本控制的相关规定。

2. 法律条文。

《中华人民共和国建筑法》第四十六条："建筑施工企业应当节约能源、材料和土地资源，采用先进技术、工艺和设备，实施清洁生产。"浪费材料的行为违反了资源节约和合理利用的原则，不符合上述法律规定。

四、潜在的法律与安全问题

1. 问题认定。

如果建筑物因为钢筋加工问题而出现结构安全隐患，在运营过程中出现安全问题，将严重威胁人民的生命财产安全，施工单位和设计单位可能面临法律责任。

2. 法律条文。

《中华人民共和国建筑法》第七十四条："建筑施工企业在施工中偷工减料的，使用不合格的建筑材料、建筑构配件和设备的，或者有其他不按照工程设计图纸或者施工技术标准施工的行为的，责令改正，处以罚款；情节严重的，责令停业整顿，降低资质等级或者吊销资质证书；造成建筑工程质量不符合规定的质量标准的，负责返工、修理，并赔偿因此造成的损失；构成犯罪的，依法追究刑事责任。"如果因钢筋加工问题导致安全事故，施工单位将承担相应的法律责任。

整改措施

一、针对拉筋及箍筋弯头过长问题的整改措施

1. 重新加工钢筋。对于已经加工但弯头过长的拉筋和箍筋，应重新进行加工，确保弯头长度符合设计和规范要求。

2. 加强技术培训和指导。对钢筋工进行技术培训，提高他们的操作能力。同时，引入专业的技术人员进行现场指导，确保加工过程符合标准。

二、针对结构稳固性风险问题的整改措施

1. 评估结构安全。聘请专业的结构工程师对已经施工的部分进行结构安全评估，确定是否存在安全隐患。

2. 进行加固处理。如果评估结果显示存在安全隐患，应立即采取加固措施，如增加额外的拉筋、箍筋或支撑结构，以确保建筑物的结构稳固性。

三、针对材料浪费与成本增加问题的整改措施

1. 优化材料管理。加强材料管理，确保材料的采购、存储和使用都符合计划。建立严格的材料领用制度，减少浪费。

2. 加强成本控制。对工程项目的成本进行重新核算，确保成本控制在合理范围内。同时，优化施工流程，提高施工效率，降低成本支出。

四、针对潜在的法律与安全问题的整改措施

1. 加强法律和安全意识教育。对施工人员进行法律和安全意识教育，让他们了解违规操作可能带来的法律后果和安全风险。

2. 建立安全监控机制。在施工现场建立安全监控机制，实时监测施工过程中的安全隐患，并及时采取措施进行整改。

3. 完善质量控制体系。完善施工质量控制体系，确保每一个环节都符合设计和规范要求。建立严格的质量检查制度，及时发现和纠正施工过程中的质量问题。

4. 明确责任与追责机制。明确施工单位、设计单位和监理单位等各方的责任和义务，建立追责机制。对于施工问题导致的安全事故或质量问题，应依法追究相关责任人的责任。

专题 42：混凝土质量不达标

案例简介

一、案例背景

在某大型住宅楼建设工程项目中，施工单位为了赶工期和节约成本，在混凝土施工过程中存在质量控制不严的情况。该项目位于城市中心地带，总建筑面积超过十万平方米，计划建设多栋高层住宅楼。由于地理位置优越，项目自开工以来就备受关注。然而，在项目的主体结构施工过程中，审计部门通过取样检测发现，部分批次的混凝土质量不达标，存在严重的质量隐患。

二、具体问题

审计部门在对施工现场进行定期检查时，对正在浇筑的混凝土进行了取样，经过实验室检测，发现以下具体问题。

1. 混凝土的抗压强度低于设计要求，未达到规定的 28 天抗压强度标准。

2. 混凝土拌合物的和易性不良，存在离析和泌水现象。

3. 混凝土中氯离子含量超标，这可能对钢筋产生腐蚀作用。

三、具体案例分析

针对上述混凝土质量不达标的问题，审计部门进行了深入的分析，发现原因主要有以下几点。

1. 原材料质量控制不严。施工单位在采购水泥、砂石等原材料时，未严格按照合同和规范要求进行质量检验，导致部分批次原材料质量不合格。

2. 配合比设计不合理。施工单位在设计混凝土配合比时，未充分考虑原材料的性能和施工现场的环境条件，导致混凝土拌合物的性能不佳。

3. 施工过程控制不严格。在混凝土浇筑过程中，施工单位未严格按照施工方案进行操作，如振捣不实、养护不到位等，影响了混凝土的质量。

4. 质量管理体系存在漏洞。施工单位的质量管理体系未能有效运行，质量检查和验收流程形同虚设，导致质量问题未能被及时发现和纠正。

四、后果与影响

1. 结构安全隐患。由于混凝土的抗压强度低于设计要求，建筑物的承载能力将受到严重影响，存在结构失效的风险。

2. 耐久性下降。混凝土中氯离子含量超标将加速钢筋的腐蚀，缩短建筑物的使用寿命。

3. 工期延误和成本增加。对不合格的混凝土进行拆除或加固处理，势必会导致工期延误和成本增加。

4. 法律风险。施工单位可能因质量问题面临业主的索赔和法律诉讼，造成经济损失和声誉损害。

综上所述，该案例揭示了建设工程项目中混凝土质量不达标所带来的严重后果。为确保建筑安全和质量，施工单位必须加强原材料质量控制、优化配合比设计、严格施工过程管理以及完善质量管理体系。

问题认定与法律条文

一、原材料质量控制不严

1. 问题认定。

施工单位在采购原材料时，未严格按照合同和规范要求进行质量检验，导致部分原材料质量不合格。这种行为违反了建筑材料质量管理的相关规定。

2. 法律条文。

《中华人民共和国建筑法》第五十九条："建筑施工企业必须按照工程设计要求、施工技术标准和合同的约定，对建筑材料、建筑构配件和设备进行检验，不合格的不得使用。"施工单位未按照要求进行原材料质量检验，违反了上述法律规定。

二、配合比设计不合理

1. 问题认定。

施工单位在设计混凝土配合比时未充分考虑原材料的性能和施工现场的环境条件，导致混凝土拌合物的性能不佳。此行为可能违反关于工程设计和建筑施工的技术标准。

2. 法律条文。

《建设工程质量管理条例》第二十一条："设计单位应当根据勘察成果文件进行建设工程设计。"如果配合比设计不合理导致了混凝土质量问题，则可视为设计未符合工程设计要求和技术标准，违反了上述规定。

三、施工过程控制不严格

1. 问题认定。

施工单位在混凝土浇筑过程中未严格按照施工方案进行操作，这种行为可能违反建筑施工过程中的质量控制要求。

2. 法律条文。

《建设工程质量管理条例》第二十八条："施工单位必须按照工程设计图纸和施工技术标准施工，不得擅自修改工程设计，不得偷工减料。"施工过程控制不严格，未按照施工方案操作，可能构成偷工减料或未按照施工技术标准施工，违反了上述规定。

四、质量管理体系存在漏洞

1. 问题认定。

施工单位的质量管理体系未能有效运行，质量检查和验收流程形同虚设，导致质量问题未能及时发现。此行为可能违反建筑施工企业对工程质量的管理责任的要求。

2. 法律条文。

《中华人民共和国建筑法》第五十八条："建筑施工企业对工程的施工质量负责。"质量管理体系存在漏洞，导致质量问题未被发现和纠正，施工单位未能有效履行对施工质量负责的责任，违反了上述法律规定。

整改措施

一、针对原材料质量控制不严问题的整改措施

1. 加强原材料检验。建立严格的原材料入库检验制度，确保所有进入施工现场的原材料都符合合同和规范要求。对于不合格的原材料，坚决予以退货或替换。

2. 选择合格供应商。建立供应商评价体系，只与信誉良好、质量稳定的供应商合作，确保原材料的质量可靠。

3. 定期抽检。除了入库检验外，还需定期对库存原材料进行抽检，防止存储不当等导致原材料质量下降。

二、针对配合比设计不合理问题的整改措施

1. 优化配合比设计。重新进行配合比设计，充分考虑原材料的性能和施工现场的环境条件，确保混凝土拌合物的性能满足施工要求。

2. 引入专家咨询。在配合比设计过程中，引入行业专家进行咨询和审核，提高设计的科学性和合理性。

3. 试验验证。在正式施工前，进行小规模的试验浇筑，验证配合比的合理性和可行性。

三、针对施工过程控制不严格问题的整改措施

1. 加强施工培训。对施工人员进行系统的混凝土施工培训，提高他们的操作技能和质量控制意识。

2. 制订详细施工方案。制定详细的混凝土浇筑施工方案，明确各环节的操作要求和质量控制标准。

3. 加强现场监督。增派专业的质量监督人员，对混凝土浇筑过程进行全程监督，确保严格按照施工方案进行操作。

四、针对质量管理体系存在漏洞问题的整改措施

1. 完善质量管理体系。对现有的质量管理体系进行全面梳理和完善，确保各项质量管理制度得到有效执行。

2. 强化质量检查。建立定期和不定期的质量检查制度，对施工现场进行全面的质量检查，及时发现问题并督促整改。

3. 建立奖惩机制。对质量管理工作表现突出的个人或团队给予奖励，对造成质量问题的责任人进行严肃处理。

实施以上整改措施，可以有效提升工程项目的质量管理水平，确保混凝土施工的质量和安全。

专题43：浇筑过程中，模板封堵不到位造成材料浪费

案例简介

一、案例背景

在某市一项商业综合体建设工程项目中，由于施工进度紧张，施工单位在浇筑混凝土的过程

中出现了模板封堵不到位的问题。该项目是一个集购物、娱乐和办公于一体的大型综合体，总建筑面积超过 20 万平方米。在施工过程中，为了赶工期，施工单位在某些环节的质量控制上出现了疏忽。

二、具体问题

在浇筑楼层楼板的过程中，审计部门发现以下问题。

1. 模板之间的接缝处封堵不严，导致混凝土在浇筑时从接缝处泄漏。

2. 部分模板支撑不稳固，造成浇筑时模板变形，进一步加剧了混凝土的浪费。

3. 浇筑前未对模板进行充分的检查和维护，使得一些破损的模板被继续使用，影响了浇筑效果。

三、具体案例分析

经过深入调查和分析，审计部门认为模板封堵不到位的主要原因如下。

1. 施工管理不严格。施工单位在浇筑前未对模板的安装质量进行严格检查，导致部分模板安装不符合规范。

2. 施工人员技术水平参差不齐。部分施工人员对模板安装和封堵的技术掌握不够熟练，导致实际操作中出现偏差。

3. 材料选择和使用不当。部分模板材料质量不达标，或者因为重复使用过多次而失去原有的稳固性和密封性。

4. 工期压力导致施工质量下降。为了赶工期，施工单位可能在模板安装和检查环节上缩减了时间，从而影响了施工质量。

四、后果与影响

模板封堵不到位对该建设工程项目造成了以下后果。

1. 材料浪费。混凝土从模板接缝处泄漏，造成大量混凝土材料的浪费，增加了工程成本。

2. 工期延误。由于需要修补和重新浇筑泄漏的混凝土部分，原本紧张的工期进一步被延误。

3. 质量隐患。模板支撑不稳和变形可能导致楼板平整度不达标，影响整体工程的质量和使用功能。

4. 经济损失。上述问题除了导致直接的混凝土材料损失外，还可能导致人工费用、设备租赁费用等额外成本。

综上所述，该案例揭示了建设工程项目中模板封堵不到位所带来的严重后果。为避免类似问题的发生，施工单位应加强施工管理，提高施工人员技术水平，严格选择和使用合格的模板材料，并合理安排工期，确保施工质量和进度。

问题认定与法律条文

一、模板封堵不严导致材料浪费

1. 问题认定。

施工单位在浇筑过程中，由于模板封堵不严，混凝土从模板接缝处泄漏，造成材料浪费。此行为违反了建筑施工过程中资源节约和减少浪费的相关规定。

2.法律条文。

《中华人民共和国建筑法》第四十一条："建筑施工企业应当合理使用建筑材料、构配件和设备，节约使用水、电和其他能源，降低消耗，减少建筑废物的产生。"模板封堵不严导致的混凝土泄漏，表明施工单位没有合理使用建筑材料，且造成了资源的浪费，违反了上述法律规定。

二、模板支撑不稳造成浇筑质量问题

1.问题认定。

由于模板支撑不稳固，浇筑时模板变形，影响了浇筑质量。此行为可能违反建筑施工中对工程质量控制的要求。

2.法律条文。

《建设工程质量管理条例》第二十八条："施工单位必须按照工程设计图纸和施工技术标准施工，不得擅自修改工程设计，不得偷工减料。"模板支撑不稳可能构成偷工减料或未按照施工技术标准施工，违反了上述规定。

三、浇筑前未对模板进行充分检查和维护

1.问题认定。

浇筑前施工单位未对模板进行充分的检查和维护，使得破损的模板被继续使用，影响了浇筑效果。此行为可能违反建筑施工中对施工设备和材料检查的要求。

2.法律条文。

《中华人民共和国安全生产法》第二十八条："生产经营单位应当建立安全生产教育和培训档案，如实记录安全生产教育和培训的时间、内容、参加人员以及考核结果等情况。"虽然该法律条文主要讲述的是安全生产教育和培训，但也可以引申为施工单位应对其使用的设备和材料进行充分的检查和维护，确保其安全性和可用性。浇筑前未对模板进行充分检查和维护，可能构成对设备和材料管理不善，间接违反了上述法律规定。

整改措施

一、加强模板安装和封堵的质量控制

1.严格执行模板安装规范。施工单位应组织施工人员学习和掌握模板安装的技术要求，确保模板安装符合相关规范和设计要求。

2.使用合格的模板材料。施工单位应选用质量达标的模板材料，并定期检查模板的完整性和稳固性，及时更换破损或老化的模板。

3.加强封堵工艺培训。对施工人员进行模板封堵工艺的培训，提高封堵的严密性和稳固性，确保混凝土不会从接缝处泄漏。

二、增强模板支撑的稳定性和增加检查频率

1.优化模板支撑设计。重新设计模板支撑方案，确保其稳固性和承载能力满足浇筑要求，降低变形和位移的可能性。

2.加强支撑材料的检查。对模板支撑材料进行定期检查和维护，确保其完好无损，及时发现并更换损坏的支撑材料。

3.采取提高模板支撑稳定性的措施。在浇筑过程中，采取额外的固定措施，如使用斜撑、拉

杆等，提高模板支撑的稳定性，防止浇筑时发生变形。

三、完善浇筑前的模板检查和维护制度

1.建立模板检查流程。制定浇筑前的模板检查流程，明确检查项目和标准，确保每个模板都得到充分的检查和维护。

2.加强模板维护管理。定期对模板进行清洁、修复和保养，延长模板的使用寿命，提高其使用效果。

3.引入第三方检测。在浇筑前，可以引入第三方检测机构对模板的安装质量进行检测，确保模板的合格性和安全性。

实施以上整改措施，可以有效提升模板封堵和支撑的质量，减少材料浪费，保证浇筑质量，并确保施工过程中的安全性和稳定性。同时，这些措施也有助于提高施工单位的管理水平和施工效率，为工程项目的顺利进行提供保障。

专题44：混凝土振捣过度或不够，导致返工

案例简介

一、案例背景

某市的新建商业中心项目，包含一栋大型购物中心和几栋附属建筑。项目的混凝土结构施工是整体工程的关键部分，施工质量直接关系到建筑物的安全性和使用寿命。在施工过程中，施工单位为提高施工效率，对混凝土浇筑过程中的振捣环节进行了简化处理。

二、具体问题

在项目的混凝土结构浇筑过程中，施工队伍没有严格按照施工规范和设计要求进行振捣操作。一方面，部分区域振捣时间过长，导致混凝土出现离析现象，石子下沉，水泥砂浆上浮，形成了结构内部的薄弱层；另一方面，部分区域振捣时间不足，混凝土中的气泡未能完全排出，造成混凝土结构内部存在空隙，影响了混凝土的密实性和强度。

三、具体案例分析

1.振捣过度的区域。在大型购物中心的地下室墙体浇筑过程中，由于振捣时间过长，混凝土中的粗骨料和细骨料发生了分离。粗骨料下沉，细骨料和水泥浆上浮，使得墙体下半部分的骨料过于密集，而上半部分则相对疏松。这种不均匀的结构会严重影响墙体的整体强度和耐久性。

2.振捣不足的区域。在大型购物中心的楼板浇筑过程中，由于振捣不足，楼板混凝土中存在大量未被排出的气泡。这些气泡在混凝土固化后会形成微小的空隙，不仅会降低楼板的承载能力，还可能成为未来楼板开裂、渗水的隐患。

四、后果与影响

振捣不当导致的混凝土质量问题，在后续的质量检查中被发现。经过进一步检测，发现部分区域的混凝土强度未达到设计要求，必须进行返工处理。这不仅增加了项目的成本，还延误了工期。同时，返工过程中需要对已浇筑的混凝土进行拆除或加固处理，增加了施工难度和安全隐患。此外，这一事件也对施工单位的声誉造成了负面影响，可能导致业主和监理单位质疑施工单

位的专业能力和管理水平。

此次事件也提醒了施工单位在未来的项目中应更加注重施工过程的精细化管理，严格按照施工规范和设计要求进行操作，确保施工质量的稳定可靠。同时，监理单位也应加强对施工过程的监督检查，及时发现并纠正施工中的问题，确保项目的顺利进行。

问题认定与法律条文

一、振捣过度导致混凝土质量问题

1. 问题认定。

施工单位在浇筑过程中振捣过度，违反了建筑施工中对混凝土施工工艺的规范要求，导致混凝土出现质量问题，这构成了施工质量不合格的行为。

2. 法律条文。

《中华人民共和国建筑法》第五十八条："建筑施工企业对工程的施工质量负责。建筑施工企业必须按照工程设计图纸和施工技术标准施工，不得偷工减料。工程设计的修改由原设计单位负责，建筑施工企业不得擅自修改工程设计。"施工单位未按照技术标准进行施工，造成质量问题，应承担相应的法律责任。

二、振捣不足导致混凝土存在空隙

1. 问题认定。

由于振捣时间不足，混凝土中的气泡未能排出，这违反了建筑施工中对混凝土浇筑振捣作业的质量要求，造成了混凝土质量隐患。

2. 法律条文。

同样依据《中华人民共和国建筑法》第五十八条，振捣不足也属于未按照技术标准进行施工的情况，因此施工单位需对由此产生的质量问题负责。

三、返工处理增加项目成本和延误工期

1. 问题认定。

振捣不当导致的混凝土质量问题，需要进行返工处理，这不仅增加了项目成本，还造成了工期的延误，施工单位应对此承担责任。

2. 法律条文。

《中华人民共和国民法典》第五百七十七条："当事人一方不履行合同义务或者履行合同义务不符合约定的，应当承担继续履行、采取补救措施或者赔偿损失等违约责任。"第五百八十二条："履行不符合约定的，应当按照当事人的约定承担违约责任。对违约责任没有约定或者约定不明确，依据本法第五百一十条的规定仍不能确定的，受损害方根据标的的性质以及损失的大小，可以合理选择请求对方承担修理、重作、更换、退货、减少价款或者报酬等违约责任。"

四、施工单位声誉受损及专业能力受到质疑

1. 问题认定。

施工单位在振捣作业中的不当操作导致其声誉受损，并可能引发业主和监理单位对其专业能力和管理水平的质疑。

2.法律条文。

这一问题涉及施工单位的商业声誉和业务能力评价，并非直接的法律问题。然而，若因此导致合同违约或业主索赔，则可能触及《民法典》等相关法律条款。施工单位应尽力维护其专业形象，避免因此类问题导致的法律纠纷。

整改措施

一、加强施工人员技能培训

1.对施工人员进行定期的混凝土浇筑和振捣技能培训，确保他们熟练掌握正确的振捣时间、频率和其他技巧。

2.通过实际操作和理论教学相结合的方式，提高施工人员对混凝土施工规范的理解和执行能力。

二、制定严格的施工流程和质量控制标准

1.制订详细的混凝土浇筑和振捣作业指导书，明确振捣时间、振捣器的使用方法和注意事项等。

2.设立专门的质量控制岗位，对施工过程中的振捣操作进行实时监控和记录，确保施工质量符合要求。

三、采用先进的施工技术和设备

1.引进自动化和智能化的振捣设备，减少人为因素对振捣质量的影响。

2.使用高频振捣器或振动台等设备，提高混凝土的密实性和均匀性。

四、加强现场管理和监督

1.增设现场管理人员，对施工现场进行全面监控，确保施工人员严格按照施工流程和质量控制标准进行操作。

2.建立奖惩机制，对遵守施工规范的施工人员进行奖励，对违规行为进行严厉处罚。

五、加强与设计单位和监理单位的沟通协作

1.定期与设计单位进行沟通，确保施工方案与设计要求相符，及时解决施工中遇到的问题。

2.与监理单位保持密切联系，接受其监督和检查，共同确保施工质量。

六、建立质量追溯和反馈机制

1.对每一批次的混凝土进行质量追溯，记录振捣操作、施工人员等信息，便于后续质量问题的查找和分析。

2.设立质量反馈渠道，鼓励施工人员和其他相关人员及时报告施工中遇到的问题和改进建议。

实施以上整改措施，可以有效提高混凝土振捣作业的质量，减少质量问题的发生，确保项目的顺利进行和建筑物的安全性及使用寿命。

专题45：商品混凝土强度未达到设计要求

案例简介

一、案例背景

在某城市的新建住宅项目中，为了加快建设进度并确保建筑质量，开发商与一家知名的商品混凝土供应商签订了供应合同，合同明确要求供应商提供的商品混凝土必须满足设计要求的强度等级。

二、具体问题

在项目施工过程中，审计团队对进场的商品混凝土进行了抽检，发现部分批次的混凝土强度未达到设计要求。这一问题主要体现在两个方面：一方面是混凝土的28天抗压强度低于设计规定值；二方面是部分混凝土试块在早期就表现出强度不足的迹象。

三、具体案例分析

1.混凝土抗压强度低于设计要求。

（1）实例描述。在某栋某单元的二层楼板浇筑时，使用了强度等级低于设计要求的C30的混凝土，而设计要求强度为C35；浇筑完成后，调查人员通过取芯检测发现，楼板混凝土的实际强度仅为C25左右。

（2）原因分析。经过调查，发现供应商为了降低成本，在混凝土配合比中使用了较低品质的水泥和骨料，同时减少了添加剂的用量。

2.早期强度不足。

（1）实例描述。在项目中，某段墙体的混凝土浇筑后，仅过了7天，表面就出现了明显的裂纹。经过检测，该墙体混凝土的7天抗压强度远低于预期，这表明混凝土的早期强度严重不足。

（2）原因分析。这主要是由于混凝土配合比设计不合理，水泥用量不足，或者水泥品种选择不当。此外，养护条件不佳也会影响混凝土的早期强度发展。

四、后果与影响

1.结构安全性隐患。使用低于设计要求的混凝土强度，会严重影响建筑结构的承载能力和耐久性，增加建筑物在使用过程中的安全风险。

2.工程质量问题。混凝土强度不足会导致结构开裂、变形等工程质量问题，影响建筑物的正常使用和寿命。

3.经济损失和工期延误。对不合格的部分进行拆除或加固处理，这不仅增加了项目的成本，还可能导致整个项目的工期延误。

4.法律责任。供应商因提供不符合合同要求的混凝土产品，可能需要承担相应的法律责任，包括赔偿开发商因此遭受的损失。

5.信誉受损。此类质量问题一旦被曝光，将对供应商和开发商的信誉造成严重影响，甚至可能影响其未来业务发展。

问题认定与法律条文

一、商品混凝土强度未达到设计要求

1. 问题认定。

供应商提供抗压强度低于项目设计要求的商品混凝土，违反了合同约定和相关建筑质量标准，构成了供应不合格产品的行为。

2. 法律条文。

《中华人民共和国民法典》第五百七十七条："当事人一方不履行合同义务或者履行合同义务不符合约定的，应当承担继续履行、采取补救措施或者赔偿损失等违约责任。第五百八十二条：履行不符合约定的，应当按照当事人的约定承担违约责任。对违约责任没有约定或者约定不明确，依据本法第五百一十条的规定仍不能确定的，受损害方根据标的的性质以及损失的大小，可以合理选择请求对方承担修理、重作、更换、退货、减少价款或者报酬等违约责任。"

《中华人民共和国产品质量法》第二十六条："生产者应当对其生产的产品质量负责。产品质量应当符合下列要求：……；（二）具备产品应当具备的使用性能，但是，对产品存在使用性能的瑕疵作出说明的除外；……"供应商提供的混凝土不具备应有的使用性能，即强度未达到设计要求，违反了产品质量法。

二、使用低品质材料降低成本

1. 问题认定。

供应商为了降低成本，在混凝土中使用低品质的水泥和骨料，这种行为违反了建筑材料质量控制的相关规定。

2. 法律条文。

《建设工程质量管理条例》第二十九条："施工单位必须按照工程设计要求、施工技术标准和合同约定，对建筑材料、建筑构配件、设备和商品混凝土进行检验，检验应当有书面记录和专人签字；未经检验或检验不合格的，不得使用。"供应商提供使用低品质材料的混凝土，违反了建设工程质量管理的要求。

三、混凝土配合比设计不合理

1. 问题认定。

混凝土配合比设计不合理，导致混凝土早期强度不足，这违反了建筑施工中对混凝土质量控制的技术标准。

2. 法律条文。

《中华人民共和国建筑法》第五十八条："建筑施工企业必须按照工程设计图纸和施工技术标准施工，不得偷工减料。"不合理的混凝土配合比设计可能构成偷工减料，违反了建筑法的规定。

四、养护条件不佳影响混凝土强度

1. 问题认定。

养护条件不佳影响了混凝土的强度发展，这违反了建筑施工中对混凝土浇筑后养护作业的质量要求。

2.法律条文。

《中华人民共和国建筑法》第五十六条："建筑工程的勘察、设计单位必须对其勘察、设计的质量负责。勘察、设计文件应当符合有关法律、行政法规的规定和建筑工程质量、安全标准、建筑工程勘察、设计技术规范以及合同的约定。"设计单位应确保设计文件中包括合适的养护条件要求，以保证混凝土强度的发展，养护条件不佳可能违反设计要求和建筑法规定。

整改措施

一、确保商品混凝土强度达到设计要求

1.加强对混凝土供应商的监管，要求其严格按照合同约定的质量标准提供混凝土。

2.在混凝土浇筑前，进行严格的混凝土强度检测，确保每批混凝土的强度都符合设计要求。

3.对于强度不合格的混凝土，坚决拒绝接收，并要求供应商进行更换或退货。

二、防止使用低品质材料降低成本

1.定期对供应商的材料进行质量抽查，确保其提供的材料符合质量标准。

2.建立严格的材料验收制度，对进场的每批材料进行质量检测，不合格的材料不得使用。

3.鼓励员工举报使用低品质材料的行为，一经查实，对相关责任人进行严肃处理。

三、优化混凝土配合比设计

1.聘请专业的混凝土配合比设计人员，根据工程需求和材料性能，设计出合理的混凝土配合比。

2.定期对混凝土配合比进行优化调整，以适应不同施工条件和材料变化。

3.加强对施工现场混凝土配合比的监控，确保实际施工中的混凝土配合比与设计要求一致。

四、改善养护条件以确保混凝土强度

1.制订详细的混凝土浇筑后养护计划，明确养护时间、温度、湿度等参数。

2.配备专业的养护设备和人员，确保养护计划的有效执行。

3.定期对养护效果进行检查和评估，及时调整养护方案，以确保混凝土强度的正常发展。

实施以上整改措施，可以有效提升商品混凝土的质量，确保建筑施工的安全性和耐久性；同时，也能提高施工效率，减少因质量问题导致的返工和维修成本。

专题46：高层混凝土施工，设备落后导致的浪费

案例简介

一、案例背景

在某大城市中心区域，一个高层建筑项目正如火如荼地进行。该项目旨在打造一座现代化的商业综合体，包含办公、购物和娱乐等多项功能。由于地理位置优越，项目自开工以来就备受关注。然而，在项目的施工过程中，审计团队发现了一些问题。

二、具体问题

审计团队在施工现场发现，用于高层混凝土施工的设备相对落后，主要包括老旧的混凝土泵

车和搅拌机。这些设备不仅效率低下，而且在使用过程中经常出现故障，导致施工进度受阻，同时还造成了大量的材料浪费。

三、具体案例分析

1. 设备落后导致效率低下。

（1）实例描述。在某次浇筑作业中，混凝土泵车的泵送能力不足，导致浇筑速度缓慢，原本计划一天完成的楼层浇筑任务，实际上花费了两天时间才完成。这不仅延长了工期，还增加了人工成本和材料成本。

（2）原因分析。项目方为了节约成本，在采购施工设备时选择了价格较低且性能一般的设备。这些设备在使用过程中，由于技术落后、性能不稳定，经常需要停机维修，严重影响了施工进度。

2. 材料浪费问题。

（1）实例描述。在某次搅拌作业中，由于搅拌机性能不佳，大量混凝土搅拌不均匀，质量不达标。为了避免影响工程质量，这些混凝土只能被废弃。据统计，仅此一项就造成了数吨的混凝土浪费。

（2）原因分析。落后的搅拌机在搅拌混凝土时搅拌不均匀，经常导致部分混凝土质量不达标而被迫废弃。此外，由于设备故障频繁，还经常出现混凝土在等待浇筑过程中初凝失效的情况，进一步加剧了材料浪费。

四、后果与影响

1. 施工进度受阻。设备落后导致的效率低下和频繁故障，使得原定的施工计划无法按时完成。这不仅影响了项目的整体进度，还可能引发合同违约的风险。

2. 成本增加。设备落后和材料浪费都直接导致了项目成本的上升。这不仅包括直接的材料成本，还包括因延误而产生的额外费用和违约金等。

3. 资源浪费和环境污染。大量的混凝土浪费不仅造成了资源的浪费，还给环境带来了额外的负担。废弃的混凝土需要妥善处理，否则可能对环境造成污染。

4. 项目质量风险。使用落后的设备进行施工，可能无法保证混凝土的质量达到设计要求，从而给项目的整体质量带来潜在风险。

综上所述，高层混凝土施工中设备落后导致的浪费问题不容忽视。项目方应充分认识到这一问题的严重性，及时采取更新设备、优化施工流程等措施，以减少浪费、提高效率、保证项目质量。

问题认定与法律条文

一、使用落后设备导致施工效率低下

1. 问题认定。

项目方为了节约成本，选用性能低下的施工设备，导致施工进度受阻，违反了保障施工效率和工程质量的相关规定。

2. 法律条文。

《中华人民共和国建筑法》第七十四条："建筑施工企业在施工中偷工减料的，使用不合格

的建筑材料、建筑构配件和设备的，或者有其他不按照工程设计图纸或者施工技术标准施工的行为的，责令改正，处以罚款；情节严重的，责令停业整顿，降低资质等级或者吊销资质证书；造成建筑工程质量不符合规定的质量标准的，负责返工、修理，并赔偿因此造成的损失；构成犯罪的，依法追究刑事责任。"虽然此条未直接涉及设备性能问题，但使用性能低下的设备影响了施工效率和质量，可被视为不按照工程技术标准施工的行为，可能受到相应的法律制裁。

二、材料浪费问题

1. 问题认定。

由于使用落后设备，大量混凝土搅拌不均匀、质量不达标而被废弃，造成严重的材料浪费，违反了关于资源节约和环境保护的法律法规。

2. 法律条文。

《中华人民共和国节约能源法》第七十一条："使用国家明令淘汰的用能设备或者生产工艺的，由管理节能工作的部门责令停止使用，没收国家明令淘汰的用能设备；情节严重的，可以由管理节能工作的部门提出意见，报请本级人民政府按照国务院规定的权限责令停业整顿或者关闭。"项目方使用落后的设备，可能导致能源浪费，如情况严重，可能面临停业整顿的风险。

《中华人民共和国环境保护法》第四十二条："排放污染物的企业事业单位和其他生产经营者，应当采取措施，防治在生产建设或者其他活动中产生的废气、废水、废渣、医疗废物、粉尘、恶臭气体、放射性物质以及噪声、振动、光辐射、电磁辐射等对环境的污染和危害。"大量的混凝土浪费可能对环境造成污染，项目方有责任采取措施防止此类污染。如未采取有效措施，可能面临法律责任。

整改措施

一、更新和升级施工设备

1. 评估当前施工设备的性能和效率，识别出落后的设备，并制订设备更新计划。

2. 投资购买先进的混凝土施工设备，如高效的混凝土泵车和搅拌机，以提高施工效率和质量。

3. 定期对施工设备进行维护和保养，确保设备的正常运行，减少故障。

二、优化施工流程和管理

1. 对施工流程进行全面审查，找出效率低下的环节，提出优化建议。

2. 引入现代化的施工管理软件，实时监控施工进度和设备使用情况，以便及时发现问题并进行调整。

3. 加强对施工人员的培训，提高他们的技能水平，确保他们能够熟练操作新设备，从而提高施工效率。

三、实施节约材料措施

1. 建立严格的材料管理制度，确保材料的合理使用和回收。

2. 对搅拌机进行改造或升级，提高搅拌质量和效率，减少混凝土浪费。

3. 对于废弃的混凝土，探索再利用的可能性，如用于填充、路基建设等，以减少材料浪费。

四、加强监督与考核

1. 设立专门的监督机构或人员，对施工过程中的设备使用、材料消耗等进行实时监控。

2. 制订合理的考核指标，对施工效率和材料使用情况进行定期评估，并根据评估结果进行奖惩。

3. 鼓励员工提出节约材料和提高效率的合理化建议，对采纳的建议给予适当的奖励。

实施以上整改措施，可以有效提升高层混凝土施工的效率和质量，减少材料浪费，降低项目成本；同时，也有助于提高项目的整体效益和竞争力。

专题 47：模板加工不当，或加工标准不统一

案例简介

一、案例背景

某市正在建设一个大型的商业综合体项目，该项目包括购物中心、办公楼和酒店等多个部分。由于项目的规模较大，涉及大量的混凝土浇筑工作，因此需要使用大量的建筑模板。为了保证施工进度，项目方决定在现场设立一个模板加工区，以便于快速制作和更换模板。

二、具体问题

在项目的中期审计中，审计人员发现模板加工区存在以下问题：模板加工不当，以及加工标准不统一。具体来说，加工区内的模板在尺寸、形状和平整度等方面存在较大的差异，部分模板甚至出现了开裂、变形等质量问题。

三、具体案例分析

1. 模板加工不当。

（1）实例描述。审计人员发现，部分模板在加工过程中，由于操作人员技能水平不高或操作不规范，出现了模板边缘不平整、毛刺、裂纹等现象。同时，部分模板的支撑结构设计不合理，容易在使用过程中出现变形或损坏。

（2）原因分析。项目方为了赶工期，对模板加工的质量把控不严，缺乏对操作人员的专业技能培训。此外，加工区内的设备陈旧，精度不够，也是导致模板加工质量问题的原因之一。

2. 加工标准不统一。

（1）实例描述。审计人员发现，同一批次的模板中，存在多种不同的尺寸和形状。部分模板的尺寸偏差较大，无法满足施工现场的需求。此外，不同批次的模板之间也存在较大的差异，导致在使用时需要频繁调整。

（2）原因分析。项目方在模板加工过程中缺乏统一的标准和规范。不同操作人员之间缺乏沟通，各自为政，导致加工出的模板尺寸和形状各异。此外，项目方对模板的加工过程缺乏有效的质量监控和验收机制，也是导致加工标准不统一的原因之一。

四、后果与影响

1. 施工进度受阻。由于模板加工不当和加工标准不统一，施工现场需要花费大量时间对模板进行调整和修复，严重影响了施工进度。

2.成本增加。不合格的模板需要返工或重新采购，增加了项目的成本支出。同时，施工现场的调整和修复工作也需要额外的人工和材料成本。

3.质量风险增加。使用不合格的模板进行混凝土浇筑，可能导致混凝土结构的平整度、垂直度等质量指标无法达到设计要求，从而增加项目的质量风险。

4.安全隐患。不合格的模板在使用过程中可能出现变形、开裂等安全问题，严重威胁施工现场的人员和设备安全。

综上所述，模板加工不当和加工标准不统一对项目的影响是多方面的。项目方应加强对模板加工过程的质量控制，制定统一的标准和规范，并加强操作人员的技能培训和质量意识教育，以确保模板的加工质量和施工的顺利进行。

问题认定与法律条文

一、模板加工质量问题

1.问题认定。

模板加工不当，导致模板出现开裂、变形等质量问题，这违反了建筑工程质量管理的相关规定。加工标准不统一，导致模板尺寸、形状等存在较大差异，违反了关于建筑工程标准化和规范化的要求。

2.法律条文。

《中华人民共和国建筑法》第五十八条："建筑施工企业对工程的施工质量负责。建筑施工企业必须按照工程设计图纸和施工技术标准施工，不得偷工减料。工程设计的修改由原设计单位负责，建筑施工企业不得擅自修改工程设计。"模板加工不当可能导致施工质量问题，建筑施工企业需要对此负责。

《建设工程质量管理条例》第二十八条："施工单位必须按照工程设计图纸和施工技术标准施工，不得擅自修改工程设计，不得偷工减料。施工单位在施工过程中发现设计文件和图纸有差错的，应当及时提出意见和建议。"模板加工标准不统一可能意味着未按照统一的设计图纸和技术标准施工。

二、模板加工标准化问题

1.问题认定。

模板加工缺乏统一的标准和规范，导致同一批次或不同批次的模板尺寸和形状各异，这违反了关于建筑工程应遵循的标准化和规范化要求。

2.法律条文。

《中华人民共和国标准化法》第二条："本法所称标准（含标准样品），是指农业、工业、服务业以及社会事业等领域需要统一的技术要求。标准包括国家标准、行业标准、地方标准和团体标准、企业标准。国家标准分为强制性标准、推荐性标准，行业标准、地方标准是推荐性标准。强制性标准必须执行。国家鼓励采用推荐性标准。"模板加工没有遵循统一的标准，可能违反关于标准化的法律规定。

《建设工程质量管理条例》强调施工单位应按标准进行施工，模板加工的不统一可能违反这一条例中对施工标准化的要求。虽然具体法律条文中可能没有直接针对模板加工的标准化问题进行规定，但可以从上述法律条文中引申出对建筑工程各环节（包括模板加工）应遵循标准化和规范化的原则性要求。

整改措施

一、加强质量控制和标准化管理

1. 制订统一的加工标准和规范。明确模板加工的具体要求，包括尺寸、形状、平整度等，确保所有操作人员都了解并遵循这些标准。

2. 建立严格的质量检查制度。设立专门的质量检查小组，对加工出的模板进行逐一检查，不合格的模板不得进入施工现场。

二、提升操作人员技能水平

1. 开展技能培训。定期组织操作人员参加技能培训，提升他们的专业技能水平，确保他们能够按照标准和规范进行模板加工。

2. 实施技能考核。对操作人员进行定期的技能考核，只有通过考核的操作人员才能上岗操作。

三、更新和升级加工设备

1. 投入资金更新设备。购买先进的模板加工设备，提高设备的精度和运作效率，减少人为因素对模板质量的影响。

2. 定期维护和保养设备。确保设备的正常运行，减少因设备故障导致的加工质量问题。

四、加强沟通与协作

1. 建立有效的沟通机制。加强不同操作人员之间的沟通，确保他们在加工过程中能够保持一致的标准和规范。

2. 设立问题反馈渠道。鼓励操作人员及时反馈在加工过程中遇到的问题，以便及时进行调整和改进。

五、建立奖惩机制

1. 设立质量奖励制度。对加工出优质模板的操作人员给予奖励，激励他们继续保持高质量的工作。

2. 对质量问题进行追责。对因加工不当导致的质量问题，要进行追责处理，让操作人员意识到质量的重要性。

实施以上整改措施，可以有效提升模板加工的质量，确保模板的尺寸、形状和平整度等达到统一的标准和规范。同时，也能提高施工现场的效率，减少因模板问题导致的施工进度延误和质量风险。

专题 48：防护措施不够，导致模板重复使用率低

案例简介

一、案例背景

某市正在建设一个大型商业住宅综合体，该项目包括多栋高层住宅楼、商业设施和公共配套

设施。为了提高施工效率，项目方决定大量使用预制模板进行楼体混凝土浇筑。然而，在项目的施工过程中，审计人员发现模板的防护措施存在明显不足。

二、具体问题

审计人员在项目现场审计时发现，由于防护措施不够，模板在使用过程中出现了较快的磨损和损坏，导致模板的重复使用率低。

三、具体案例分析

1. 防护措施不足。

（1）实例描述。审计人员观察到，许多模板在存放和运输过程中缺乏必要的保护措施，模板直接暴露在恶劣的天气条件下，没有进行适当的遮盖或防潮处理。同时，模板在搬运和安装过程中，由于缺乏专用的搬运工具和正确的操作方法，边角经常受到撞击和划伤。

（2）原因分析。项目方对模板防护措施的重要性认识不足，没有制定和执行严格的模板保护规定。此外，施工现场管理混乱，工人对模板的搬运和存放操作不规范，也是导致模板损伤的重要原因。

2. 模板重复使用率低。

（1）实例描述。由于防护措施不足，模板在使用几次后就出现了明显的磨损和变形。审计人员发现，许多原本设计可重复使用的模板，在实际施工中只使用了一到两次就被报废，使用寿命远低于预期。

（2）原因分析。模板的快速磨损和损坏直接导致了其重复使用率的降低。此外，项目方对模板的维护和修复工作重视不足，缺乏专业的维护和修复团队，也是导致模板重复使用率低的原因之一。

四、后果与影响

1. 成本增加。模板的重复使用率低意味着需要更频繁地采购新模板，这增加了项目的材料成本。同时，频繁的更换和报废也增加了人工成本和废弃物处理成本。

2. 施工进度受阻。由于模板损坏频繁，施工现场需要经常停工等待新模板的到来，这严重影响了施工进度。

3. 资源浪费和环境污染。大量报废的模板不仅浪费了资源，还对环境造成了污染。特别是一些塑料或复合材料制成的模板，难以降解，对环境造成长期影响。

4. 安全隐患。损坏的模板在使用过程中可能存在安全隐患，威胁施工现场的人员安全。

综上所述，防护措施不够导致的模板重复使用率低是一个严重的问题，需要项目方高度重视并采取有效措施进行改进。加强模板的防护措施、提高施工现场管理水平、建立专业的维护和修复团队等方式，可以有效提升模板的重复使用率，降低项目成本，提高施工效率，同时也有利于环境保护和安全生产。

问题认定与法律条文

一、模板防护措施不足

1. 问题认定。

项目方未采取充分的防护措施来保护模板，导致模板在存放、运输和使用过程中受到损伤。

这违反了工程物资保护及施工现场管理的相关规定。

2. 法律条文。

《建设工程安全生产管理条例》第十五条："为建设工程提供机械设备和配件的单位，应当按照安全施工的要求配备齐全有效的保险、限位等安全设施和装置。"

《中华人民共和国建筑法》第四十四条："建筑施工企业必须依法加强对建筑安全生产的管理，执行安全生产责任制度，采取有效措施，防止伤亡和其他安全生产事故的发生。"防护措施不足可能导致安全生产事故的发生，因此项目方需依法加强模板等施工材料的安全生产管理。

二、模板重复使用率低

1. 问题认定。

由于防护措施不足，模板在使用中迅速磨损，其重复使用次数远低于设计预期。这不仅违反了资源有效利用的原则，也增加了项目成本和浪费，与绿色施工、节能减排的国家政策相悖。

2. 法律条文。

《中华人民共和国节约能源法》第四条："节约资源是我国的基本国策。国家实施节约与开发并举、把节约放在首位的能源发展战略。"模板的重复使用率低，违背了资源节约的基本国策。

《建设工程质量管理条例》第一条："为了加强对建设工程质量的管理，保证建设工程质量，保护人民生命和财产安全，根据《中华人民共和国建筑法》，制定本条例。"模板的快速磨损可能影响工程质量，进而威胁人民生命和财产安全，因此需加强管理以提高其重复使用率。

整改措施

一、加强模板防护措施

1. 建立专门的模板存放区域。在施工现场设立专门的、有遮盖的模板存放区，确保模板在存放时不会受到恶劣天气（如雨、雪、强烈阳光等）的影响。

2. 引入专业的搬运工具。为工人提供专用的模板搬运工具，避免在搬运过程中对模板造成损伤。

3. 制订搬运和存放操作规范。对施工现场的工人进行培训，确保他们在搬运和存放模板时遵循正确的操作方法，减少对模板的撞击和划伤。

4. 定期检查和维护。设立专门的模板检查和维护团队，定期对模板进行检查，及时发现并修复损伤。

二、提高模板重复使用率

1. 加强模板的维护和修复工作。建立专业的维护和修复团队，对损伤的模板进行及时修复，延长其使用寿命。

2. 建立模板使用档案。为每个模板建立使用档案，记录其使用次数、损伤情况和修复记录，以便更好地管理和维护。

3. 优化模板设计。与设计单位沟通，优化模板的设计，提高其耐用性和重复使用次数。

4. 引入高质量的模板材料。采购质量更高的模板材料，从根本上提高模板的耐用性。

5. 建立奖惩机制。对能够妥善使用和保管模板的工人或团队给予奖励，对造成模板损伤的行为进行惩罚，以此提高工人对模板保护的重视程度。

实施以上整改措施，可以有效改进模板的防护措施，减少损伤，同时提高模板的重复使用率，降低项目成本，提高资源利用效率。

专题49：模板正反面混用

案例简介

一、案例背景

在某城市的新区，一个大型住宅楼群项目正在紧锣密鼓地施工。该项目由多家建筑公司共同承建，旨在打造高品质、现代化的居住环境。然而，在项目的中期审计过程中，审计人员发现了一个较为普遍的问题——模板正反面混用。

二、具体问题

审计人员在现场审计时发现，工人在浇筑混凝土楼板时，存在模板正反面混用的情况。即，部分本应用于承受混凝土压力的正面，被错误地用作了与混凝土不直接接触的反面。

三、具体案例分析

1. 模板使用不当

（1）实例描述。在现场，审计人员观察到工人在安装模板时，并未严格区分模板的正反面。部分模板的正面（设计用于承受混凝土的一面）被朝下放置，与地基接触，而反面则朝上，准备承受混凝土的浇筑。

（2）原因分析。工人对模板正反面的重要性认识不足，缺乏严格的施工规范和培训。此外，现场管理存在疏漏，未能及时发现并纠正这一问题。

2. 正反面混用的普遍性

（1）实例描述。审计人员进一步调查发现，这一问题并非个例，而是在多个施工点都存在的普遍现象。甚至在一些已经浇筑完成的楼层中，也能发现模板正反面混用的痕迹。

（2）原因分析。项目管理层对模板使用的监督不够严格，未能建立起有效的质量控制体系。同时，工人之间的沟通和协作也存在不足，导致这一问题得不到及时纠正。

四、后果与影响

1. 结构安全隐患。模板的正反面有其特定的承载能力和使用目的。正反面混用可能导致混凝土结构的承载能力和稳定性受到影响，从而增加结构安全隐患。

2. 工程质量下降。模板正反面混用会影响混凝土的浇筑质量和表面平整度，导致工程质量下降。这不仅影响建筑物的美观性，还可能影响使用功能。

3. 资源浪费和成本增加。模板正反面混用可能导致部分结构需要重新施工或加固，这不仅浪费了资源，还增加了项目成本。

4. 项目进度延误。重新施工或加固需要额外的时间和资源投入，可能导致项目进度延误，影响交付时间。

综上所述，模板正反面混用是一个严重的施工问题，需要项目方高度重视并采取有效措施进行改进。加强工人的培训和教育、建立完善的施工规范和质量控制体系、加强现场管理等方式，可以有效避免这一问题的发生，确保项目的顺利进行和工程质量的达标。

问题认定与法律条文

模板正反面混用问题

1.问题认定。

工人在施工过程中未能正确区分和使用模板的正反面，导致模板正反面混用。这种行为违反了建筑施工的质量控制和安全管理要求，可能对工程结构的稳定性和安全性造成潜在风险。

2.法律条文。

《中华人民共和国建筑法》第五十八条："建筑施工企业对工程的施工质量负责。"模板正反面混用可能影响施工质量，因此建筑施工企业需对此负责。

《建设工程质量管理条例》第二十八条："施工单位必须按照工程设计图纸和施工技术标准施工，不得偷工减料。"模板正反面混用可能导致施工质量不符合设计图纸和技术标准的要求。

在此案例中，虽然具体的法律法规没有直接针对"模板正反面混用"这一具体行为进行规定，但可以根据上述法律条文中关于施工质量和安全管理的原则性要求，引申出对建筑施工过程中应遵循的规范操作，包括正确使用建筑模板等施工材料和工具的要求。因此，可以认定模板正反面混用违反了建筑施工的质量控制和安全管理相关法律法规。

整改措施

一、加强施工人员的培训与教育

1.组织专题培训。对施工人员进行模板正确使用方法的专题培训，强调正确区分模板正反面的重要性和错误使用的后果。

2.制订操作指南。制作并分发模板使用操作指南，明确标注模板正反面的识别方法和正确安装步骤。

二、建立严格的施工现场管理制度

1.设立监督岗位。在施工现场设立专门的监督岗位，负责监控模板的安装过程，确保工人按照规范操作。

2.定期检查与考核。定期对施工现场模板使用情况进行检查，对施工人员进行考核，确保其熟练掌握模板的正确使用方法。

三、加强模板的标识与管理

1.清晰标识模板正反面。在模板上明显位置标识正反面，如使用不同颜色、标签或刻字等方式进行区分，以便施工人员快速准确地识别。

2.模板分类存放。对模板进行分类存放，确保正面朝上的模板不会被误用，同时方便施工人员取用。

四、引入先进的技术手段

1.使用射频识别（Radio Frequency Identification，RFID）技术。在模板上安装RFID标签，通过扫描设备快速识别模板信息，包括正反面的标识，减少人为错误。

2. 引入智能监控系统。在施工现场安装智能监控系统，实时监测模板的安装过程，及时发现并纠正正反面混用的问题。

五、建立奖惩机制

1. 奖励制度。对能够正确、规范使用模板的施工人员给予奖励，激励其继续保持良好操作习惯。

2. 惩罚措施。对故意或过失导致模板正反面混用的行为，采取相应的惩罚措施，以提高施工人员的责任意识和规范意识。

实施以上整改措施，可以有效避免模板正反面混用的问题，提高施工质量和工程安全性。同时，这些措施也有助于提升施工现场的管理水平，确保项目的顺利进行。

专题50：支撑体系不科学，导致模板变形或损坏

案例简介

一、案例背景

在某市的新建商业中心项目中，一座大型购物中心的主体结构正在紧锣密鼓地施工。该项目由一家知名建筑公司承建，旨在打造城市新的地标。在施工过程中，为了加快进度和节约成本，施工单位采用了一种新型的支撑体系。然而，在项目的中期审计中，审计人员发现该支撑体系存在不科学的问题，导致模板出现了变形或损坏。

二、具体问题

审计人员在现场审计时发现，施工单位采用的支撑体系设计不合理，缺乏科学性和稳定性。具体来说，支撑杆件的布置过于稀疏，连接件强度不足，且缺乏必要的横向支撑和斜向支撑。由于这些问题，模板在浇筑混凝土过程中发生了变形或损坏。

三、具体案例分析

1. 支撑体系设计不合理。

（1）实例描述。在现场，审计人员观察到支撑体系的杆件布置过于稀疏，导致模板的支撑力度不够。同时，连接件的强度也不足，无法承受模板传递的荷载。此外，缺乏必要的横向支撑和斜向支撑，使得整个支撑体系的稳定性大打折扣。

（2）原因分析。施工单位为了节约成本，在支撑体系的设计上进行了简化。同时，由于项目进度压力较大，施工单位可能未对支撑体系进行充分的测试和验证，导致其在实际使用中出现问题。

2. 模板变形和损坏。

（1）实例描述。由于支撑体系不科学，模板在浇筑混凝土过程中出现了明显的变形或损坏，部分模板甚至出现了裂缝和断裂的情况，严重影响了施工质量和安全。

（2）原因分析。支撑体系的稳定性不足是导致模板变形或损坏的主要原因。当混凝土浇筑时产生的荷载超过支撑体系的承载能力时，模板就会变形或损坏。

四、后果与影响

1.施工质量和安全隐患。模板的变形或损坏会直接影响施工质量，可能导致混凝土结构出现裂缝、不平整等问题。同时，不稳定的支撑体系也会给施工现场带来安全隐患，威胁工人的生命安全。

2.工程进度延误。损坏的模板需要更换或修复，这会导致工程进度的延误。延误的工期可能会给项目带来额外的成本和时间压力。

3.成本增加。重新采购和更换损坏的模板以及加固支撑体系都会增加项目的成本，这些额外的成本会直接影响项目的经济效益。

4.项目形象受损。上述问题可能会影响项目的整体形象和质量声誉，对开发商和建筑公司的品牌形象造成负面影响。

综上所述，支撑体系不科学导致模板变形或损坏是一个严重的施工问题。为了避免类似问题的发生，项目方应高度重视支撑体系的设计和施工过程中的质量控制，通过加强设计审核、使用高质量的材料和加强现场管理等方式来确保支撑体系的科学性和稳定性，从而保障施工质量和安全。

问题认定与法律条文

一、支撑体系设计不科学导致模板变形或损坏

1.问题认定。

施工单位在项目施工过程中采用的支撑体系设计不合理，缺乏科学性和稳定性，导致模板变形或损坏。此行为违反了建筑施工中结构安全和施工质量控制的相关规定。

2.法律条文。

《中华人民共和国建筑法》第七十四条："建筑施工企业在施工中偷工减料的，使用不合格的建筑材料、建筑构配件和设备的，或者有其他不按照工程设计图纸或者施工技术标准施工的行为的，责令改正，处以罚款；情节严重的，责令停业整顿，降低资质等级或者吊销资质证书；造成建筑工程质量不符合规定的质量标准的，负责返工、修理，并赔偿因此造成的损失；构成犯罪的，依法追究刑事责任。"本案例中，支撑体系设计不科学导致模板变形或损坏，施工单位可能构成不按照工程设计图纸或者施工技术标准施工的行为，应依法承担相应责任。

《中华人民共和国建筑法》第六十九条第一款："工程监理单位与建设单位或者建筑施工企业串通，弄虚作假、降低工程质量的，责令改正，处以罚款，降低资质等级或者吊销资质证书；有违法所得的，予以没收；造成损失的，承担连带赔偿责任；构成犯罪的，依法追究刑事责任。"

虽然具体的法律法规没有直接针对"支撑体系设计不科学"这一具体行为进行规定，但可以根据上述法律条文中关于建筑施工质量控制和结构安全的原则性要求，引申出建筑施工过程中应遵循的科学设计和安全施工要求。因此，可以认定支撑体系设计不科学导致模板变形或损坏违反了建筑施工质量控制和结构安全的相关法律法规。

二、使用损坏的模板进行施工

1.问题认定。

施工单位在明知模板已经发生变形或损坏的情况下，仍然使用这些模板进行施工，此行为违

反了建筑施工中关于使用合格建筑材料和设备的规定。

2.法律条文。

根据《中华人民共和国建筑法》第七十四条，使用不合格的建筑材料、建筑构配件和设备的行为是违法的。在本案例中，损坏的模板可视为不合格的建筑材料，因此使用它们进行施工是违法的。

《建设工程质量管理条例》第二十九条："施工单位必须按照工程设计要求、施工技术标准和合同约定，对建筑材料、建筑构配件、设备和商品混凝土进行检验，检验应当有书面记录和专人签字；未经检验或者检验不合格的，不得使用。"施工单位未对损坏的模板进行检验或更换，直接使用损坏的模板进行施工，违反了该条例的规定。

综上所述，施工单位因支撑体系不科学导致模板变形或损坏，以及后续使用损坏的模板进行施工的行为，违反了相关法律法规的规定，应承担相应的法律责任。

整改措施

一、重新设计和优化支撑体系

1.聘请专业的结构工程师或咨询机构，对现有的支撑体系进行全面的评估。

2.根据评估结果，重新设计支撑体系，确保其科学性和稳定性。

3.引入先进的支撑技术和材料，如可调节支撑、高强度连接件等，提高支撑体系的整体性能。

二、加强施工过程中的质量控制

1.设立专门的质量检查小组，对施工过程中的支撑体系安装进行实时监控和检查。

2.引入第三方检测机构，定期对支撑体系和模板进行质量检测，确保施工质量符合设计要求。

三、加强施工人员培训和管理

1.对施工人员进行专业的支撑体系安装和模板使用培训，提高其操作技能和安全意识。

2.建立严格的施工人员管理制度，确保施工人员按照规范进行施工操作。

四、建立应急响应机制

1.制订应急响应预案，明确在模板变形或损坏等突发情况下的处理措施。

2.配备必要的应急设备和人员，确保在紧急情况下能够迅速响应并处理问题。

五、加强项目管理和监督

1.加强项目经理和施工团队之间的沟通与协作，确保施工过程中的问题能够及时被发现和解决。

2.定期召开项目进展汇报会议，对施工过程中的问题进行总结和反思，不断优化施工流程和管理措施。

实施以上整改措施，可以有效地解决支撑体系不科学导致的模板变形或损坏问题，提高施工质量和安全性。同时，这些措施也有助于提升项目的管理水平和施工效率，确保项目的顺利进行。

第 3 章
机械设备方面的审计专题

专题 51：缺乏整体调度计划，可用的机器未获得充分利用

案例简介

一、案例背景

某市为建设一座新的公共图书馆，立项并启动了一项大型建设工程项目。该项目涉及多个施工环节，需要运用各种工程机械来完成地基开挖、土方运输、混凝土浇筑等多项任务。项目启动初期，工程进展顺利，然而随着工程的推进，一些管理和调度上的问题逐渐暴露出来。

二、具体问题

1. 缺乏整体调度计划。工程项目在施工过程中，没有制定详细且科学的整体调度计划，各施工队伍之间缺乏有效的协调和沟通，导致部分施工环节出现重复或遗漏。

2. 机器利用效率低。现场有大量的挖掘机、装载机、自卸车等工程机械，但由于缺乏合理的调度和分配，这些机器并没有得到充分利用。有时机器在工地上闲置，而有时又会出现多个施工队伍争抢同一台机器的情况。

三、具体案例分析

1. 调度混乱。在一个关键施工阶段，由于缺乏整体调度计划，两个施工队伍同时需要使用挖掘机进行作业，结果发生了争抢。一方面需要挖掘机进行地基开挖，而另一方面则需要其进行土方回填，双方都没有提前预约或通知设备管理部门，导致现场出现混乱。

2. 机器闲置。在某段时间内，由于部分施工材料供应不及时，一些原本计划中的施工任务被迫暂停。然而，现场的工程机械却并没有得到及时的调配去执行其他任务，而是停放在工地上闲置，造成了资源的浪费。

四、后果与影响

1. 工程进度受阻。由于缺乏有效的整体调度计划，施工环节之间的衔接不流畅，工程进度受到严重影响，原本计划六个月完成的工程，最终拖延了近两个月。

2. 成本增加。机器的闲置和重复购置或租赁，以及因施工延误而产生的额外费用，都增加了项目的总成本。

3. 安全风险增加。施工现场的混乱和调度无序，增加了发生安全事故的风险。实际上，在项目过程中确实发生了几起轻微的安全事故，幸好未造成严重后果。

4. 项目团队士气低落。由于工程进度受阻、成本增加以及安全事故频发，项目团队的士气受到了严重影响，团队成员之间出现了互相指责和不满的情绪。

综上所述，该案例凸显了整体调度计划在建设工程项目中的重要性。缺乏有效的调度计划不仅会导致资源浪费和成本增加，还可能影响项目进度并危及施工安全。因此，项目管理者应充分重视并制定科学合理的整体调度计划，以确保项目的顺利进行。

问题认定与法律条文

一、缺乏科学的整体调度计划

1. 问题认定。

工程项目在施工过程中没有制定详细且科学的整体调度计划，导致施工环节出现重复或遗漏，影响了工程的顺利进行。这种行为可能违反建设工程质量管理相关法规，未能确保施工过程的科学性和高效性。

2. 法律条文。

根据《建设工程质量管理条例》的相关规定，施工单位应当建立、健全施工质量的检验制度，严格工序管理，做好隐蔽工程的质量检查和记录。隐蔽工程在隐蔽前，施工单位应当通知建设单位和建设工程质量监督机构。缺乏科学的调度计划可能导致施工质量的检验制度不健全，违反了该条例对施工过程管理和质量控制的要求。

二、机器利用效率低

1. 问题认定。

现场工程机械没有得到充分利用，有时闲置，有时又被争抢，这表明资源分配和管理存在问题。这可能违反有关资源管理和优化配置的法规，未能实现资源的高效利用。

2. 法律条文。

参照《中华人民共和国建筑法》的相关规定，建筑施工企业应当加强对施工现场的管理，确保工程质量和安全生产。机器设备的低效利用可能违反该法对施工现场管理和资源优化配置的要求，影响了工程的效率和质量。

整改措施

一、制订科学的整体调度计划

1. 建立专业的项目管理团队，负责制定和执行整体调度计划。

2. 对工程项目的各个环节进行全面分析，确保计划涵盖所有关键施工任务和时间节点。

3. 加强与各施工队伍的沟通和协调，确保每个环节有序衔接，避免重复或遗漏工作。

4. 实时监控施工进度，根据实际情况及时调整调度计划，确保工程的顺利进行。

二、提高机器利用效率

1. 对现场工程机械进行全面盘点，了解每台机器的性能和适用场景。

2. 根据施工任务和机器性能进行合理分配，确保每台机器都能得到充分利用。

3. 建立机器使用预约制度，避免发生多个施工队伍争抢同一台机器的情况。

4. 加强机器维护和保养，确保机器处于良好状态，提高使用效率。

5. 对操作人员进行定期培训，提高其操作技能和对机器的熟悉程度，降低操作失误和机器损坏的可能性。

三、加强监督和管理

1.设立专门的监督机构或指派监督人员，对施工现场进行定期或不定期的检查，确保调度计划和机器利用规定得到有效执行。

2.建立问题反馈机制，鼓励施工人员及时报告施工中遇到的问题，以便及时调整和优化施工计划。

3.对违反调度计划和机器利用规定的行为进行严肃处理，确保相关措施得到有效落实。

实施以上整改措施，有望改善工程项目的调度计划和机器利用情况，提高施工效率和质量，降低工程成本和安全风险。

专题52：疏于检查机器，未使其保持良好状态及避免故障

案例简介

一、案例背景

某市一项重要的城市基础设施建设项目正在紧锣密鼓地进行。该项目旨在改善城市交通状况，涉及多个大型机械设备的运用，包括挖掘机、压路机、混凝土搅拌站等。由于工程进度紧张，机械设备日夜不停地运转，对设备的检查和维护工作则显得尤为关键。

二、具体问题

1.疏于检查机器。项目管理团队未能建立并执行严格的机械设备检查制度，导致一些潜在的机械故障未能被及时发现和处理。

2.未保持良好状态。由于缺乏定期维护和保养，部分机械设备性能在运行过程中逐渐下降，影响了施工效率和质量。

三、具体案例分析

1.检查制度缺失。在项目进行过程中，没有专门的机械设备检查计划和记录。机械设备操作人员通常只在设备出现明显故障时才进行报修，而对潜在的小问题则往往忽视，导致这些小问题逐渐积累，最终演变成大故障。

2.维护保养不足。某台关键的挖掘机在连续工作数周后，由于缺乏必要的润滑和清洁，液压系统堵塞，挖掘机性能大幅下降，甚至出现了停机情况。这不仅影响了施工进度，还增加了额外的维修成本。

四、后果与影响

1.施工进度受阻。机械设备的故障直接导致了施工进度的延误，原本计划三个月内完成的基础开挖工作，由于设备故障频发，实际用时超过了四个月。

2.成本增加。频繁的机械故障不仅增加了维修费用，还因为施工进度延误而产生了额外的管理成本和人工成本。

3.安全风险提升。机械设备在未得到良好维护的情况下运行，增加了施工现场的安全隐患，一旦发生严重故障，可能对操作人员和周边工人造成伤害。

4.项目质量下降。机械设备的性能下降直接影响施工质量。例如，混凝土搅拌站未能得到及

时维护，导致混凝土质量不稳定，进而影响到整个工程的质量。

综上所述，本案例揭示了机械设备检查和维护工作在建设工程项目中的重要性。项目管理团队应建立完善的机械设备检查和维护制度，确保设备处于良好状态，避免故障发生，从而保障施工进度、成本、安全和质量的多方面要求得到有效满足。

问题认定与法律条文

一、未建立并执行机械设备检查制度

1. 问题认定。

项目管理团队未能建立并执行严格的机械设备检查制度，违反了安全生产的相关法律法规，未能及时发现和处理潜在的机械故障，增加了安全风险。

2. 法律条文。

根据《中华人民共和国安全生产法》的相关规定，生产经营单位必须对安全设备进行经常性维护、保养，并定期检测，保证正常运转。维护、保养、检测应当做好记录，并由有关人员签字。项目管理团队未建立并执行机械设备检查制度，违反了该法律对安全设备检查和维护的要求。

二、机械设备维护保养不足

1. 问题认定。

由于缺乏定期维护和保养，部分机械设备性能下降，项目管理团队违反了设备维护保养的相关法规，未能确保设备处于良好工作状态，影响了施工效率和质量。

2. 法律条文。

参照《中华人民共和国安全生产法》和《中华人民共和国特种设备安全法》的相关规定，生产经营单位应确保设备的安全性能，进行定期检验、维护保养等工作。项目管理团队对机械设备的维护保养不足，可能导致设备性能下降，从而违反上述法律对设备安全维护和保养的规定。

整改措施

一、建立并执行机械设备检查制度

1. 组织专业人员，结合项目实际情况，制定详细的机械设备检查计划和流程。

2. 设立专门的设备检查小组，负责定期检查机械设备的运行状况，并记录检查情况。

3. 严格执行定期检查制度，确保每台设备都得到及时检查，发现问题立即处理。

4. 加强设备操作人员的培训，提高他们的设备检查意识和能力。

二、加强机械设备的维护保养工作

1. 制订详细的机械设备维护保养计划，明确保养周期、保养内容和责任人。

2. 设立专门的维护保养团队，负责设备的日常维护和定期保养工作。

3. 对设备进行定期清洁、润滑、紧固等保养操作，确保设备处于良好状态。

4. 建立设备维护保养记录，对每次保养进行详细记录，以便追踪和查询。

三、提高项目管理水平

1. 加强项目管理团队的培训和教育，提高他们的设备管理和维护保养意识。

2. 建立项目管理制度，明确各项管理流程和责任分工。

3. 定期对项目管理效果进行评估，及时发现问题并进行改进。

4. 加强与设备供应商和维修服务商的合作，确保设备得到及时、专业的维修和保养。

专题 53：未定期检查绳索、皮带、链条、输送带、润滑系统等

案例简介

一、案例背景

某大型化工厂为了扩大生产规模，决定新建一条生产线。该项目涉及多个复杂的机械设备和传送系统，其中包括大量的绳索、皮带、链条、输送带以及润滑系统等关键部件。由于这些部件在生产线中起着举足轻重的作用，因此其安全性和可靠性至关重要。

二、具体问题

本项目在设备运行过程中出现了一系列问题，主要集中在以下几个方面。

1. 未定期检查绳索。用于吊装和牵引的绳索未进行定期检查，存在断裂风险。

2. 皮带和链条维护不足。传动皮带和链条长时间使用后磨损严重，未及时更换或调整。

3. 输送带故障频发。物料输送带由于缺乏定期检查和维护，经常出现断裂、跑偏等问题。

4. 润滑系统失效。关键设备的润滑系统未得到定期检查和维护，导致设备过热、磨损加剧。

三、具体案例分析

1. 绳索安全隐患。在某次吊装作业中，由于一根吊装绳索长时间未检查，其内部钢丝已出现多处断裂。幸运的是，在吊装前进行了临时检查并及时更换了绳索，避免了可能的安全事故。

2. 皮带链条磨损。一条重要的传动皮带在使用数月后，因未进行定期检查和更换，磨损严重，最终在一次高负荷运行时断裂，导致生产线停工数小时。同时，部分链条因缺乏维护，出现卡滞和跳齿现象，影响了生产线的稳定运行。

3. 输送带故障。由于未对物料输送带进行定期检查和维护，一条输送带在高速运转时突然断裂，大量物料洒落，不仅造成物料损失，还险些引发安全事故。此外，输送带的跑偏问题也频繁发生，严重影响了生产效率。

4. 润滑系统问题。某关键设备的润滑系统因长时间未进行清理和更换润滑油，导致油路堵塞，轴承过热，进而引发设备故障。此次故障不仅损坏了设备，还迫使生产线长时间停产。

四、后果与影响

1. 安全风险增加。未定期检查的绳索、皮带等部件存在严重的安全隐患，一旦发生断裂或故障，可能引发重大安全事故。

2. 生产效率下降。由于皮带、链条、输送带等部件的频繁故障，生产线不得不频繁停工维修，严重影响了生产效率。

3. 维护成本上升。由于缺乏定期检查和维护，设备部件磨损严重，不得不提前更换，增加了维护成本。同时，频繁的故障也导致额外的维修费用上升。

4. 产品质量受影响。生产线的不稳定运行直接影响产品质量，可能导致产品合格率下降，损

害企业声誉和客户满意度。

综上所述，本案例揭示了定期检查和维护绳索、皮带、链条、输送带以及润滑系统等关键部件在建设工程项目中的重要性。项目管理团队应建立严格的定期检查和维护制度，确保这些部件的安全性和可靠性，从而保障生产线的稳定运行和产品质量达标。

问题认定与法律条文

一、未定期检查绳索

1.问题认定。

项目管理团队未对用于吊装和牵引的绳索进行定期检查，违反了安全生产的相关法律法规，存在对工作人员和生产安全的潜在威胁。

2.法律条文。

根据《中华人民共和国安全生产法》的相关规定，生产经营单位必须对生产设备和安全设施进行定期检查、维护和保养，确保其安全可靠。未定期检查绳索，可能引发安全事故，违反了该法对生产设备和安全设施定期检查的要求。

二、皮带和链条维护不足

1.问题认定。

传动皮带和链条长时间使用后磨损严重，但项目管理团队未及时更换或调整，违反了设备维护保养的相关法规。

2.法律条文。

参照《中华人民共和国安全生产法》和其他相关安全生产规定，生产经营单位应对生产设备和关键部件进行必要的维护保养，防止因设备老化或磨损而导致的安全事故。皮带和链条的维护不足，可能危及生产安全，违反了上述法律法规对设备维护保养的规定。

三、输送带故障频发

1.问题认定。

项目管理团队未对物料输送带进行定期检查和维护，导致输送带频繁发生故障，违反了关于设备安全运行和维护保养的法律法规。

2.法律条文。

依据《中华人民共和国安全生产法》及其他相关安全规定，生产经营单位有责任确保生产设备的安全运行，并对其进行定期的检查和维护。输送带故障频发，表明项目管理团队未能履行这一法律责任，违反了设备安全运行和维护保养的相关法律要求。

四、润滑系统失效

1.问题认定。

关键设备的润滑系统未得到定期检查和维护，导致设备过热、磨损加剧，违反了设备管理和维护保养的相关法律法规。

2.法律条文。

根据《中华人民共和国安全生产法》和其他安全生产相关法规，生产经营单位应确保设备的正常运行，包括对润滑系统的定期检查和维护。润滑系统的失效可能导致设备损坏和安全事故，项目管理团队未履行其设备管理和维护保养的法律责任，违反了相关法律要求。

整改措施

一、加强绳索的定期检查和维护

1.建立专门的检查制度。制定详细的绳索检查计划，明确检查频次和方法，并指定专人负责执行。

2.使用专业工具进行检查。采用合适的检测设备和工具，对绳索进行全面的检查，确保其完好无损。

3.及时更换损坏的绳索。一旦发现绳索有损坏或磨损严重，应立即更换，以避免安全事故的发生。

二、加强皮带和链条的维护保养

1.建立维护保养计划。根据皮带和链条的使用情况，制定合理的维护保养计划，明确保养周期和保养内容。

2.定期润滑和调整。对皮带和链条进行定期的润滑和调整，确保其正常运转，减少磨损和故障的发生。

3.监测使用情况。密切关注皮带和链条的使用情况，一旦发现异常，及时进行处理，避免问题扩大。

三、加强输送带的检查和维护

1.制订检查计划。根据输送带的使用频率和工作环境，制订定期的检查计划，确保其处于良好的工作状态。

2.及时处理故障。一旦发现输送带出现故障，如断裂、跑偏等，应立即停机检修，避免故障扩大。

3.加强操作人员培训。提高操作人员对输送带的认识和操作技能，减少人为因素导致的故障。

四、加强润滑系统的检查和维护

1.定期检查润滑系统。制定详细的润滑系统检查计划，包括油箱油位、油泵工作情况、油路是否畅通等。

2.定期更换润滑油。根据设备要求和使用情况，定期更换润滑油，确保润滑系统的正常运转。

3.加强设备清洁工作。定期对设备进行清洁，避免杂质和灰尘进入润滑系统，影响其正常工作。

实施以上整改措施，可以有效改善绳索、皮带、链条、输送带以及润滑系统的检查和维护状况，降低设备故障率，提高生产效率和产品质量，确保项目的顺利进行。同时，也能提升企业的设备管理水平，为企业的安全生产和持续发展提供有力保障。

专题 54：设备缺乏定期清洁、维护

案例简介

一、案例背景

在工程建设项目中，设备的正常运行是确保项目顺利推进和质量达标的关键因素之一。然而，由于种种原因，设备的清洁与维护工作往往被忽视。某大型制造企业新建的生产线项目中，涉及大量精密加工设备和自动化生产设备。这些设备在生产过程中会产生灰尘、油污和杂质，若不及时清理和维护，将直接影响设备的性能和使用寿命。项目初期，企业为赶工期，将重点放在设备的安装和调试上，而对设备的日常清洁和维护缺乏足够的重视，未制定完善的维护计划和操作规程。

二、具体问题

在该项目的审计过程中，发现设备缺乏定期清洁和维护的问题较为突出。具体表现为：设备表面和内部积聚大量灰尘和油污，导致设备散热不良，运行效率下降；传动部件和液压系统因缺乏润滑和清洁，出现磨损加剧的情况。此外，部分设备的冷却液和润滑油未按要求定期更换，进一步影响了设备的正常运行。由于缺乏定期检查和维护，一些设备的易损件未能及时更换，导致设备故障频发，甚至影响了整个生产线的正常运转。

三、具体案例分析

在某大型制造企业新建生产线项目的审计过程中，设备缺乏定期清洁和维护的问题被重点关注。通过对设备运行情况、维护记录以及相关人员的访谈，深入分析了问题的根源和表现形式，具体如下：

1. 设备操作人员培训不足

设备操作人员是设备日常清洁和维护的第一责任人，但审计发现，操作人员普遍缺乏系统的设备维护培训。他们对设备清洁和维护的重要性认识不足，仅将注意力集中在设备的日常操作上，而忽视了设备的日常保养。例如，部分操作人员表示，他们从未接受过关于设备清洁频率、清洁方法以及维护要点的培训，仅凭经验进行简单操作。这种培训不足导致设备清洁和维护工作无法有效开展，设备表面和内部积聚大量灰尘和杂质，影响设备的正常运行。

2. 设备维护制度不完善

审计发现，企业未建立完善的设备维护制度和操作规程。虽然设备采购时附带了维护手册，但企业未将其转化为适合自身生产环境的具体维护计划。例如，设备维护记录缺失，无法追溯设备的维护历史和故障原因。这种制度上的缺陷导致设备清洁和维护工作缺乏系统性和连贯性。设备管理部门无法准确掌握设备的运行状态，也无法及时安排维护工作，使得设备长期处于"带病运行"的状态。

3. 设备维护成本未纳入预算

在项目规划阶段，企业主要关注设备的采购成本和安装调试费用，而忽视了设备的维护成本。审计发现，设备维护预算不足，导致设备管理部门无法采购足够的清洁工具、润滑剂、冷却液等维护用品。例如，部分设备的冷却液和润滑油未能按要求定期更换，进一步加剧了设备的磨

损。此外，由于预算有限，设备管理部门无法安排专业技术人员对设备进行定期检查和维护，使得设备的潜在故障未能及时发现和处理。

4. 设备采购未考虑维护周期

在设备采购过程中，企业未充分考虑设备的维护周期和维护成本。审计发现，部分设备的维护周期较短，但企业未在采购时与供应商协商延长维护周期或提供更易维护的设备型号。例如，某关键加工设备的液压系统需要频繁维护，但由于采购时未充分考虑维护因素，设备的维护工作变得复杂且成本高昂。这种采购决策的失误不仅增加了设备的维护难度，还导致设备的维护成本大幅上升。

5. 设备维护责任划分不明确

审计发现，设备维护责任在不同部门之间划分不明确。设备管理部门认为操作人员应承担设备的日常清洁和维护工作，而操作人员则认为这是设备管理部门的责任。这种责任划分不明确导致设备清洁和维护工作无人问津，设备长期处于无人维护的状态。例如，某生产线的设备因缺乏清洁和维护，导致设备表面和内部积聚大量灰尘和油污，设备散热不良，运行效率下降，最终影响了整个生产线的正常运转。

6. 设备维护记录缺失

设备维护记录是设备管理的重要组成部分，但审计发现，企业未建立完善的设备维护记录制度。设备管理部门无法准确掌握设备的维护历史和故障原因，无法对设备的维护工作进行有效的评估和改进。例如，某设备因长期缺乏维护出现故障，但由于缺乏维护记录，无法追溯故障的根本原因，只能进行临时性修复，无法从根本上解决问题。这种维护记录的缺失不仅影响了设备的正常运行，还增加了设备的维修成本和故障风险。

7. 设备维护意识淡薄

审计发现，企业内部普遍存在设备维护意识淡薄的问题。管理层更关注项目的进度和成本，而忽视了设备维护对项目长期效益的影响。设备管理部门和操作人员也未充分认识到设备清洁和维护的重要性，仅将设备维护视为一项次要工作。这种意识上的不足导致设备维护工作无法得到足够的重视，设备长期处于缺乏维护的状态，最终影响了设备的性能和使用寿命。

四、后果与影响

设备缺乏定期清洁和维护的后果是多方面的。首先，设备运行效率下降，导致生产进度延误，增加了项目的成本。其次，设备故障频发，维修费用大幅增加，进一步压缩了项目的利润空间。再次，设备精度下降，加工产品质量不稳定，导致次品率上升，影响了企业的市场声誉。从长远来看，设备使用寿命缩短，企业不得不提前更换设备，增加了设备投资成本。在安全方面，设备因缺乏维护可能出现突发故障，给现场工作人员带来安全隐患。最后，设备的定期清洁和维护不仅是技术问题，更是影响项目经济效益和企业可持续发展的重要因素。

问题认定与法律条文

一、空调系统滤网清洁不足

1. 问题认定。

商业综合体的管理方未能按照预定计划对空调系统滤网进行定期清洁，导致滤网积累了大量灰尘和微生物，违反了公共场所卫生管理及相关设备维护保养的法律法规要求。

2.法律条文。

根据《公共场所卫生管理条例》及其实施细则，公共场所的经营者应当保持公共场所的空气质量符合国家卫生标准，定期对空调设备进行清洗消毒。此外，《中华人民共和国消防法》也规定，建筑物内的消防设施、器材或者消防安全标志的配置不符合国家标准、行业标准，或者未保持完好有效的，相关部门有权要求负责单位整改。因此，管理方未定期清洁空调系统滤网，违反了上述法律法规对公共场所卫生和设备维护保养的要求。

二、电梯维护不到位

1.问题认定。

商业综合体的管理方未按照要求对电梯进行定期润滑和清洁，违反了特种设备安全管理和维护保养的法律法规。

2.法律条文。

依据《中华人民共和国特种设备安全法》，电梯等特种设备的使用单位应当对其使用的特种设备进行经常性维护保养和定期检查，并做出记录。管理方未能做到这一点，违反了特种设备安全管理和维护保养的法律规定。

三、公共区域清洁不及时

1.问题认定。

商业综合体的公共区域，如走廊、楼梯间等未能保持日常清洁，违反了公共场所卫生管理的法律法规。

2.法律条文。

根据《公共场所卫生管理条例》及其实施细则，公共场所的经营者有责任保持场所的清洁与卫生。管理方未能及时清洁公共区域，违反了这一法规对公共场所卫生管理的要求。

四、消防设施检查不严格

1.问题认定。

商业综合体内的消防设施长时间未进行检查和维护，存在安全隐患，违反了消防安全管理的法律法规。

2.法律条文。

依据《中华人民共和国消防法》，机关、团体、企业、事业等单位应当按照国家标准、行业标准配置消防设施、器材，设置消防安全标志，并定期组织检验、维修，确保完好有效。管理方未严格检查消防设施，违反了消防安全管理的法律要求。

整改措施

一、针对空调系统滤网清洁不足问题的整改措施

1.制订清洁计划。建立空调系统滤网的定期清洁计划，明确清洁的频次，如每季度或每月进行一次清洁。

2.执行清洁操作。聘请专业的清洁服务公司对空调系统滤网进行彻底的清洁，并确保使用合适的清洁剂和消毒方法。

3.记录和检查。每次清洁后，做好记录，并由管理人员定期检查清洁效果，确保空调系统滤网的清洁度符合标准。

二、针对电梯维护不到位问题的整改措施

1.建立维护计划。制定电梯的定期维护计划，包括润滑、清洁和调整等项目，确保电梯的正常运行。

2.聘请专业维护团队。与专业的电梯维护公司合作，定期对电梯进行全面的检查和维护，及时发现并解决问题。

3.加强监控和记录。安装电梯运行监控系统，实时监测电梯的运行状态，并建立维护记录，追踪维护情况。

三、针对公共区域清洁不及时问题的整改措施

1.制订清洁规程。明确公共区域的清洁标准和频次，制定清洁工作指南，确保每个区域都得到及时清洁。

2.增加清洁人员。根据实际需要，增加清洁人员的数量，提高清洁频率，保持公共区域的整洁。

3.定期巡查。建立定期巡查制度，由管理人员对公共区域的清洁情况进行检查，确保清洁工作的质量。

四、针对消防设施检查不严格问题的整改措施

1.建立检查制度。制定消防设施定期检查计划，明确检查项目和频次，确保每个消防设施都得到全面检查。

2.培训专业人员。对负责消防设施检查的人员进行专业培训，提高其检查和维护消防设施的能力。

3.及时更新设备。对老化或损坏的消防设施，及时进行更换或维修，确保其处于良好工作状态。

4.建立应急预案。制定针对消防设施的应急预案，明确在紧急情况下的应对措施，提高应对火灾等突发事件的能力。

实施以上整改措施，可以有效改善商业综合体在设备清洁和维护方面的问题，提高设施的运行效率和安全性，为顾客和员工提供更加舒适和安全的环境。

第4章
场地空间方面的审计专题

专题55：材料储存与废弃物排放不适当

案例简介

一、案例背景

在某市的新建住宅小区项目中，施工单位负责进行多栋住宅楼的建设。该项目地处市区繁华地段，周围环境复杂，对施工管理要求较高。在施工过程中，材料的采购、运输、储存和排放等环节均由施工单位负责管理。

二、具体问题

在施工过程中，审计团队发现了以下问题。

1. 材料储存混乱。施工现场的材料未按照规定的区域进行分类储存，不同种类的建筑材料混杂在一起，导致材料管理混乱。

2. 危险物品未妥善存放。部分易燃、易爆或有毒有害的材料没有存放在指定的安全区域，且缺乏明显的安全警示标志。

3. 废弃物排放不规范。施工产生的废弃物如废渣、废液等，没有按照环保要求进行妥善处理，存在随意堆放和排放的现象。

三、具体案例分析

1. 材料储存问题。

由于施工现场材料堆放混乱，施工人员在寻找和使用材料时效率低下，影响了施工进度。

不同材料之间的混杂存放可能引发化学反应，对材料质量造成影响，甚至产生安全隐患。

2. 危险物品存放问题。

易燃、易爆或有毒有害材料未妥善存放，一旦发生泄漏或火灾等事故，将对施工现场及周边环境造成严重影响。

缺乏明显的安全警示标志，施工人员可能在不知情的情况下接触危险物品，从而引发安全事故。

3. 废弃物排放问题。

废弃物的不规范处理不仅占用了宝贵的施工空间，还可能对周边环境造成污染。

废液等有害废弃物的随意排放可能污染土壤和地下水，对生态环境造成长期危害。

四、后果与影响

1. 施工进度受阻。材料管理混乱导致施工效率降低，进而影响整体工程的进度。

2. 安全隐患增加。危险物品的不当存放极大提升了施工现场的安全风险，一旦发生事故，后果不堪设想。

3.环境污染风险。废弃物的不规范排放可能对周边环境造成污染，引发环保问题，甚至可能面临法律责任和社会谴责。

4.项目成本上升。材料管理不善和废弃物处理不当，可能导致额外的成本支出，如重新采购损坏的材料、支付环保罚款等。

综上所述，该案例揭示了建筑材料储存与废弃物排放不适当所带来的严重后果。施工单位应严格遵守相关法规和标准，加强材料管理，确保施工现场的安全与环保。

问题认定与法律条文

一、材料储存混乱

1.问题认定。

施工单位在施工现场未能按照规定对材料进行分类储存，导致材料管理混乱。此行为违反了施工现场材料管理以及安全生产的相关法规。

2.法律条文。

根据《建筑施工安全检查标准》等相关规定，施工单位应当确保施工现场材料堆放整齐、分类明确，并保持通道畅通。施工单位未按照要求对材料进行适当储存和管理，可能面临安全生产违规行为的处罚。

二、危险物品未妥善存放

1.问题认定。

施工单位未将易燃、易爆或有毒有害的材料存放在指定的安全区域，并且没有设置明显的安全警示标志。此举违反了危险物品管理和安全生产的相关法律法规。

2.法律条文。

依据《中华人民共和国安全生产法》以及相关的危险物品管理条例，生产经营单位必须遵守危险物品的管理规定，妥善存放危险物品，并设置明显的安全警示标志。若违反上述规定，将受到法律制裁。

三、废弃物排放不规范

1.问题认定。

施工单位未按照环保要求对废渣、废液等废弃物进行妥善处理，存在随意堆放和排放的现象。这违反了环境保护和废弃物处理的相关法律法规。

2.法律条文。

根据《中华人民共和国环境保护法》和《中华人民共和国固体废物污染环境防治法》等法律法规，施工单位有责任按照环保要求对废弃物进行分类、收集、贮存和处理。不规范的废弃物排放行为将受到法律制裁，施工单位可能需承担相应的环保责任。

整改措施

一、针对材料储存混乱问题的整改措施

1.制订材料储存规范。明确各类材料的储存要求和堆放标准，确保不同种类的建筑材料分开

储存，避免混杂。

2.设立专门的材料储存区域。根据材料种类和特性，划分不同的储存区域，如砂石区、水泥区、钢筋区等，并设置明显的标志。

3.加强材料管理人员的培训。提高材料管理人员对材料分类储存重要性的认识，确保他们熟悉材料储存规范，并能正确执行。

二、针对危险物品未妥善存放问题的整改措施

1.建立危险物品管理制度。明确危险物品的存放要求、安全操作规程和应急预案，确保危险物品的安全存放。

2.设置专门的危险物品储存区域。选择符合安全要求的场所作为危险物品的储存区域，并配备相应的安全设施，如防火墙、防爆灯等。

3.加强危险物品的标识和警示。在危险物品储存区域设置明显的安全警示标志，包括危险性质、警示语和安全措施等，提醒人员注意安全。

三、针对废弃物排放不规范问题的整改措施

1.制订废弃物处理方案。明确废弃物的分类、收集、贮存和处理流程，确保废弃物得到规范处理。

2.设立废弃物储存和处理设施。根据废弃物种类和数量，设置合适的废弃物储存容器和处理设备，避免废弃物随意堆放和排放。

3.加强废弃物管理人员的培训。提高废弃物管理人员对环保要求的认识，确保他们熟悉废弃物处理流程，并能正确执行。

4.建立废弃物处理记录制度。记录废弃物的产生量、处理方式和处理结果等信息，以便追踪和监管。

实施以上整改措施，可以规范施工现场的材料储存和废弃物处理行为，降低安全风险，提高环保水平，确保施工的顺利进行；同时，也有助于提升施工单位的形象和信誉度。

专题 56：未充分注意材料从出厂到现场的运输计划

案例简介

一、案例背景

某市为了缓解城市交通压力，决定修建一条新的地铁线路。该工程项目庞大且复杂，涉及多个标段和众多材料供应商。其中，电缆是地铁建设中的关键材料，需要确保从生产厂家及时、安全地运输到施工现场。

二、具体问题

在地铁线路建设的中期审计过程中，审计人员发现项目管理团队未充分注意材料从施工现场的运输计划。具体来说，电缆的运输存在以下问题。

1.缺乏详细的运输计划。项目管理团队没有制定详尽的电缆运输计划，导致电缆的运输时间和路线安排不合理。

2. 协调不足。生产厂家、物流公司及施工现场之间的沟通协调不足，经常出现电缆到货时间延误或提前到货造成现场无法及时接收的情况。

3. 风险防控缺失。没有针对可能出现的交通拥堵、恶劣天气等意外情况制定应急预案，一旦遇到这些问题，电缆的运输就会受到严重影响。

三、具体案例分析

在某次电缆运输过程中遇到突发的交通管制，由于缺乏详细的计划和应急预案，运输车辆无法按时到达施工现场。同时，项目管理团队没有及时与生产厂家和物流公司沟通调整计划，导致电缆在途中滞留了两天。这不仅影响了施工进度，还增加了额外的仓储和管理成本。

此外，审计人员还发现，由于运输计划的缺失，施工现场经常出现电缆规格不符或数量不足的情况，需要紧急调配或重新订购，这进一步增加了项目成本和工期延误的风险。

四、后果与影响

1. 工期延误。由于电缆等材料不能及时到达施工现场，多个工序被迫暂停，整体项目进度滞后。

2. 成本增加。运输延误和规格不符导致额外的仓储费用、二次运输费用和紧急采购成本增加。

3. 质量管理难度增加。材料的不稳定供应给施工现场的质量管理带来了挑战，可能影响整体工程的质量。

4. 合作关系受损。生产厂家、物流公司和施工单位之间的信任度下降，未来的合作可能受到影响。

该案例揭示了建设工程项目中，材料运输计划的重要性。项目管理团队应充分认识到这一点，制订详尽的运输计划，并加强各方的沟通与协调，以应对可能出现的各种风险。对审计发现的问题，项目管理团队应及时整改，以确保项目的顺利进行。

问题认定与法律条文

一、缺乏详细的运输计划

1. 问题认定。项目管理团队未制定详尽的电缆运输计划，违反了工程项目管理的基本要求，未能合理规划材料的运输时间和路线，导致材料运输效率低下，影响工程进度。

2. 法律条文。依据《建设工程项目管理规范》，施工单位应按合同约定和施工组织设计，合理安排施工设备和材料、产品和构配件的采购、租赁、使用和管理。缺乏详细的运输计划，可能导致材料管理不善，进而影响合同的履行。

二、协调不足

1. 问题认定。生产厂家、物流公司及施工现场之间沟通协调不足，违反了项目各参与方应相互协作、密切配合的原则，导致材料运输过程中的时间衔接出现问题。

2. 法律条文。根据《中华人民共和国民法典》的相关规定，当事人应当遵循诚实信用原则，根据合同的性质、目的和交易习惯履行通知、协助、保密等义务。沟通协调不足可能导致合同履行过程中的协助义务未能得到充分实现。

三、风险防控缺失

1.问题认定。项目管理团队没有制定针对可能出现的交通拥堵、恶劣天气等意外情况的应急预案，违反了风险管理和防范的基本原则。

2.法律条文。根据《建设工程安全生产管理条例》，施工单位应当制定本单位生产安全事故应急救援预案，建立应急救援组织或者配备应急救援人员，配备必要的应急救援器材、设备，并定期组织演练。风险防控缺失可能导致在面临突发事件时无法及时有效应对，从而影响工程安全。

综上所述，项目管理团队在材料运输方面违反了相关法律法规和工程项目管理的基本要求，应当及时进行整改，以确保项目的顺利进行，并防范潜在的法律风险。

整改措施

一、针对缺乏详细的运输计划问题的整改措施

1.制订详细的材料运输计划，包括电缆的运输时间、路线、数量等关键信息，并确保所有相关人员都了解和遵循这个计划。

2.设立专门的物流管理团队，负责运输计划的制定、执行和监控，以确保计划的落实和及时调整。

二、针对协调不足问题的整改措施

1.定期召开项目进度会议，邀请生产厂家、物流公司和施工现场的代表参加，共同讨论和解决材料运输过程中的问题。

2.使用信息化的项目管理工具，确保各方能够及时获取和更新材料运输的最新信息，提高沟通协调的效率。

三、针对风险防控缺失问题的整改措施

1.制订全面的风险应急预案，包括交通拥堵、恶劣天气等可能出现的意外情况，明确应对措施和责任人。

2.定期组织应急预案的培训和演练，确保在面临突发事件时能够迅速、有效地应对。

通过实施以上整改措施，项目管理团队可以加强材料运输的管理和协调，提高运输效率，降低潜在风险，从而确保项目的顺利进行。同时，这些措施也有助于增强项目管理团队的应急响应能力，提升整体的项目管理水平。

专题 57：机械设备安置错误

案例简介

一、案例背景

某市为了改善城市交通状况，决定在市中心建设一座大型立交桥。该项目涉及复杂的机械设备操作和精密的工程技术，需要各种大型机械设备参与施工。

二、具体问题

在施工过程中，审计人员发现存在"机械设备安置错误"的问题，具体如下。

1. 错误选址。部分重型设备如塔吊、搅拌机被错误地安置在地质条件不佳或空间受限的区域，导致设备操作受限且存在安全隐患。

2. 不规范安装。有的机械设备在安装过程中没有严格按照操作规程进行，导致设备稳定性不足，易发生故障。

3. 忽视环境保护。部分设备安置时未考虑对周边环境的影响，如噪声、振动和尘土污染，引发周边居民的投诉。

三、具体案例分析

在某次设备安置过程中，一台大型塔吊被错误地安装在靠近河床的松软地面上。由于地质勘探不足，安装人员未能准确评估地面的承载能力，在一次重载吊装作业中，塔吊因地基不稳而发生倾斜。幸好操作人员及时发现并紧急停机，才未造成人员伤亡。但事故导致工程进度受到严重影响，且造成了不小的经济损失。

调查发现，该塔吊错误安置的原因是施工前对地质条件的勘察不够细致，现场管理人员对设备安装位置的选择缺乏科学论证，仅凭经验行事；同时，设备安装过程中的监督检查也不到位，未能及时发现和纠正错误。

四、后果与影响

1. 安全隐患。机械设备的错误安置直接威胁施工现场的安全，可能导致设备倾覆、人员伤亡等严重事故。

2. 工程延误。设备故障或重新安装需要时间，这将直接影响工程进度，造成工期延误。

3. 经济损失。错误安置导致的设备损坏、重新安置费用以及因此产生的工期延误都会增加项目成本。

4. 环境污染。不规范的设备安置可能加剧施工噪声、尘土等对周边环境的影响，引发社会问题。

5. 信誉受损。此类事故会对施工单位的形象和信誉造成负面影响，影响其在行业内的竞争力。

该案例揭示了建设工程项目中机械设备安置的重要性。施工单位应加强设备安装前的勘察和设计工作，确保设备安置的科学性和安全性。同时，加强现场管理和监督检查，及时发现并纠正问题，以保障施工的顺利进行。

问题认定与法律条文

一、错误选址与不规范安装

1. 问题认定。施工单位在选址与安装机械设备时，未严格按照安全技术标准及操作规程进行，导致设备操作受限且存在安全隐患，违反了安全生产的相关规定。

2. 法律条文。依据《中华人民共和国安全生产法》的相关规定，生产经营单位必须遵守有关安全生产的法律、法规，加强安全生产管理，建立健全全员安全生产责任制和安全生产规章制度，加大对安全生产资金、物资、技术、人员的投入保障力度，改善安全生产条件。本案中，施工单位未能确保机械设备的安全选址与规范安装，违反了安全生产管理的要求。

二、忽视环境保护

1. 问题认定。施工单位在安置机械设备时，未充分考虑对周边环境的影响，如噪声、振动和尘土污染，违反了环境保护的相关法规。

2. 法律条文。根据《中华人民共和国环境保护法》的相关条款，企业事业单位和其他生产经营者应当防止、减少环境污染和生态破坏，对所造成的损害依法承担责任。本案中，施工单位未采取有效措施减少对周边环境的影响，违反了环境保护的法律义务。

三、地质条件勘察不足与设备安装监督不到位

1. 问题认定。施工单位在施工前对地质条件的勘察不够细致，设备安装过程中的监督检查也不到位，违反了建设工程安全生产管理的要求。

2. 法律条文。根据《建设工程安全生产管理条例》的相关规定，施工单位应当在施工组织设计中编制安全技术措施和施工现场临时用电方案，对达到一定规模的危险性较大的分部分项工程编制专项施工方案，并附具安全验算结果。本案中，施工单位未能充分勘察地质条件，设备安装过程中的监督也不到位，未能确保安全生产，违反了该条例的规定。

综上所述，施工单位在机械设备的选址、安装及环境保护方面违反了相关法律法规和安全生产管理的基本要求。施工单位应依法承担相应的法律责任，并及时整改，以确保工程项目的安全顺利进行。

整改措施

一、针对错误选址与不规范安装问题的整改措施

1. 加强前期勘察和优化设计。在施工前，应委托专业的地质勘察机构进行详细的地质勘探，确保安装地址的地面承载能力符合机械设备的要求。

2. 制订设备安装规范。根据设备类型和施工现场条件，制定详细的设备安装操作规程，包括设备基础施工、安装步骤、验收标准等。

3. 加强现场监督。设备安装过程中，应指派专业人员进行现场监督，确保每一步安装操作都符合规范，及时发现并纠正不规范的安装行为。

二、针对忽视环境保护问题的整改措施

1. 制订环保计划。在施工前，应制定详细的环保计划，包括噪声、振动和尘土污染的控制措施，确保施工活动对周边环境的影响最小化。

2. 使用环保设备和技术。选择低噪声、低振动的机械设备，并采用先进的尘土控制技术，如洒水降尘、封闭施工等。

3. 加强环境监测。在施工过程中，定期对施工现场及周边环境进行监测，及时发现并处理环境污染问题。

三、针对地质条件勘察不足与设备安装监督不到位问题的整改措施

1. 强化地质勘察。在施工前，应进行全面细致的地质勘察，准确评估地面的承载能力，为设备的选址和安装提供科学依据。

2. 完善设备安装监督制度。建立健全的设备安装监督制度，明确监督人员的职责和权力，确保设备安装过程的每一步都得到有效的监督。

3. 加强人员培训。定期对现场管理人员和安装人员进行培训，提高他们的安全意识和操作技能，确保设备安装过程的顺利进行。

实施以上整改措施，可以有效解决机械设备错误安置的问题，提高施工现场的安全性和环保性，保障工程项目的顺利进行。同时，也有助于提升施工单位的管理水平和行业形象。

专题 58：不能保持走道清洁，工具乱丢乱放

案例简介

一、案例背景

某市一商业综合体建设项目正在如火如荼地进行。该项目包含大型购物中心、办公楼和酒店等多个部分，是一个综合性的开发项目。由于项目规模庞大，施工现场有多个施工队伍同时作业，工人数量众多，工具设备繁杂。

二、具体问题

在施工过程中，审计人员发现施工现场存在"不能保持走道清洁，工具乱丢乱放"的问题，具体如下。

1. 走道脏乱。施工现场的走道上经常散落着各种废弃物、建筑材料和破损的工具，严重影响了工人的通行效率和安全。

2. 工具随意放置。许多工具在使用后被随意丢弃在现场，没有放回指定的工具架或工具箱，导致工具损坏、丢失的情况时有发生。

三、具体案例分析

在某次施工现场检查中，审计人员发现一处正在进行混凝土浇筑的作业区域，走道上散落着大量的水泥袋、砂石和破损的振捣棒等废弃物。同时，旁边的工具架上杂乱无章地堆放着各种工具，如铁锹、锤子、扳手等，有的工具甚至直接放在地上，沾满了泥土和混凝土。

经调查，造成这种情况的主要原因是施工现场管理不规范，工人对工具的管理和使用缺乏规范意识。部分工人为了方便自己使用，经常将工具随意放置，而没有考虑到工具的保养和存放问题。此外，施工现场缺乏有效的清洁和维护机制，导致走道上的废弃物和破损工具无法被及时清理。

四、后果与影响

1. 安全隐患。走道上的废弃物和随意放置的工具可能造成工人摔倒、碰伤等安全事故，严重威胁施工现场的安全。

2. 工具损坏和丢失。工具的随意放置容易导致工具的损坏和丢失，增加项目的成本支出。

3. 工作效率下降。工人在寻找和使用工具时需要花费更多的时间，降低了工作效率。

4. 环境污染。走道上的废弃物不仅影响施工现场的环境卫生，还可能对环境造成污染。

5. 影响企业形象。施工现场的脏乱差会给外界留下不良印象，损害企业的形象和声誉。

该案例揭示了建设工程项目中施工现场管理的重要性。施工单位应加强对施工现场的清洁和维护工作，建立完善的工具管理制度和废弃物清理机制，提高工人的规范意识，确保施工现场的

整洁和安全。同时，加大监督检查力度，对违规行为进行及时纠正和处罚，以维护施工现场的秩序和保障项目的顺利进行。

问题认定与法律条文

一、施工现场走道脏乱

1.问题认定。施工现场走道上经常散落着各种废弃物、建筑材料和破损的工具，未能保持清洁，违反了施工现场环境卫生管理的规定。

2.法律条文。依据《中华人民共和国固体废物污染环境防治法》的相关条款，施工单位应当负责施工现场的环境卫生，保持施工现场整洁，及时清理废弃物。本案中，施工现场走道脏乱，显然违反了这一规定。

二、工具随意放置

1.问题认定。工具在使用后被随意丢弃在现场，没有按照规范进行存放，导致工具损坏、丢失，违反了施工现场工具管理的规定。

2.法律条文。根据《建设工程安全生产管理条例》的相关内容，施工单位应当建立健全施工现场的安全生产管理制度，规范施工现场的作业行为。本案中，工具的随意放置，未按照规范进行管理，违反了安全生产管理制度的要求。

综上所述，施工单位在施工现场环境卫生和工具管理方面违反了相关法律法规和施工现场管理的基本要求。施工单位应依法承担相应的法律责任，并及时整改，以确保工程项目的安全、文明施工。同时，加强施工现场管理，提高工人的规范意识，也是施工单位应尽的责任和义务。

整改措施

一、保持走道清洁

1.建立清洁制度。制定施工现场走道清洁的定期清扫和保洁制度，明确清扫的频率、责任人和清扫标准。

2.设置清洁设施。在施工现场合适位置设置垃圾桶和废品回收站，方便工人随时丢弃废弃物。

3.加强工人教育。定期对施工人员进行环境卫生教育，强调保持走道清洁的重要性，提高工人的环保意识。

4.加强监督检查。指定专人负责日常监督检查，确保走道清洁制度得到有效执行。

二、工具规范存放

1.建立工具管理制度。明确规定工具的存放、使用和保养流程，确保每件工具都有固定的存放位置。

2.设置专用工具架或工具箱。根据工具的种类和大小，在施工现场设置专用的工具架或工具箱，方便工具的归类和存放。

3.登记工具使用情况。实施工具使用登记制度，记录工具的借出和归还情况，防止工具的丢失。

4.加强培训和教育。加强对工人的工具使用和管理培训，让工人明白规范使用和管理工具的重要性。

5. 定期检查和维护。定期对工具进行检查和维护，确保工具的完好和性能。

实施以上整改措施，可以有效解决施工现场走道脏乱和工具随意放置的问题，提升施工现场的整洁度和工具管理的规范性。这不仅有助于提高施工效率，减少工具损坏和丢失，还能降低发生安全事故的风险，提升施工企业的整体形象。

专题 59：废料未报废

案例简介

一、案例背景

在某城市的中心地带，一项商业建筑项目正在紧锣密鼓地进行。该项目由一家知名建筑公司承建，旨在打造一个集购物、休闲、办公于一体的综合性商业中心。项目规模庞大，涉及多种建筑材料的采购与使用，自然会产生大量的废料。

二、具体问题

在项目的中期审计中，审计人员发现了一项严重问题：废料未按照相关规定进行报废处理。

三、具体案例分析

1. 废料堆积。

在项目现场，审计人员注意到一个角落堆积着大量看似废弃的建筑材料，包括断裂的钢筋、破损的砖块、废弃的混凝土块等，这些废料没有被及时清理，也没有进行分类储存。

2. 未执行报废流程。

通过查看项目文档和询问现场工作人员，审计人员了解到这些废料并未按照公司规定的废料报废流程进行处理。按照规定，废料应该被分类、记录，并运送至指定的废料处理中心。然而，这些步骤在实际操作中均未得到执行。

3. 废料处理不当。

审计人员进一步调查发现，现场工作人员对废料处理的重要性认识不足。他们认为废料处理是额外的负担，忽视了废料对环境的影响以及可能带来的安全隐患。

四、后果与影响

1. 环境污染。废料长期堆积在施工现场，未经适当处理，可能对土壤和水源造成污染。特别是含有有害物质的废料，如油漆桶、化学品容器等，有害物质一旦泄漏，将对环境造成严重影响。

2. 安全隐患。堆积的废料可能引发火灾等安全事故。例如，废弃的油漆、稀释剂等易燃物品，在储存不当或遇到火源时可能引发火灾，威胁施工现场的安全。

3. 资源浪费。一些废料其实是可以回收再利用的，如废钢筋、废砖等。未进行报废处理，就意味着这些资源被浪费了，不仅增加了建筑成本，也违背了可持续发展的原则。

4. 法律风险。不按照相关规定处理废料，可能导致项目违反环保法规，从而面临法律风险。这不仅会损害项目的声誉，还可能影响项目的进度和预算。

5. 管理混乱。废料未得到妥善处理，也反映了项目管理上的混乱。这种混乱可能导致其他方面的问题，如材料浪费、施工效率低下等，最终影响项目的整体效益。

该案例揭示了建设工程项目中废料管理的重要性。为了确保项目的顺利进行并降低潜在风险，施工单位应严格遵守废料报废的相关规定和流程。同时，加强现场工作人员的培训和教育也是必不可少的，这可以提高他们对废料处理重要性的认识并确保相关规定的有效执行。

问题认定与法律条文

一、废料堆积与环境污染

1. 问题认定。废料在施工现场长期堆积，未经适当处理，可能导致土壤和水源污染，违反了环境保护的相关法律法规。

2. 法律条文。

依据《中华人民共和国环境保护法》的相关规定，任何单位和个人都有保护环境的义务，不得污染和破坏环境。本案中，废料长期堆积可能引发环境污染，违反了这一法律要求。

二、安全隐患与火灾风险

1. 问题认定。堆积的废料中包含易燃物品，存在火灾等安全隐患，违反了安全生产的相关法律法规。

2. 法律条文。

根据《中华人民共和国安全生产法》的相关内容，生产经营单位应当加强安全生产管理，防止和减少生产安全事故。本案中，废料堆积可能引发火灾等安全事故，未采取有效措施进行防范，违反了安全生产管理的要求。

三、资源浪费与可持续发展

1. 问题认定。一些可回收再利用的废料未得到妥善处理，造成资源浪费，违反了资源节约和循环利用的相关法律法规。

2. 法律条文。

根据《中华人民共和国循环经济促进法》的相关规定，国家鼓励和支持企业开展资源节约和循环利用，促进经济发展方式转变。本案中，未对可回收废料进行再利用，违背了资源节约和循环利用的原则。

四、废料处理与法规遵从

1. 问题认定。未按照相关规定处理废料，可能违反环保法规，面临法律风险。

2. 法律条文。根据《中华人民共和国固体废物污染环境防治法》的相关规定，产生固体废物的单位和个人，应当采取措施防止或者减少固体废物对环境的污染。本案中，未按规定处理废料，可能违反固体废物污染环境防治的法律要求。

综上所述，施工单位在废料处理方面违反了相关法律法规和政策的基本要求，施工单位应依法承担相应的法律责任，并及时整改以确保工程项目的安全、环保。同时，加强废料管理也是施工单位应尽的责任和义务。

整改措施

一、建立废料管理制度

1. 制订明确的废料管理制度，规定废料的分类、储存、处理和记录等流程。

2. 设立专门的废料管理负责人，负责监督和执行废料管理制度。

二、废料分类与储存

1. 对施工现场产生的废料进行严格分类，如金属废料、混凝土废料、塑料废料等，并分别存放在指定的区域。

2. 设立明显的标志，标明废料种类和存放要求，以便工作人员正确投放。

三、废料处理与回收

1. 与专业的废料处理公司合作，定期将废料运送至指定的处理中心进行处理，确保废料得到环保、安全的处置。

2. 对于可回收再利用的废料，建立回收机制，进行再利用或销售给相关回收商，减少资源浪费。

四、加强培训与教育

1. 定期对施工现场工作人员进行废料处理知识的培训，提高他们对废料处理重要性的认识。

2. 制作并张贴废料处理操作指南，方便工作人员随时查看和学习。

五、建立监督检查机制

1. 设立定期和不定期的废料管理检查制度，确保废料处理制度得到有效执行。

2. 对违反废料管理制度的行为进行严肃处理，并要求相关责任人进行整改。

六、引入智能化管理系统

1. 考虑引入智能化废料管理系统，通过技术手段对废料的产生、储存、处理和回收进行全程监控和管理。

2. 利用数据分析功能，对废料产生量和处理效果进行评估，为优化废料管理提供决策支持。

实施以上整改措施，可以有效解决"废料未报废"的问题，提升施工现场废料管理的规范性和效率。这不仅有助于保护环境和减少资源浪费，还能提高项目的整体管理水平和企业形象。

专题 60：材料供应处场地交通、空间不能满足实际需要

案例简介

一、案例背景

在某市的新区，一项重要的基础建设工程正在如火如荼地进行。该项目是一个综合性的商业中心，包括购物中心、办公楼和住宅楼。由于工程规模庞大，材料供应成了一个关键环节。工程承建方为了确保工程进度，与多家材料供应商签订了供货合同，以确保各种建筑材料能够及时到位。然而，在项目审计过程中，审计团队发现了一个关于材料供应处场地和交通的问题。

二、具体问题

审计团队在现场考察时发现，材料供应处的场地狭小，交通布局不合理，导致了以下问题。

1.材料堆放混乱，不同类型的材料没有明确的分区，造成管理上的不便和安全隐患。

2.进出材料供应处的道路狭窄，且缺乏有效的交通指引，导致货车进出困难，经常发生拥堵。

3.场地空间不足，无法容纳大量的材料，影响了工程的连续施工。

三、具体案例分析

审计团队进一步分析了这个问题的产生原因，具体如下。

1.场地规划不合理。材料供应处最初的规划没有充分考虑工程的实际需求和材料的周转速度，导致场地空间迅速被占满。

2.交通管理不到位。进出材料供应处的交通管理缺乏明确的规章制度，货车司机经常随意停车，加剧了交通拥堵。

针对这些问题，审计团队建议承建方立即采取措施改善材料供应处的场地和交通状况，包括重新规划材料堆放区域、设置明确的交通标志，以及加强场地的安全管理。

四、后果与影响

如果不及时解决上述问题，将会产生以下后果。

1.工程进度受阻。材料供应的混乱将直接影响工程的施工进度，可能导致工期延误。

2.成本增加。交通拥堵和材料管理不善将导致额外的运输成本和人工成本。

3.安全风险提升。混乱的材料堆放可能引发安全事故，对人员和设备造成损害。

此案例凸显了在建设工程项目中，对材料供应场地的合理规划和管理至关重要，它不仅关系工程进度，还直接影响工程的安全和成本。

问题认定与法律条文

一、材料堆放混乱，管理不善

1.问题认定。

根据相关法律法规，施工单位有责任确保施工现场的整洁和安全，材料应当分类堆放，并有明确的标志。案例中，材料堆放混乱，没有明确的分区，这违反了施工现场管理的相关规定。

2.法律条文。

参考《建筑施工安全检查标准》等相关规定，施工单位应确保现场材料堆放整齐，分类明确，并设置相应的安全标志，以防止事故的发生。

二、交通布局不合理，道路狭窄且缺乏指引

1.问题认定。

按照安全生产法规，施工现场的交通布局需要合理规划，确保通道畅通，并设置必要的交通指引。案例中提到的进出材料供应处的道路狭窄，且缺乏有效的交通指引，这违反了施工现场交通布局和安全指引的规定。

2.法律条文。

根据《中华人民共和国安全生产法》及其实施条例，施工单位有责任确保施工现场的交通安全，包括合理规划交通布局、设置清晰的交通指引，以保障人员和车辆的安全通行。

三、场地空间不足，无法满足工程需求

1. 问题认定。

根据建筑施工的相关法规，施工单位在施工前应进行充分的场地规划和评估，确保场地空间能够满足施工需求。案例中提到的场地空间不足，影响了工程的连续施工，这违反了场地规划和评估的规定。

2. 法律条文。

参考《建筑施工安全标准》等相关法规，施工单位应在施工前对场地进行充分评估，并确保场地空间满足施工安全、进度等方面的要求。

上述问题涉及施工现场管理和安全生产等多个方面，需要根据相关法律法规进行综合判断和整改。施工单位应积极配合相关部门进行整改，并确保类似问题不再发生，以保障工程的顺利进行和施工安全。

整改措施

一、针对材料堆放混乱，管理不善问题的整改措施

1. 重新规划材料堆放区域。根据材料的类型、用途和使用频率，对材料供应场地进行重新分区，确保不同类型的材料有明确的堆放区域。

2. 设置材料标志。在每个材料堆放区域设置清晰的标志，标明材料名称、规格和使用注意事项，便于工作人员快速识别和取料。

3. 完善材料管理制度。建立完善的材料入库、出库和使用记录制度，确保材料的数量和使用情况可追溯，减少浪费和丢失。

二、针对交通布局不合理，道路狭窄且缺乏指引问题的整改措施

1. 拓宽和改造道路。对材料供应处进出的道路进行拓宽，确保货车能够顺畅通行；同时，对道路进行合理改造，增加会车区域，减少交通拥堵。

2. 设置交通指引标志。在材料供应处周边设置明确的交通指引标志，包括指示牌、方向标和限速标志等，引导货车有序进出。

3. 实施交通管制。制定材料供应处的交通管制规定，明确货车行驶路线、停车位置和行驶时间等，减少交通冲突和拥堵。

三、针对场地空间不足，无法满足工程需求问题的整改措施

1. 扩大场地空间。根据实际情况，考虑扩大材料供应处的场地范围，以满足更多材料的堆放需求。

2. 优化库存管理。建立完善的库存管理制度，根据工程进度和材料使用情况，合理规划材料的进货时间和数量，避免材料积压和浪费场地空间。

3. 采用立体堆放方式。对于空间有限的场地，可以考虑采用立体堆放方式，如使用货架等设备，提高场地空间的利用率。

4. 考虑临时存储方案。在场地空间确实无法满足需求时，可以考虑与周边仓储企业合作，使用临时存储方案来解决材料堆放问题。

综上所述，重新规划材料堆放区域、加强材料管理、改善交通布局、扩大场地空间等措施，

可以有效地解决案例中提到的问题，提高材料供应处的管理效率和安全性，确保工程的顺利进行。

专题61：不常用的设备占据大量空间

案例简介

一、案例背景

在某市的新建科技园项目中，为了提升园区的技术水平和生产效率，项目管理团队购置了一系列先进的设备。这些设备中，既有常用的生产设备，也有一些用于特定工艺或实验的高端设备。由于项目初期规划时对设备的使用频率和存放空间预估不足，一些不经常使用的设备占据了大量的空间。

二、具体问题

1. 空间利用率低。一些高端、不常用的设备被安放在车间或仓库的显眼且易于操作的位置，而这些位置本可以用于放置更常用、更重要的设备。

2. 管理成本高。这些不常用的设备需要定期维护和保养，增加了维护成本。

3. 资源浪费。部分设备由于长时间不使用，出现了性能下降和部件老化的问题，造成了资源的浪费。

三、具体案例分析

审计团队进一步分析了问题产生的原因，具体如下。

1. 初期规划不足。在项目初期，设备采购计划没有充分考虑到设备的使用频率和存放需求，导致采购了一些使用频率极低的设备。

2. 设备管理制度不完善。缺乏有效的设备管理制度，没有根据设备的使用频率和重要性进行合理的空间分配。

四、后果与影响

1. 生产效率下降。常用设备空间被占，无法高效使用，可能导致生产效率下降。

2. 成本增加。不必要的设备维护和管理将增加运营成本。

3. 资源浪费。设备长时间不使用，造成资源浪费和性能下降。

问题认定与法律条文

一、空间利用率低

1. 问题认定。

根据资源管理相关法律法规，企业应合理利用资源，优化空间配置，避免资源的浪费。在此案例中，不常用的设备占据了优质空间，导致空间利用率低下，违反了资源合理利用的原则。

2. 法律条文。

参考《中华人民共和国节约能源法》等相关法律规定，企业应当合理利用资源，提高资源利用效率，降低消耗，减少浪费。

二、管理成本高

1. 问题认定。

依据企业管理相关法规，企业应采取有效措施降低管理成本，提高经济效益。案例中不常用的设备增加了不必要的维护成本，这违反了成本控制和经济效益的原则。

2. 法律条文。

根据《中华人民共和国公司法》等相关法规，企业应通过科学管理，降低成本，提高经济效益，实现可持续发展。

三、资源浪费

1. 问题认定。

按照资源保护和可持续发展的法律要求，企业应防止资源的浪费。案例中部分设备长时间不使用，导致性能下降和部件老化，造成了资源的浪费，这违反了资源保护的规定。

2. 法律条文。

根据《中华人民共和国环境保护法》及《中华人民共和国节约能源法》，企业应合理利用和保护资源，防止资源浪费，推动可持续发展。

整改措施

一、针对空间利用率低问题的整改措施

1. 优化设备存放空间。重新评估和调整设备的存放位置，根据设备的使用频率和重要性，将不常用的设备移至车库、地下室或阁楼等较不常用的空间，而将经常使用的设备放在更容易取用的位置，以提高空间利用率。

2. 引入设备共享机制。如果某些不常用的设备是多个项目或部门共用的，可以建立设备共享机制，避免设备在各部门之间重复购置，从而减少空间占用。

二、针对管理成本高问题的整改措施

1. 建立设备使用预约制度。对于不常用的设备，建立预约使用制度，确保设备在需要时被有效利用，减少无效维护和保养成本。

2. 优化维护保养计划。根据设备的使用情况和制造商的建议，制定合理的维护保养计划，避免过度保养造成的浪费。

三、针对资源浪费问题的整改措施

1. 定期评估与更新设备。定期对设备进行评估，对性能下降、老化严重的设备，考虑进行更新或报废处理，避免资源浪费。

2. 提升员工培训与意识。加强对员工合理使用设备和节约资源的培训，提高员工的资源保护意识，减少因操作不当或缺乏维护导致的设备损坏和浪费。

3. 建立设备报废与回收机制。对于无法修复或已达到报废标准的设备，建立规范的报废与回收流程，确保设备中的有用部件得到回收利用，减少资源浪费。

综上所述，优化设备存放空间、建立设备共享机制、建立预约使用制度、优化维护保养计划、定期评估与更新设备以及加强员工培训等整改措施，可以有效解决案例中提到的问题，提高资源利用效率，降低管理成本，减少资源浪费，实现企业的可持续发展。

专题 62：照明不足，形成黑点、死角

案例简介

一、案例背景

某市新建的商业综合体的设计理念是打造一个现代化、多功能的购物中心，该项目涵盖购物、餐饮、娱乐等多个业态。项目的照明系统作为营造商业氛围和提供安全环境的关键因素，被寄予很高的期望。然而，在实际的运营过程中，照明系统却存在明显的问题。

二、具体问题

在项目的日常运营中，管理人员和顾客都反映存在以下问题。

1.照明不足。在部分区域，如走廊、楼梯间等，照明亮度明显不足，给顾客和工作人员带来不便。

2.形成黑点。某些角落和墙面交界处存在明显的黑点，影响了整体的视觉效果和商业氛围。

3.存在死角。监控摄像头在某些区域无法清晰捕捉画面，存在安全死角，给安全管理带来隐患。

三、具体案例分析

经过深入调查和分析，审计团队发现以下原因。

1.设计缺陷。照明系统的设计方案没有充分考虑实际运营需求和建筑结构的复杂性，导致部分区域照明布置不合理。

2.施工质量问题。部分灯具的安装位置和角度不符合设计要求，导致光线分布不均，形成黑点和死角。

3.设备选型不当。部分灯具的功率和光效不满足实际需求，导致照明效果不佳。

四、后果与影响

1.顾客体验下降。照明不足和黑点会影响顾客的购物体验，降低商业综合体的整体形象。

2.安全隐患。死角可能导致安全问题无法被及时发现和处理，增加安全风险。

3.运营成本增加。为了弥补照明不足，可能需要增加额外的照明设备，从而增加运营成本。

通过审计团队的及时发现和项目管理团队的积极整改，照明系统的问题得到了有效解决，提升了商业综合体的整体形象和顾客满意度，同时也降低了安全风险。此案例凸显了在建设工程项目中，照明系统的设计和施工质量对提升项目品质和保障安全的重要性。

问题认定与法律条文

一、照明不足

1.问题认定。

照明不足可能违反建筑物照明标准和安全规范的相关规定。商业场所的照明系统需要满足一定的照度要求，以确保顾客和员工的安全以及商业活动的正常进行。

2.法律条文。

参考《建筑设计防火规范》《建筑照明设计标准》等相关规定，商业建筑的照明设计应满足

规定的照度标准，确保人员活动区域有足够的照明亮度，以保障公共安全。

二、形成黑点

1. 问题认定。

照明系统中形成黑点可能意味着照明设计或施工存在缺陷，不符合建筑照明设计的均匀性和舒适性要求，影响视觉效果和商业氛围的营造。

2. 法律条文。

根据《建筑照明设计标准》等相关规定，照明设计应保证光照分布均匀，避免出现明显的暗区或亮点，以提供良好的视觉环境和较高的舒适度。

三、存在死角

1. 问题认定。

存在死角可能违反公共安全监控的相关规定。商业综合体等公共场所应安装有效的监控系统，并确保无死角，以保障公共安全和防范犯罪行为。

2. 法律条文。

依据《公共安全视频图像信息系统管理条例》等相关法律法规，公共场所应安装视频监控系统，并确保监控覆盖全面、无死角，以便及时发现和处理安全问题。

请注意，具体的法律条文可能因地区和时间的不同而有所变化。在实际应用中，需结合具体的地方性法规和行业规范进行参考，并确保遵守最新的法律法规要求。

综上所述，针对照明不足、形成黑点和存在死角的问题，可以依据相关的建筑照明设计标准和公共安全法规进行问题认定，并根据对应的法律法规来规范和改进照明系统的设计、施工和运营。

整改措施

一、针对照明不足问题的整改措施

1. 优化照明设备。在照明不足的区域增加灯具数量或更换更高功率的灯具，以提高照明亮度。同时，要确保新增的灯具与原有灯具风格和色调一致，以维护商业综合体的整体美观。

2. 使用高效照明技术。采用 LED 等高效照明技术，不仅亮度更高，而且节能环保，寿命更长。对于已经安装的传统灯具，可以逐步替换为 LED 灯具。

二、针对形成黑点问题的整改措施

1. 调整灯具位置和角度。对形成黑点的灯具进行调整，确保其光线能够均匀照射到各个角落，消除黑点。

2. 增加反射面。在黑点区域增加反射面，如使用镜面或反光涂料，将光线反射到黑点区域，提高照明均匀性。

三、针对存在死角问题的整改措施

1. 增加监控摄像头。在死角区域增加监控摄像头，确保监控系统能够全面覆盖商业综合体的各个角落。同时，要确保摄像头的清晰度和稳定性达到要求。

2. 优化监控布局。对现有的监控布局进行优化，调整摄像头的位置和角度，以减少或消除死角。可以考虑采用可旋转或可调节焦距的摄像头，以便更好地捕捉不同区域的画面。

综上所述，优化照明设备、使用高效照明技术、调整灯具位置和角度、增加反射面以及增加和优化监控摄像头等整改措施，可以有效地解决照明不足、形成黑点和存在死角的问题。这些措施不仅可以提升商业综合体的照明效果和安全性，还能提高顾客满意度和商业综合体整体形象。

专题 63：单位内布置不良

案例简介

一、案例背景

在某城市的新建科技园项目中，由于项目的复杂性和多方参与的特点，管理方非常重视项目的组织。然而，随着项目的推进，一些问题逐渐显现出来，特别是在单位内部的布置和管理上。

二、具体问题

1. 材料堆放混乱。施工现场材料堆放无序，不同种类的材料混杂在一起，未按照规定的区域进行分类存放。

2. 安全通道被占用。原本预留的安全通道和紧急出口经常被杂物或临时设施占用，存在安全隐患。

3. 标志不明确。施工现场缺乏清晰明确的标志，如安全警示牌、材料标志等，导致工人难以识别危险区域和材料种类。

4. 管理工具不足。缺乏对施工现场进行有效管理的工具和手段，如电子化管理系统、实时监控系统等。

三、具体案例分析

审计团队经过深入的调查和分析，发现以下原因导致单位内布置不良和管理混乱。

1. 施工管理不规范。施工方在现场管理上缺乏统一的标准和规范，导致各施工队伍按照自己的习惯进行布置，没有形成统一的布局。

2. 培训和教育不足。施工人员对施工现场管理的重要性认识不足，缺乏必要的培训和教育，难以形成良好的布局习惯。

3. 监管力度不够。项目管理方在施工现场的监管力度不够，未能及时发现问题并进行整改。

四、后果与影响

1. 安全隐患增加。混乱的施工现场布置容易导致安全事故的发生，如材料倒塌、火灾等，威胁施工人员的生命安全。

2. 施工效率下降。施工人员在混乱的环境中难以高效工作，导致施工进度受阻，影响项目的整体进度。

3. 资源浪费。材料堆放混乱和管理不善会造成材料的浪费和损坏，增加项目成本。

4. 企业形象受损。施工现场的混乱状况会给外界留下不良印象，损害企业的形象和声誉。

通过审计团队的及时发现和整改建议的落实，科技园项目的施工现场管理得到了显著改善。条理清晰、安全有序的施工现场不仅提高了施工效率，还降低了安全事故的发生率，为项目的顺利进行提供了有力保障。此案例凸显了在建设工程项目中，规范施工现场管理对提升项目质量和保障安全的重要性。

问题认定与法律条文

一、材料堆放混乱

1. 问题认定。

材料堆放混乱可能违反施工现场管理和安全生产的相关规定。施工现场的材料应按规定分类存放，以确保施工安全和工作效率。

2. 法律条文。

根据《建筑施工安全检查标准》等相关规定，施工现场的材料应堆放整齐、分类明确，确保施工现场的整洁和安全。混乱的材料堆放可能构成对施工安全规范的违反。

二、安全通道被占用

1. 问题认定。

安全通道被占用违反了关于安全生产和消防安全的规定。安全通道是用于人员疏散和逃生的重要通道，不得被占用或阻塞。

2. 法律条文。

依据《中华人民共和国消防法》等相关法律法规，任何单位不得占用、堵塞、封闭疏散通道、安全出口、消防车通道。违反此规定可能面临法律责任。

三、标志不明确

1. 问题认定。

施工现场标志不明确可能违反关于施工现场安全标志的规定。清晰明确的标志对指导施工人员识别危险区域和材料种类至关重要。

2. 法律条文。

参考《中华人民共和国安全生产法》等相关规定，施工现场应设置明显的安全警示标志，以提醒施工人员注意安全。缺乏明确标志可能构成对施工安全规范的违反。

四、管理工具不足

1. 问题认定。

管理工具不足可能反映了施工单位在安全管理方面的不足，虽然这不直接违反特定的法律条文，但可能与安全生产管理和工程质量管理的基本要求不符。

2. 法律条文。

虽然管理工具的使用没有直接的法律要求，但《建设工程安全生产管理条例》等法规要求施工单位提供安全生产的条件，包括采取必要的管理措施。管理工具的不足可能被视为未能有效实施安全管理措施。

整改措施

一、针对材料堆放混乱问题的整改措施

1. 制订材料分类堆放制度。明确各类材料的堆放区域和标准，确保不同种类的材料分开存放，避免混杂。

2. 设立材料管理专员。指定专人负责材料的接收、存放和发放，确保材料的有序管理。

3. 使用标志。对存放的材料进行明确标识，包括材料名称、规格、数量等信息，便于查找和管理。

二、针对安全通道被占用问题的整改措施

1. 明确安全通道标志。在施工现场明确标出安全通道的位置，并设置醒目的标志，提醒人员保持通道畅通。

2. 定期检查和维护。安排专人定期检查安全通道的畅通情况，及时清理占用通道的杂物和设施。

3. 加强安全教育。对施工人员进行安全教育，强调安全通道的重要性，确保每个人都了解并遵守相关规定。

三、针对标志不明确问题的整改措施

1. 完善安全警示标志。在施工现场的危险区域和关键位置设置明显的安全警示标志，提醒施工人员注意安全。

2. 制定标志管理规范。明确各类标志的设置标准和要求，确保标志清晰、准确和易识别。

3. 定期检查和维护标志。定期检查施工现场的标志是否完好、清晰，及时更换损坏或模糊的标志。

四、针对管理工具不足问题的整改措施

1. 引入电子化管理系统。采用先进的施工现场管理软件，实现材料、人员、进度等信息的电子化管理，提高工作效率。

2. 加强现场管理人员的培训。对施工现场管理人员进行定期培训，提高他们的管理水平和使用管理工具的能力。

3. 建立信息反馈机制。设立施工现场问题反馈渠道，鼓励施工人员积极反映现场问题，以便及时发现问题并进行整改。

综上所述，制定材料分类堆放制度、明确安全通道标志、完善安全警示标志和引入电子化管理系统等整改措施，可以有效解决材料堆放混乱、安全通道被占用、标志不明确和管理工具不足等问题。这些措施有助于提高施工现场的管理水平和工作效率，确保施工安全和项目顺利进行。

专题64：工作场所放置不需要的物料，仓库与工作场所不分

案例简介

一、案例背景

在某城市的一个大型商业综合体建设项目中，由于工程进度紧张，施工现场的管理出现了一些混乱。特别是物料管理方面，存在工作场所与仓库功能混淆的问题，给项目的顺利进行带来了一定的困扰。

二、具体问题

审计团队在对该项目进行审计时发现，工作场所内堆放了大量当前并不需要的物料，导致工

作空间被严重压缩，影响了工人的施工效率。同时，仓库与工作场所没有明确区分，很多本应存放在仓库的物料被随意堆放在工作区域，使得施工现场显得杂乱无章。

三、具体案例分析

经过深入的现场调查和审计分析，审计团队发现以下问题。

1. 物料管理混乱。施工现场缺乏对物料的有效管理，没有明确的物料进出库制度和记录，导致物料随意堆放，无法追踪物料的使用和剩余情况。

2. 仓库与工作场所界限模糊。项目中没有明确的仓库区域和工作区域的划分，导致工人在施工过程中经常需要绕过或移动物料，降低了工作效率。

3. 安全管理隐患。不需要的物料堆放在工作场所，不仅占用了宝贵的施工空间，还增加了施工现场的安全隐患，如物料倒塌、火灾等风险增加。

审计团队认为，这些问题主要是项目管理层对物料管理的重视程度不够，以及施工现场布局规划不合理所导致的。

四、后果与影响

工作场所放置不需要的物料以及仓库与工作场所不分的问题，会带来以下后果。

1. 施工效率下降。工作场所被不必要的物料占据，导致工人施工空间受限，施工效率大大降低。

2. 安全隐患增加。杂乱的物料堆放可能引发安全事故，如物料倒塌伤人、火灾等，严重威胁施工现场的安全。

3. 资源浪费。物料管理不善可能导致物料的损坏和浪费，增加项目成本。

4. 项目进度受阻。由于施工效率下降和安全隐患增加，项目进度可能受到影响，导致延期交付。

针对这些问题，审计团队建议项目管理层立即采取措施，如建立明确的物料管理制度，合理规划施工现场布局，确保仓库与工作场所的明确区分，以提高施工效率，降低安全风险，确保项目的顺利进行。

问题认定与法律条文

一、物料管理混乱

1. 问题认定。

物料随意堆放、没有明确的物料进出库制度和记录，违反了关于施工现场物料管理的规定。有效的物料管理是确保施工安全、提高工作效率和防止资源浪费的重要环节。

2. 法律条文。

根据《建筑施工安全检查标准》及相关的安全生产法规，施工单位应建立健全物料管理制度，确保物料的合理存放和使用，防止施工现场混乱。物料管理混乱可能被视为对施工现场安全管理规定的违反。

二、仓库与工作场所界限模糊

1. 问题认定。

没有明确划分仓库区域和工作区域，违反了施工现场布局规划和安全管理的相关规定。合理的区域划分对确保施工安全、提高工作效率至关重要。

2. 法律条文。

依据《建设工程质量管理条例》等相关法规，施工现场应进行合理的功能区域划分，确保各区域功能明确，避免不同功能区域的重叠和混淆。仓库与工作场所界限模糊可能被视为对施工现场布局规划规定的违反。

整改措施

一、针对物料管理混乱问题的整改措施

1. 建立物料进出库管理制度。制定明确的物料进出库流程和记录要求，确保每批物料的来源、数量、用途等信息都有详细记录，方便追踪和管理。

2. 指定专人负责物料管理。设立物料管理岗位，明确岗位职责，由专人负责物料的接收、存放、发放和记录工作，确保物料的有序管理。

3. 引入物料管理系统。采用信息化手段，如使用物料管理软件或系统，实现物料的电子化管理，提高管理效率和准确性。

二、针对仓库与工作场所界限模糊问题的整改措施

1. 重新规划施工现场布局。根据施工需要和安全要求，重新划分仓库区域和工作区域，确保两者之间有明确的界限，避免功能区域的重叠和混淆。

2. 设置明显的区域标志。在仓库区域和工作区域设置醒目的标志，明确标示各区域的边界和功能，方便施工人员识别和遵守。

3. 加强施工现场管理。增加施工现场管理人员的巡查频次，确保施工人员严格遵守区域划分规定，及时纠正违规行为，保持施工现场的整洁和有序。

综上所述，建立物料进出库管理制度、指定专人负责物料管理、引入物料管理系统、重新规划施工现场布局、设置明显的区域标志、加强施工现场管理等整改措施，可以有效解决物料管理混乱和仓库与工作场所界限模糊的问题。这些措施有助于提高施工现场的管理水平和工作效率，确保施工安全和项目顺利进行。

专题 65：未重视事务整顿

案例简介

一、案例背景

某市计划建设一座新的公共图书馆作为城市文化地标。该项目由市政府投资，经过公开招标，最终选择了一家有着丰富建筑经验的公司作为总承包商。项目启动之初，市政府和总承包商都对项目寄予厚望，希望将其打造成一个设计新颖、功能齐全、服务市民的现代化图书馆。

二、具体问题

在项目进行过程中，审计团队对项目进行了中期审计，发现总承包商在项目管理上存在明显的问题，特别是对事务整顿的忽视。具体问题表现在以下几个方面。

1. 施工现场混乱。施工现场材料、工具随意堆放，没有固定的存储区域和明确的标志，导致

施工人员经常需要花费大量时间寻找所需物品。

2. 安全管理不到位。由于现场整顿不足，存在多处安全隐患。电线裸露、杂物堆放不稳等问题屡见不鲜，严重威胁施工安全。

3. 工程进度受影响。由于缺乏有效的物料管理和现场整顿，施工人员经常因为找不到材料或工具而耽误工时，进而影响整体工程进度。

三、具体案例分析

审计团队通过深入调查和分析，发现总承包商在项目管理中未能充分认识到事务整顿的重要性。这种忽视不仅导致了施工现场的混乱，还增加了安全风险，降低了工作效率。总承包商在项目初期没有制定详细的现场管理规定，也未对施工人员进行相关的培训和指导，使得整个施工现场缺乏有序性和规范性。

此外，总承包商在物料采购和存储方面也存在明显不足。没有建立完善的物料管理系统，导致物料的进出库记录混乱，无法准确追踪物料的使用情况。这种管理上的疏忽不仅造成了资源的浪费，也给项目进度带来了不利影响。

四、后果与影响

由于总承包商未重视事务整顿，该项目遭受了多方面的负面影响。

1. 安全事故风险增加。施工现场的混乱和安全隐患可能引发安全事故，造成人员伤亡和财产损失。

2. 工程进度延误。现场管理不善导致了工时浪费和材料缺失，项目进度受到了严重影响，项目可能延期交付。

3. 成本上升。混乱的现场管理可能导致物料损坏和浪费，同时增加了寻找和替换材料的时间成本，从而提高了项目的总成本。

4. 项目质量下降。由于缺乏有序的施工环境和严格的质量控制，项目的整体质量可能受到影响，降低了图书馆的使用价值和市民的满意度。

综上所述，该案例揭示了事务整顿在项目管理中的重要性。总承包商应从中吸取教训，加强现场管理和物料管控，确保项目的顺利进行并达到预期目标。

问题认定与法律条文

一、施工现场混乱

1. 问题认定。

施工现场材料、工具随意堆放，没有固定的存储区域和明确的标志，违反了建筑施工现场管理的相关规定。施工现场应保持整洁有序，确保施工安全和提高工作效率。

2. 法律条文。

根据《建筑施工安全检查标准》及《建设工程安全生产管理条例》，施工单位应确保施工现场的整洁、有序，材料和工具应按规定堆放，并设置明显的标志。施工现场混乱可能被视为对施工现场管理规定的违反。

二、安全管理不到位

1. 问题认定。

由于现场整顿不足，存在多处安全隐患，如电线裸露、杂物堆放不稳等，违反了建筑施工安全管理的规定。施工单位应确保施工现场的安全，并采取必要的措施预防事故的发生。

2. 法律条文。

依据《中华人民共和国安全生产法》和《建设工程安全生产管理条例》，施工单位应建立健全安全生产管理制度，确保施工现场的安全。安全管理不到位，存在安全隐患，可能被视为对安全生产管理规定的违反。

三、工程进度受影响

1. 问题认定。

由于缺乏有效的物料管理和现场整顿，施工进度受阻，违反了建筑工程合同中对工程进度的约定。施工单位应合理安排工程进度，确保项目按时交付。

2. 法律条文。

根据《中华人民共和国民法典》和建设工程施工合同的相关规定，施工单位应按照合同约定的工程进度进行施工。工程进度受影响可能被视为对合同约定的违反。

整改措施

一、针对施工现场混乱问题的整改措施

1. 建立现场管理制度。制定明确的施工现场管理规定，包括材料堆放、工具存储、废弃物处理等方面，确保所有施工人员都了解和遵守这些规定。

2. 设立指定存储区域。为材料和工具设立固定的存储区域，并设置明显的标志，以便施工人员能够迅速找到所需物品，减少寻找时间。

3. 加强现场监管。增加现场管理人员的数量，加强对施工现场的日常巡查，确保所有区域都保持整洁有序。

二、针对安全管理不到位问题的整改措施

1. 开展安全培训。对所有施工人员进行定期的安全培训，提高他们的安全意识，确保每个人都了解并遵守安全操作规程。

2. 进行安全隐患排查。定期对施工现场进行安全隐患排查，及时发现并处理潜在的安全风险，如裸露的电线、不稳定的杂物等。

3. 建立应急预案。制定详细的安全应急预案，明确在发生安全事故时应采取的紧急措施，确保人员安全。

三、针对工程进度受影响问题的整改措施

1. 优化工程进度计划。重新评估和优化工程进度计划，确保计划的合理性和可行性。同时，建立工程进度监控机制，实时跟踪项目进度。

2. 加强物料管理。建立完善的物料管理系统，包括物料的采购、存储、使用等环节，确保物料的及时供应和合理使用，避免因物料短缺而影响工程进度。

3. 提高施工效率。通过引入先进的施工技术和设备，提高施工效率。同时，合理安排施工人

员的作息时间，确保他们在最佳状态下工作。

综上所述，建立现场管理制度、加强安全管理、优化工程进度计划等整改措施，可以有效解决施工现场混乱、安全管理不到位和工程进度受影响的问题。这些措施有助于提高施工现场的管理水平和工作效率，确保项目的顺利进行和按时交付。

专题 66：未执行"物品用完要归位、定位"的原则

案例简介

一、案例背景

某市计划新建一座体育中心，以满足日益增长的市民体育健身需求。该项目由政府投资，经过严格的招标流程，选择了一家经验丰富的大型建筑公司作为总承包商。体育中心的建设内容包括多个运动场馆、配套设施以及周边的景观绿化等。项目启动之初，社会各方面都对工程的质量和进度寄予了厚望。

二、具体问题

在工程进行过程中，审计团队对项目进行了定期的跟踪审计。在审计过程中，审计团队发现了一个重要问题：施工现场的物品管理存在严重漏洞，特别是"物品用完要归位、定位"的原则没有得到贯彻执行。

具体问题表现在以下几个方面。

1. 工具和设备随意放置。施工现场的工具和设备在使用完毕后，经常被随意丢弃或放置在不当位置，没有按照规定的归位和定位要求进行处理。

2. 材料浪费现象严重。由于物品没有归位，很多材料在使用后被浪费，如散落的钉子、螺丝等小件物品，经常因为找不到而被重复购买。

3. 工作效率低下。施工人员在使用工具和材料时，经常需要花费大量时间寻找，严重影响了工作效率。

三、具体案例分析

审计团队通过深入调查和分析发现，总承包商在项目管理中忽视了"物品用完要归位、定位"这一基本原则。这种管理上的疏忽不仅导致了施工现场的混乱，还造成了资源的浪费和工作效率的下降。

总承包商在项目初期没有制定详细的物品管理规定，也未对施工人员进行相关的培训和指导。因此，施工人员在使用物品后缺乏归位意识，没有养成良好的物品管理习惯。

此外，总承包商在物品采购和存储方面也存在明显不足，没有建立完善的物品管理系统，导致物品的进出库记录混乱，无法准确追踪物品的使用和归位情况。

四、后果与影响

由于总承包商未执行"物品用完要归位、定位"的原则，该项目遭受了多方面的负面影响。

1. 资源浪费。大量的材料因为管理不善而被浪费，增加了项目的成本。

2. 工作效率下降。施工人员需要花费大量时间寻找工具和材料，严重影响了工程的进度和工

作效率。

3.安全隐患增加。随意放置的工具和设备可能引发安全事故，对施工人员的人身安全构成威胁。

4.项目质量风险增加。物品管理混乱，可能导致使用过期或损坏的材料和工具，从而影响项目的质量。

综上所述，该案例揭示了"物品用完要归位、定位"在项目管理中的重要性。总承包商应从中吸取教训，加强物品管理，确保项目的顺利进行并达到预期目标。

问题认定与法律条文

一、物品管理混乱

1.问题认定。

施工现场的工具、设备和材料在使用完毕后未按照规定的归位和定位要求进行处理，违反了建筑施工现场物品管理的相关规定。施工现场应保持物品有序管理，以确保施工安全和提高工作效率。

2.法律条文。

依据《建设工程安全生产管理条例》及其他相关建筑施工管理规范，施工单位有责任确保施工现场的整洁和有序，特别是工具、设备和材料的合理存放与管理。物品管理混乱可能被视为对施工现场管理规定的违反。

二、资源浪费

1.问题认定。

由于物品没有归位，材料浪费现象严重，如散落的钉子、螺丝等小件物品经常因找不到而被重复购买，这违反了资源节约和环境保护的原则。

2.法律条文。

根据《中华人民共和国节约能源法》和其他关于资源节约的法律法规，施工单位应采取有效措施节约使用材料，减少浪费。资源浪费可能被视为对资源节约法律法规的违反。

三、工作效率低下及安全隐患多

1.问题认定。

施工人员需要花费大量时间寻找工具和材料，这不仅严重影响了工作效率，而且随意放置的工具和设备可能引发安全事故，违反了安全生产的相关规定。

2.法律条文。

依据《中华人民共和国安全生产法》和《建设工程安全生产管理条例》，施工单位应提供施工现场的安全生产条件，提高工作效率，预防事故的发生。工作效率低下和安全隐患可能被视为对安全生产管理规定的违反。

整改措施

一、针对物品管理混乱问题的整改措施

1.建立严格的物品管理制度。制定明确的物品归位和定位规定，包括各类工具、设备和材料

的存放位置、使用方法和归还流程。

2.加强员工培训。对所有施工人员进行物品管理培训，确保他们了解并遵守物品管理制度，养成良好的物品归位习惯。

3.设立专门的物品管理团队。成立负责物品管理的团队，定期检查物品存放情况，及时纠正不规范行为。

二、针对资源浪费问题的整改措施

1.实施物料清单管理。建立详细的物料清单，记录每种材料的使用量和剩余量，以便准确追踪和管理。

2.推广节约意识。通过培训和宣传，提高施工人员的节约意识，鼓励他们在使用材料时尽量减少浪费。

3.建立废料回收制度。设立废料回收区域，对可回收的废料进行分类存储和再利用，减少材料浪费。

三、针对工作效率低下及安全隐患多问题的整改措施

1.优化工作流程。重新设计工作流程，减少不必要的寻找工具和材料的时间，提高工作效率。

2.引入先进的工具和设备管理系统。采用智能化管理系统，如RFID技术或物联网技术，实现工具和设备的快速定位和追踪。

3.加强安全生产培训。定期对施工人员进行安全生产培训，提高他们的安全意识，确保施工现场的安全。

4.建立安全隐患排查制度。定期对施工现场进行安全隐患排查，及时发现并处理潜在的安全风险。

综上所述，建立严格的物品管理制度、推广节约意识、优化工作流程和加强安全生产培训等整改措施，可以有效解决物品管理混乱、资源浪费、工作效率低下和安全隐患多等问题。这些措施有助于提高施工现场的管理水平和工作效率，确保项目的顺利进行。

专题 67：未能定期清理施工现场

案例简介

一、案例背景

某市为了改善城市交通状况，决定修建一条新的地铁线路。该项目由政府投资，经过公开招标，选定了一家有着丰富地铁建设经验的大型施工企业作为总承包商。项目启动后，社会各界对这条新地铁线路的建设寄予了厚望，期待其能够缓解城市交通压力，提升市民出行效率。

二、具体问题

在地铁线路建设过程中，审计团队对项目进行了定期跟踪审计，发现了一个重要问题：施工现场的环境卫生和秩序维护存在严重问题，特别是存在"未能定期（每日、每周、每月）清理"的情况。

具体问题表现在以下几个方面。

1.施工现场杂乱。每日工作结束后，施工现场往往留下大量废弃物和破损的建筑材料，没有得到及时清理。

2.设备维护不足。施工设备在使用后没有得到及时清洁和维护，导致设备损坏率上升，影响施工进度。

3.安全隐患。杂乱的施工现场容易造成安全隐患，如电线裸露、杂物堆放不稳等，都可能引发安全事故。

三、具体案例分析

审计团队通过深入调查和分析发现，总承包商在项目管理中未能建立起有效的定期清理和维护机制。虽然有时会进行临时的清理工作，但这种清理往往是为了应对检查或审计而进行的，缺乏持续性和系统性。

总承包商在项目初期没有制定详细的定期清理计划，也未对施工人员进行相关的培训和指导。因此，施工人员缺乏定期清理的意识和习惯，导致施工现场环境日益恶化。

此外，总承包商在监督和执行方面也存在明显不足。没有专门的团队负责监督检查定期清理工作的执行情况，导致清理工作往往流于形式，无法长久保持。

四、后果与影响

由于总承包商未能定期清理，该项目遭受了多方面的负面影响。

1.施工效率下降。杂乱的施工现场导致施工人员需要花费额外的时间去寻找工具和材料，降低了工作效率。

2.成本增加。设备维护不足导致设备损坏率上升，增加了维修和更换设备的成本。

3.安全隐患增加。杂乱的施工现场容易引发安全事故，对施工人员的人身安全构成威胁，同时也可能影响工程质量。

4.环境污染。废弃物和破损建筑材料未及时清理，可能对周边环境造成污染。

综上所述，该案例揭示了定期清理在项目管理中的重要性。总承包商应从中吸取教训，建立完善的定期清理和维护机制，确保施工现场的整洁和安全，从而提高施工效率、降低成本并保障工程质量。

问题认定与法律条文

一、施工现场杂乱

1.问题认定。

施工现场在每日工作结束后留下大量废弃物和破损建筑材料，未能及时进行定期清理，违反了建筑施工现场环境卫生管理的相关规定。

2.法律条文。

依据《建设工程安全生产管理条例》和其他关于建筑施工现场管理的法规，施工单位有责任保持施工现场的整洁和卫生，定期进行清理工作，以确保施工环境的安全和卫生。施工现场杂乱，未能定期清理可能被视为对施工现场环境卫生管理规定的违反。

二、设备维护不足

1. 问题认定。

施工设备在使用后未得到及时清洁和维护，导致设备损坏率上升，违反了设备维护和保养的相关规定。

2. 法律条文。

根据《中华人民共和国设备管理条例》和其他关于设备管理的法律法规，施工单位有责任对施工设备进行定期清洁、保养和维护，以确保设备的正常运行和使用寿命。设备维护不足可能被视为对设备管理条例的违反。

三、施工现场存在安全隐患

1. 问题认定。

杂乱的施工现场容易造成安全隐患，如电线裸露、杂物堆放不稳等，都可能引发安全事故，违反了安全生产的相关规定。

2. 法律条文。

依据《中华人民共和国安全生产法》和《建设工程安全生产管理条例》，施工单位有责任确保施工现场的生产安全，预防事故的发生。施工现场存在安全隐患可能被视为对安全生产管理规定的违反。

整改措施

一、针对施工现场杂乱问题的整改措施

1. 制订定期清理计划。明确规定每日、每周、每月的清理时间和内容，并指派专人负责监督执行。

2. 增强施工人员意识。通过培训和宣传，提高施工人员对定期清理重要性的认识，确保他们积极参与并保持施工现场整洁。

3. 设立清理奖惩机制。对保持施工现场整洁的班组或个人给予奖励，对未能遵守清理规定的进行相应处罚。

二、针对设备维护不足问题的整改措施

1. 建立设备维护计划。制订详细的设备维护计划，包括定期保养、检查和维修等内容，确保设备处于良好状态。

2. 提供专业培训。为设备操作人员提供专业培训，确保他们了解设备的正确使用方法和维护要求。

3. 设立设备维修基金。预留一定资金用于设备的定期维护和紧急维修，确保设备及时得到保养和修复。

三、针对施工现场存在安全隐患问题的整改措施

1. 加强安全教育培训。定期对施工人员进行安全教育培训，提高他们的安全意识和操作技能。

2. 定期进行安全检查。设立专门的安全检查团队，定期对施工现场进行安全检查，及时发现并处理安全隐患。

3.完善安全设施。根据施工需要，完善施工现场的安全设施，如安装防护网、设置警示标志等，确保施工现场的安全。

4.建立应急预案。针对可能发生的安全事故，建立相应的应急预案，并进行定期演练，确保在紧急情况下能够迅速应对。

综上所述，制订定期清理计划、增强施工人员意识、设立清理奖惩机制、建立设备维护计划、提供专业培训、设立设备维修基金、加强安全教育培训、定期进行安全检查、完善安全设施和建立应急预案等整改措施，可以有效解决施工现场杂乱、设备维护不足以及施工现场存在安全隐患等问题。这些措施有助于提高施工现场的管理水平和安全性，确保项目的顺利进行。

第 5 章
现场签证方面的审计专题

专题 68：挖方中有渗水，可以签证地下水位高度，挖湿土价格比挖干土高

案例简介

一、案例背景

在某市的新城区建设中，一项重要的基础设施建设项目正在紧锣密鼓地进行。该项目涉及大量的土方开挖工作，用于建设地下停车场及配套设施。工程承包方按照合同要求进行施工，但在开挖过程中，遇到了一个普遍但棘手的问题——挖方区域出现了渗水现象。

二、具体问题

在施工过程中，当挖掘深度达到一定程度时，工人们发现土壤湿度显著增加，部分区域甚至出现了明显的渗水现象。这不仅影响了施工进度，还增加了施工难度。合同约定，挖湿土的价格要高于挖干土，因为湿土开挖需要更多的劳动力和时间，且对设备损耗也较大。

三、具体案例分析

1. 地下水位高度的确认。

在发现渗水现象后，施工方及时与建设方及监理单位进行了沟通。为了准确记录并处理这一问题，三方共同决定对地下水位高度进行测量和签证。施工方通过专业的地质勘测，确定了具体的地下水位高度，并形成了正式的签证文件，作为后续结算的依据。

2. 挖湿土与挖干土的造价差异。

根据合同条款，挖湿土的单价高于挖干土。这是因为湿土开挖需要采取额外的排水措施，施工进度也会受到影响。因此，在确认地下水位高度后，施工方按照合同规定调整了开挖单价，确保了工程造价的合理性。

3. 施工方案的调整。

面对渗水问题，施工方不得不调整原定的施工方案。首先，增加了排水设施，确保施工现场的干燥；其次，调整了开挖工艺，以适应湿土条件下的施工要求；最后，加强了施工现场的安全管理，以防因土壤湿度过大而发生安全事故。

四、后果与影响

1. 工程造价的增加。

由于挖湿土的单价高于挖干土，且需要额外的排水措施，因此工程造价相应增加。然而，合理的签证流程和合同条款，确保了这部分增加的成本得到合理的补偿。

2. 施工进度的延误。

渗水问题导致施工进度受到了一定程度的影响。尽管施工方采取了积极的应对措施，但排

水、土壤处理等环节仍然耗费了额外的时间。这要求施工方在后续的项目管理中更加注重地质勘测和风险评估，以减少类似问题的发生。

3. 工程质量与安全性的提升。

面对渗水挑战，施工方不仅调整了施工方案，还加强了施工现场的安全管理。这些措施在保障施工质量的同时，也提高了工程的安全性。

综上所述，本案例中的渗水问题虽然给工程项目带来了一定的挑战和成本的增加，但合理的签证流程、合同条款的执行以及施工方案的调整，最终确保了工程的顺利进行和保障了质量。这也提醒我们在未来的工程项目中，应更加重视对地质条件的勘测和风险评估工作，以减少不可预见因素对工程的影响。

问题认定与法律条文

一、地下水位变化导致工程造价调整

1. 问题认定。

在土方开挖过程中，由于地下水位的变化（渗水现象），原定的挖干土工程变为挖湿土工程，从而需要调整工程造价。这涉及工程施工合同的变更和造价调整。

2. 法律条文。

根据《中华人民共和国民法典》的相关规定，当事人可以约定合同的内容变更条件。在本案中，由于地下水位变化属于不可抗力或合同约定的变更情形，因此，双方可以根据合同约定对工程造价进行调整。同时，《建设工程施工合同示范文本》也提供了工程造价调整的相应条款和程序。

二、施工方案调整与施工现场安全管理问题

1. 问题认定。

由于地下水位的变化，施工方不得不调整原定的施工方案，并加强施工现场的安全管理。这涉及施工方案的合法性和施工现场的安全生产责任。

2. 法律条文。

根据《中华人民共和国建筑法》和《建设工程安全生产管理条例》，施工单位应当根据工程特点和现场实际情况，制定科学合理的施工方案，并采取必要的安全措施，确保施工现场的安全生产。施工单位有责任对施工现场进行安全管理，预防生产安全事故的发生。

三、工程延期交付问题

1. 问题认定。

渗水问题导致的施工进度延误，可能会引发工程延期交付。这涉及工程施工合同的履行和违约责任。

2. 法律条文。

根据《中华人民共和国民法典》的相关规定，当事人应当按照约定履行合同义务。如果因不可抗力或合同约定的其他情形导致合同履行受阻，双方可以协商变更合同或解除合同。在本案中，如果渗水问题被认定为不可抗力或合同约定的变更情形，施工方可以根据法律规定和合同约定主张免责或调整交付期限。同时，施工方如果未能按照约定交付工程，可能需要承担违约

责任。

整改措施

一、针对地下水位变化导致工程造价调整问题的整改措施

1. 加强前期地质勘测。在施工前进行详细的地质勘测，准确了解地下水位等地质情况，以便在施工合同中更精确地约定工程造价和可能的调整方式。

2. 完善合同条款。在施工合同中明确挖湿土和挖干土的定价标准，以及因地质条件变化导致工程造价调整的详细条款，确保在发生类似渗水问题时，有明确的合同依据进行调整。

二、针对施工方案调整与施工现场安全管理问题的整改措施

1. 制订灵活的施工方案。在施工前，根据地质勘测结果制定多个备选施工方案，以应对可能出现的地质变化。在发生渗水等问题时，能够迅速调整施工方案，减少对施工进度的影响。

2. 加强施工现场安全管理。增加对施工现场的安全检查频次，确保各项安全措施得到有效执行。针对渗水等特殊情况，制定专门的安全管理措施，如加强排水设施的检查和维护，确保施工现场的安全。

三、针对工程延期交付问题的整改措施

1. 制订应急计划。在施工前制订应急计划，明确在发生渗水等不可预见情况时如何应对，以减少对施工进度的影响。应急计划应包括备用设备、人员调配、材料采购等方面的措施。

2. 加强与建设方的沟通。在发生渗水等问题导致施工进度受阻时，及时与建设方沟通，说明情况并协商解决方案，确保双方对工程进度有清晰的了解，并共同应对可能出现的问题。

3. 合理安排施工进度。在施工计划中留出一定的时间缓冲，以应对可能出现的意外情况。同时，加强对施工进度的监控和管理，确保各项工程任务能够按时完成。

实施以上整改措施，可以提高工程项目对地质条件变化的应对能力，减少渗水等问题对工程造价、施工方案和施工进度的影响。同时，可以加强施工现场的安全管理，确保工程质量和施工人员的安全。

专题 69：渗水严重，可以编写施工方案申请排水降水措施和边坡支护措施

案例简介

一、案例背景

某市一商业综合体建设项目在施工过程中，当挖掘到地下二层时，遇到了严重的渗水问题。由于地质勘察不够精确，实际施工中的地下水位远高于预期，基坑内渗水情况严重，不仅影响了施工进度，还对施工安全构成了威胁。

二、具体问题

1. 基坑渗水严重。随着开挖深度的增加，基坑内开始大量渗水，且水量逐渐增大，严重影响了正常施工。

2. 边坡稳定性下降。由于渗水，基坑边坡的土壤湿度增大，边坡稳定性下降，存在坍塌的风险。

三、具体案例分析

1. 排水降水措施的申请与实施。

面对严重的渗水问题，施工单位首先向监理单位和建设方提交了排水降水措施的施工方案。方案中详细规划了排水沟、集水井的设置位置，以及水泵的选型和数量；同时，提出了采用井点降水法来降低地下水位，确保基坑内的施工环境。经过审批，施工单位迅速组织人员和设备进行排水降水设施的安装和调试，很快控制了基坑内的渗水情况。

2. 边坡支护措施的申请与实施。

针对边坡稳定性下降的问题，施工单位又向监理单位和建设方提交了边坡支护措施的施工方案。方案中设计了土钉墙、排桩等支护结构，以增强边坡的稳定性；同时，考虑到渗水对土壤的影响，方案中还包括了土壤加固和防水处理措施。方案获批后，施工单位立即开始采购材料、组织施工，很快完成了边坡支护结构的建设，有效提高了边坡的稳定性。

四、后果与影响

1. 施工进度恢复。通过实施有效的排水降水措施和边坡支护措施，基坑内的施工环境得到了显著改善，施工进度得以恢复。

2. 施工安全提升。边坡支护结构的建设有效提高了基坑的安全性，降低了发生坍塌等安全事故的风险。

3. 成本得到控制。虽然额外增加了排水降水措施和边坡支护措施的费用，但相比渗水问题导致的停工、返工等潜在损失，这些投入是必要且合理的。

4. 工程质量得到保障。通过科学合理的施工方案调整，施工单位不仅解决了渗水问题，还确保了工程的质量和安全性。

综上所述，本案例中的渗水问题虽然给工程项目带来了一定的挑战，但通过及时申请并实施排水降水措施和边坡支护措施，施工单位成功地解决了问题，保障了工程的顺利进行。这也提醒我们在工程项目中应注重地质勘察的精确性，以及施工方案的灵活性和预见性。

问题认定与法律条文

一、基坑渗水严重

1. 问题认定。

基坑渗水严重属于施工过程中的安全隐患，可能影响工程的进度、质量以及施工人员的安全，施工单位有责任采取必要措施，确保施工安全。

2. 法律条文。

《中华人民共和国建筑法》第三十九条："建筑施工企业应当在施工现场采取维护安全、防范危险、预防火灾等措施；有条件的，应当对施工现场实行封闭管理。施工现场对毗邻的建筑物、构筑物和特殊作业环境可能造成损害的，建筑施工企业应当采取安全防护措施。"施工单位有责任对基坑渗水问题采取及时有效的措施，以确保施工安全。

二、边坡稳定性下降

1. 问题认定。

边坡稳定性下降可能导致坍塌等安全事故，对施工人员的生命安全和工程质量构成严重威胁，施工单位应对此采取预防措施，确保边坡稳定。

2. 法律条文。

《建设工程安全生产管理条例》第六条："建设单位应当向施工单位提供施工现场及毗邻区域内供水、排水、供电、供气、供热、通信、广播电视等地下管线资料，气象和水文观测资料，相邻建筑物和构筑物、地下工程的有关资料，并保证资料的真实、准确、完整。建设单位因建设工程需要，向有关部门或者单位查询前款规定的资料时，有关部门或者单位应当及时提供。"建设单位应提供准确的地质勘察资料，施工单位应根据这些资料制定合理的施工方案，确保边坡稳定，防止安全事故的发生。同时，施工单位也应根据《中华人民共和国建筑法》和《建设工程安全生产管理条例》的相关规定，采取必要的安全防护措施，确保施工安全。

综上所述，施工单位在面对基坑渗水严重和边坡稳定性下降等问题时，应依法采取相应措施，确保施工安全，保障工程质量。如有违反相关法律法规的行为，将承担相应的法律责任。

整改措施

一、针对基坑渗水严重问题的整改措施

1. 增强前期地质勘察。在施工前进行更为详尽的地质勘察，特别是对地下水位的准确探测，以便在施工前准确评估渗水风险。

2. 优化排水系统设计。根据地质勘察结果，设计更为高效的排水系统，包括排水沟、集水井和水泵等设施的合理布局，确保能够及时有效地排除基坑内的水。

3. 实施动态监测。在基坑开挖过程中，实施对地下水位的动态监测，一旦发现异常情况，立即采取应对措施。

4. 准备备用设备。准备足够数量的备用排水设备，以应对突发的大量渗水情况，确保施工连续进行。

二、针对边坡稳定性下降问题的整改措施

1. 加强边坡监测。定期对边坡进行稳定性监测，包括位移监测、应力监测等，及时发现边坡变形的迹象。

2. 加固边坡支护结构。根据边坡的实际情况，采用土钉墙、排桩、锚杆等支护结构进行加固，提高边坡的稳定性。

3. 进行土壤加固处理。对边坡土壤进行加固处理，如注浆加固、土壤钉固等，增强土壤的抗剪强度和稳定性。

4. 制订应急预案。针对边坡可能出现的失稳情况，制定详细的应急预案，包括人员疏散、抢险救援等措施，确保在紧急情况下能够迅速响应。

5. 培训与演练。定期对施工人员进行安全培训，提高他们的安全意识和应急处理能力。同时，组织定期的应急演练，确保在真实情况下能够有序应对。

实施以上整改措施，可以有效降低基坑渗水和边坡失稳的风险，保障施工的安全和顺利进行。同时，这些措施也有助于提高工程质量，减少潜在的安全隐患。

专题 70：遇到地下障碍物，应该签证

案例简介

一、案例背景

在某市政道路改造工程项目施工过程中，施工单位发现了一处未知的地下障碍物，该障碍物严重影响了施工进度，并可能增加施工成本。按照合同约定和工程管理规范，施工单位需就此类情况进行签证，以便后续与业主单位进行费用与工期的调整。

二、具体问题

1. 在进行道路开挖时，挖掘机突然遇到了坚硬的物体，初步判断为旧有的地下管线或基础设施。

2. 施工单位暂停了施工，以避免对这些障碍物造成破坏，同时防止安全事故的发生。

3. 施工单位未在施工前进行详尽的地质勘察，未能提前发现这些地下障碍物。

三、具体案例分析

1. 遇到障碍物后的初步应对。

施工单位在发现地下障碍物后，立即停止了施工，并对现场进行了保护。他们迅速通知了业主单位和监理单位，并提出了签证申请。这一步骤符合工程管理和安全施工的规范要求，体现了施工单位对工程质量和安全的高度重视。

2. 签证申请的内容与处理。

签证申请详细描述了障碍物的位置、类型、大小以及对施工进度和成本可能产生的影响。业主单位在接到申请后，迅速组织了勘察团队对现场进行详细调查，并确认了签证申请的真实性。经过协商，业主单位同意了施工单位的签证申请，并同意就因此产生的额外费用和工期延误进行合理补偿。

3. 后续施工调整与防范措施。

在得到了业主单位的签证批准后，施工单位对施工方案进行了调整，以适应地下障碍物带来的施工难度。同时，为了防范类似情况的再次发生，施工单位加强了对工程区域的地质勘察工作，并在后续施工中加强了与业主单位和监理单位的沟通与协调。

四、后果与影响

1. 工期延误。由于地下障碍物的出现，原本的施工计划需要重置，工程的整体进度受到了一定程度的影响。

2. 成本增加。处理地下障碍物需要进行额外的工程作业，如勘察、挖掘、处理等，这些都会增加工程的总成本。

3. 安全管理难度提升。地下障碍物的存在增加了施工现场的复杂性，对施工安全管理提出了更高的要求。

4. 合同调整。通过签证流程，施工单位与业主单位就额外工作和工期延误达成了新的合同协议，确保了双方的权益。

5. 经验教训。此次事件提醒了施工单位在未来项目中应更加重视前期地质勘察工作，以减少

类似情况的发生。同时，也强化了施工单位与业主、监理单位之间的沟通与协作，为后续工程的顺利进行奠定了基础。

问题认定与法律条文

一、地下障碍物导致施工受阻

1.问题认定。

在施工过程中，施工单位遇到了未知的地下障碍物，导致施工受阻。这涉及施工合同履行过程中的变更情况，需要依法进行签证，以便对工期和费用进行调整。

2.法律条文。

《中华人民共和国民法典》第七十七条："当事人协商一致，可以变更合同。"在本案中，遇到地下障碍物属于合同履行过程中的变更情况，施工单位有权依法提出签证申请，与业主单位协商变更合同内容，包括工期和费用的调整。

二、地质勘察不详尽

1.问题认定。

施工单位在施工前未进行详尽的地质勘察，未能提前发现地下障碍物，这可能导致施工安全和工程质量方面的风险。

2.法律条文。

《建设工程质量管理条例》第九条："建设单位必须向有关的勘察、设计、施工、工程监理等单位提供与建设工程有关的原始资料。原始资料必须真实、准确、齐全。"地质勘察资料是施工前的重要原始资料之一，施工单位有责任进行详尽的地质勘察，以确保施工安全和工程质量。施工单位地质勘察不详尽导致的问题，应承担相应的责任。

综上所述，针对地下障碍物导致的施工受阻和地质勘察不详尽问题，可以依据《中华人民共和国民法典》和《建设工程质量管理条例》进行问题认定，并依法采取相应的措施，以保障施工合同的顺利履行和施工安全、质量的要求。

整改措施

一、针对地下障碍物导致施工受阻问题的整改措施

1.加强前期调研与风险评估。

在项目开始前，应进行全面细致的现场调研，包括对历史资料、地图、地质报告的深入分析，以及对周边居民、相关单位的访谈，尽可能多地收集关于地下设施的信息。

评估施工区域可能存在地下障碍物的风险，制定相应的预处理方案和应急预案。

2.强化现场管理与监控。

在施工过程中，加强现场监控，及时发现并处理可能隐藏的地下障碍物。

使用地下探测设备，如地质雷达等，对施工区域进行扫描，预防性地识别障碍物。

3.完善签证与变更管理流程。

当遇到地下障碍物时，应立即停止施工，并按照合同约定及时启动签证流程。

与业主单位、监理单位等相关方密切沟通，确保签证申请的及时审批，以便尽快调整施工方案

和计划。

二、针对地质勘察不详尽问题的整改措施

1. 委托专业地质勘察单位。

选择具有资质和经验丰富的地质勘察单位，确保勘察结果的准确性和可靠性。

明确勘察要求和范围，确保勘察工作全面覆盖施工区域。

2. 严格执行勘察规范。

要求勘察单位按照国家和地方的相关规范进行勘察工作，确保勘察数据的真实性和有效性。

对勘察过程进行监督，确保勘察工作的质量和深度满足工程需要。

3. 加强勘察成果审核与应用。

对勘察报告进行认真审核，确保其真实反映地质情况，为设计和施工提供准确依据。

将勘察成果与施工方案紧密结合，针对可能的地质问题制定预防措施。

4. 建立经验总结与反馈机制。

对项目中遇到的地质问题进行总结，形成经验，为后续项目提供参考。

鼓励施工人员反馈地质勘察中的问题，不断完善勘察方法和流程。

实施以上整改措施，可以提高对地下障碍物的预防和应对能力，同时提升地质勘察的准确性和有效性，为工程项目的顺利进行提供有力保障。

专题71：现场狭窄或者边坡不够稳定等情况下，无法在现场堆放足够的回填土时，应该签证外运土方量以及运距

案例简介

一、案例背景

在某城市的一个住宅楼建设工程项目中，施工现场位于山脚，地形复杂且空间相对狭窄。项目要求进行地基开挖并回填，但由于现场条件限制，无法在现场堆放足够的回填土。同时，工程地处的边坡地质条件也不太稳定，存在滑坡的风险。

二、具体问题

1. 施工现场空间狭窄，无法容纳大量回填土料。

2. 工程地处的边坡不够稳定，大量土方堆积可能加大边坡失稳的风险。

3. 需将开挖出的土方运至指定地点，涉及外运土方量及运距的确认和签证问题。

三、具体案例分析

1. 现场条件评估与土方堆放问题。

施工单位在项目开工前对现场进行了详细评估，发现施工区域狭窄，且边坡地质条件不稳定，不适宜在现场长时间堆放大量土方。为避免可能的安全隐患，施工单位决定采取土方外运的方案。

2. 土方外运方案制定。

施工单位根据现场情况制定了详细的土方外运方案，包括预计的外运土方量、运输路线、运

距以及卸土地点等。方案提交给业主单位和监理单位审核后，获得了批准。

3. 签证申请与处理。

施工单位按照批准的方案实施了土方外运工作，并就实际外运的土方量和运距向业主单位提交了签证申请。申请中详细列出了每次外运的土方量、运输车辆信息、起始和终止地点以及实际运距等数据。业主单位在核实相关信息后，及时对签证申请给予了批复。

四、后果与影响

1. 安全管理。土方外运避免了现场狭窄和边坡不稳定带来的安全隐患，确保了施工现场的安全。

2. 工期保障。及时的外运处理，确保了地基开挖和回填工作的顺利进行，为项目整体工期的保障提供了有利条件。

3. 成本控制。通过合理的土方外运方案和准确的签证流程，施工单位能够有效控制成本，避免浪费。

4. 合同履约。规范的签证流程有助于施工单位与业主单位之间的合同履约，减少了因工程量变更而产生的纠纷。

本案例表明，在建设工程项目中，当面临现场狭窄或边坡不稳定等复杂条件时，合理的土方外运方案和准确的签证流程对保障施工安全、控制成本以及合同履约至关重要。

问题认定与法律条文

一、施工现场空间狭窄无法堆放回填土

1. 问题认定。

施工现场空间有限，无法在现场堆放足够的回填土，这涉及施工条件的限制以及施工方案的调整。施工单位需根据现场实际情况，合理规划土方堆放或采取外运措施，确保施工安全和进度。

2. 法律条文。

《建设工程质量管理条例》第二十一条："施工单位应当按照工程设计文件和施工技术标准进行施工，不得偷工减料，不得擅自修改工程设计。"在空间狭窄无法堆放回填土的情况下，施工单位需根据实际情况调整施工方案，确保施工方案符合工程设计文件和施工技术标准，不违背法律法规要求。

二、边坡不稳定带来安全隐患

1. 问题认定。

工程地处的边坡地质条件不稳定，存在滑坡的风险。施工单位需要采取相应措施，确保边坡稳定，防止因土方堆积而加剧边坡失稳，保障施工现场安全。

2. 法律条文。

《中华人民共和国安全生产法》第三十六条："生产经营单位必须对安全设备进行经常性维护、保养，并定期检测，保证正常运转。维护、保养、检测应当作好记录，并由有关人员签字。"施工单位有责任对边坡进行监测和维护，确保其稳定性，预防滑坡等安全事故的发生。

三、土方外运量及运距的签证问题

1.问题认定。

由于现场条件限制，需将开挖出的土方运至指定地点，涉及外运土方量及运距的确认和签证。施工单位需按照实际外运的土方量和运距向业主单位提交签证申请，确保工程量和费用的准确核算。

2.法律条文。

《中华人民共和国民法典》第二百六十九条："建设工程合同是承包人进行工程建设，发包人支付价款的合同。"土方外运作为工程建设的一部分，其工程量和费用应当通过合同进行明确约定。施工单位有权依法向业主单位提交签证申请，确保自身权益得到保障。同时，根据《建设工程价款结算暂行办法》的相关规定，施工单位和业主单位应当按照合同约定进行工程价款结算，包括土方外运等额外工程量的核算和支付。

整改措施

一、针对施工现场空间狭窄无法堆放回填土问题的整改措施

1.优化土方调配方案。

综合考虑现场空间和施工需求，制订合理的土方调配计划，确保土方能够及时、有效地运出施工现场，避免在现场长时间堆放。

探索使用现代土方运输和储存技术，如使用移动式土方存储设备，以减少对现场空间的占用。

2.加强现场管理与协调。

设立专门的土方管理团队，负责土方开挖、运输和堆放等环节的协调工作，确保施工过程顺畅。

合理安排施工进度，避免土方开挖和外运工作相互干扰，最大化利用现场空间。

二、针对边坡不稳定带来安全隐患问题的整改措施

1.实施边坡稳定监测。

安装边坡位移监测系统，实时监测边坡的变形情况，及时发现并处理潜在的安全隐患。

定期对边坡进行稳定性评估，确保边坡处于安全状态。

2.加强边坡防护措施。

根据边坡的地质条件和稳定性要求，采取适当的支护措施，如挡土墙、锚索等，增强边坡的稳定性。

在边坡周围设置明显的安全警示标志，提醒施工人员注意安全。

三、针对土方外运量及运距的签证问题的整改措施

1.完善签证管理制度。

建立明确的签证申请和审批流程，确保施工单位能够及时、准确地提交签证申请。

业主单位应设立专门的签证管理团队，负责审核和批复签证申请，提高签证工作的效率和准确性。

2.加强土方外运的计量与记录。

使用先进的土方计量设备和方法，确保外运土方量的准确计量。

建立详细的土方外运记录系统，包括每次外运的土方量、运输距离等信息，为后续签证工作提供准确依据。

实施以上整改措施，可以有效解决施工现场空间狭窄、边坡不稳定以及土方外运签证等问题，提升工程项目的安全性和管理效率。

专题72：基础施工期间，如果因雨停工或者因甲方原因延误工期，排水降水费用可以按照台班签证

案例简介

一、案例背景

在某市的一个大型商业综合体建设工程项目中，基础施工阶段遭遇了连续的阴雨天气，导致施工进度受阻。同时，甲方在设计变更上的决策延误，也进一步影响了工程的正常推进。根据合同条款，天气或甲方原因导致的工期延误，施工单位有权申请相应的费用补偿。

二、具体问题

1. 连续阴雨天气导致基础施工无法正常进行，产生了额外的排水降水费用。

2. 甲方设计变更决策延误导致施工进度受阻，增加了排水降水的时间成本。

3. 施工单位需就因上述原因产生的额外费用向甲方申请补偿。

三、具体案例分析

1. 连续阴雨天气的影响。

在基础施工期间，项目所在地遭遇了连续的阴雨天气，导致施工现场积水严重，无法正常进行土方开挖和基础施工。为确保施工进度和安全，施工单位不得不采取额外的排水降水措施，包括增加水泵、排水管道等设备，以确保施工现场的干燥。这些措施产生了额外的费用支出。

2. 甲方设计变更决策的延误。

在施工过程中，甲方提出了设计变更要求。然而，在设计变更的决策过程中，甲方内部意见不统一，导致决策延误。这一延误使得原本可以按计划完成的基础施工被迫暂停，等待甲方的最终决策。在此期间，施工单位仍需维持现场的排水降水措施，以确保施工现场的安全，这进一步增加了费用支出。

3. 申请费用补偿的过程。

施工单位根据合同条款，就阴雨天气和甲方原因导致的工期延误所产生的额外排水降水费用，向甲方提交了详细的费用补偿申请。申请中包括额外的设备租赁费、人工费以及因此产生的其他相关费用。甲方在核实了施工单位的申请后，同意了相应的费用补偿。

四、后果与影响

1. 费用增加。由于阴雨天气和甲方原因，工期延误，施工单位不得不承担额外的排水降水费用，增加了项目的总成本。

2. 工期延误。连续的阴雨天气和甲方的设计变更决策延误，使得原本的施工计划被打乱，导

致整体工期的延误。

3. 合同履约风险。虽然施工单位最终获得了费用补偿，但此类事件仍可能对施工单位的合同履约能力产生负面影响，特别是在多个项目同时进行时，可能导致资源分配和资金流的紧张。

4. 合作关系受到影响。此类事件可能对施工单位与甲方之间的合作关系造成一定影响，需要双方加强沟通与协调，以确保后续工程的顺利进行。

本案例表明，在建设工程项目中，不可抗力（如天气原因）和甲方原因导致的工期延误及额外费用是客观存在的风险，施工单位应合理规划施工方案，预留一定的风险应对空间，并与甲方建立良好的沟通机制，以应对可能出现的问题。

问题认定与法律条文

一、连续阴雨天气导致基础施工无法正常进行

1. 问题认定。

连续阴雨天气属于不可抗力，对施工进度造成了实际影响。根据相关法律法规和施工合同，针对不可抗力导致的工期延误，施工单位有权申请相应的工期顺延和费用补偿。

2. 法律条文。

《中华人民共和国民法典》第一百一十七条："因不可抗力不能履行合同的，根据不可抗力的影响，部分或者全部免除责任，但法律另有规定的除外。当事人迟延履行后发生不可抗力的，不能免除责任。"因此，在本案中，针对连续阴雨天气这一不可抗力导致的工期延误，施工单位有权申请工期顺延和额外费用补偿。

二、甲方设计变更决策延误导致施工进度受阻

1. 问题认定。

甲方设计变更决策延误属于甲方原因。根据施工合同，针对甲方原因导致的工期延误，施工单位有权申请工期顺延和相应的费用补偿。

2. 法律条文。

《中华人民共和国民法典》第二百八十三条："发包人未按照约定的时间和要求提供原材料、设备、场地、资金、技术资料的，承包人可以顺延工程日期，并有权要求赔偿停工、窝工等损失。"在本案中，甲方设计变更决策延误导致施工进度受阻，施工单位有权依据合同约定申请工期顺延和因延误产生的额外费用补偿。

三、申请排水降水费用补偿

1. 问题认定。

阴雨天气和甲方原因导致工期延误，施工单位采取了额外的排水降水措施，产生了额外费用。根据施工合同和相关法律法规，施工单位有权就这些额外费用向甲方申请补偿。

2. 法律条文。

《中华人民共和国民法典》第四百零五条："受托人完成委托事务的，委托人应当向其支付报酬。"在本案中，施工单位为应对不可抗力和甲方原因导致的工期延误，采取了额外的排水降水措施，完成了额外的工程任务，因此有权根据合同约定向甲方申请相应的费用补偿。同时，根据《中华人民共和国民法典》第一百一十七条和第二百八十三条的规定，施工单位也有权要求甲

方承担不可抗力或甲方原因导致的额外费用。

整改措施

一、针对连续阴雨天气导致基础施工无法正常进行问题的整改措施

1. 建立天气监测与预警系统。

建立专门的天气监测与预警系统，及时掌握未来天气变化，以便提前做好施工计划和应急准备。

在施工计划中预留一定的弹性时间，以应对可能的天气变化导致的工期延误。

2. 制订应急预案。

根据天气预报，提前制定排水降水方案，确保施工现场在阴雨天气下也能保持干燥，减少积水对施工的影响。

准备足够的排水设备和防水材料，以应对突发的阴雨天气。

3. 加强现场管理。

在阴雨天气期间，加强施工现场的巡查，及时发现并处理积水问题。

合理安排施工人员和设备，确保在天气转好时能够迅速恢复施工。

二、针对甲方设计变更决策延误导致施工进度受阻问题的整改措施

1. 加强与甲方的沟通与协调。

建立定期沟通机制，及时了解甲方的设计变更需求和意图，减少因信息不对称导致的决策延误。

在设计变更决策过程中，积极提供技术支持和专业建议，帮助甲方快速做出决策。

2. 完善合同条款。

在施工合同中明确设计变更的处理方式和费用补偿机制，减少因设计变更导致的纠纷和延误。

设立违约责任条款，对甲方在设计变更决策中的拖延行为进行约束。

3. 提高施工单位的应变能力。

加强施工单位的内部管理和技术培训，提高施工人员对设计变更的适应能力和施工效率。

预留一定的施工裕量，以应对可能的设计变更导致的工期调整。

三、优化申请排水降水费用补偿的流程

1. 建立详细的费用记录和核算机制。

对天气或甲方原因导致的额外排水降水费用进行详细记录，包括设备租赁费、人工费等。

设立专门的费用核算团队，确保费用计算的准确性和合理性。

2. 加强与甲方的费用协商与确认。

及时与甲方沟通额外费用情况，提供相关证据和计算依据。

在双方达成一致意见后，签订补充协议或备忘录，明确费用补偿的金额和支付方式。

3. 完善内部审批流程。

设立明确的费用补偿申请和审批流程，确保施工单位内部各部门之间的顺畅沟通。

加强对费用补偿申请的审核和监督，防止虚假申请和滥用资源。

实施以上整改措施，可以有效减少天气和甲方原因导致的工期延误和额外费用支出，提高施工单位的应变能力和合同管理效率。

专题 73：长期停工要及时办理签证

案例简介

一、案例背景

在某市一项大型基础设施建设工程中，由于政策调整、资金短缺以及技术难题等多重原因，该项目遭遇了长期停工。停工期间，施工单位按照合同要求，需要定期向业主单位提交停工签证，以记录停工时间和原因，并作为后续费用结算的依据。

二、具体问题

1. 施工单位在停工初期未能及时办理停工签证。

2. 随着停工时间的延长，施工单位未按照合同要求每月至少办理一次停工签证。

3. 直到项目复工前，施工单位才匆忙补办之前的停工签证。

三、具体案例分析

1. 停工初期未及时办理签证。

在项目停工初期，施工单位认为停工是暂时性的，因此并未立即办理停工签证。然而，随着停工时间的延长，这一疏忽为后续的费用结算埋下了隐患。

2. 长期停工期间未定期办理签证。

合同约定，施工单位应每月至少办理一次停工签证，以记录停工时间和原因。然而，在实际操作中，施工单位未能严格执行这一规定。随着停工时间的不断延长，缺乏连续的停工签证记录使得后续的费用结算变得复杂和困难。

3. 复工前匆忙补办签证。

在项目即将复工时，施工单位意识到停工签证的重要性，便匆忙补办签证。然而，由于时间紧迫且缺乏详细的记录，补办的签证在内容和准确性上存在较大问题。这进一步增加了后续费用结算的纠纷和风险。

四、后果与影响

1. 费用结算纠纷。由于长期停工期间未及时办理签证，在复工后的费用结算过程中，施工单位与业主单位之间产生了严重的纠纷。双方对停工期间的费用计算存在较大分歧，难以达成一致。

2. 项目进度受阻。由于存在费用结算纠纷，项目的复工进度受到了严重影响。双方需要花费大量时间和精力进行协商和谈判，导致项目进度进一步延误。

3. 合同履行风险。施工单位在停工签证方面的疏忽可能导致其被视为违反合同约定，从而面临违约风险。这不仅可能损害施工单位的声誉，还可能引发法律纠纷和经济损失。

4. 项目成本增加。为了解决费用结算纠纷和推进项目复工，施工单位可能需要额外投入人力、物力和财力进行协商、谈判和法律咨询等工作，从而增加了项目的总成本。

本案例表明，在长期停工的建设工程项目中，及时、准确地办理停工签证至关重要。施工单位应严格按照合同要求执行签证程序，确保停工期间的费用结算和项目复工的顺利进行。

问题认定与法律条文

一、停工初期未及时办理签证

1. 问题认定。

施工单位在项目停工初期未能及时办理停工签证，违反了合同管理和工程停工签证的相关规定。

2. 法律条文。

根据《中华人民共和国民法典》第六十条："当事人应当按照约定全面履行自己的义务。"及《建设工程施工合同示范文本》中关于停工签证的约定，施工单位有责任在停工事件发生时及时办理停工签证，以记录停工时间和原因。案例中的施工单位未及时办理停工签证，未能全面履行合同义务。

二、长期停工期间未定期办理签证

1. 问题认定。

在长期停工期间，施工单位未按照合同要求每月至少办理一次停工签证，违反了定期签证的合同义务。

2. 法律条文。

《中华人民共和国民法典》第一百零七条："当事人一方不履行合同义务或者履行合同义务不符合约定的，应当承担继续履行、采取补救措施或者赔偿损失等违约责任。"施工单位未按照合同约定定期办理停工签证，构成违约行为。

三、复工前匆忙补办签证

1. 问题认定。

施工单位在项目即将复工时匆忙补办签证，这种行为可能导致签证内容的真实性和准确性受到质疑，违反了签证的真实性原则。

2. 法律条文。

根据《中华人民共和国民法典》第六条："当事人行使权利、履行义务应当遵循诚实信用原则。"及《建设工程施工合同示范文本》对签证真实性的要求，施工单位应确保所提供签证的真实性和准确性。匆忙补办签证可能违反诚实信用原则，且影响合同的正常履行。

综上所述，施工单位在停工签证管理方面的疏忽和不当行为，可能构成合同违约，施工单位应承担相应的法律责任。

整改措施

一、针对停工初期未及时办理签证问题的整改措施

1. 建立停工签证管理制度。

明确停工签证的办理流程、责任人和时间要求。停工事件发生时，立即启动停工签证办理程序。

2. 加强合同管理培训。

对项目管理人员进行合同管理培训，强调停工签证的重要性和办理要求。

确保项目团队熟悉合同条款，特别是关于停工签证的约定。

3. 建立提醒和监控机制。

设立停工签证办理提醒系统，确保在停工事件发生时及时提醒相关人员办理签证。

定期监控停工签证的办理情况，确保没有遗漏。

二、针对长期停工期间未定期办理签证问题的整改措施

1. 严格执行定期签证制度。

按照合同约定，每月至少办理一次停工签证，确保记录的连续性。

设立签证办理日程表，明确每月的签证办理时间和责任人。

2. 加强内部沟通和协调。

建立项目团队内部沟通机制，确保各部门之间信息共享，及时传递停工签证的办理需求。

协调各部门配合，确保停工签证的顺利办理。

3. 建立奖惩机制。

对按时、准确办理停工签证的人员给予奖励和表彰。

对未能按时办理签证或办理错误的人员进行问责和处罚。

三、针对复工前匆忙补办签证问题的整改措施

1. 提前规划复工前的签证准备工作。

在项目复工前，提前规划并准备补办停工期间的签证工作。设立专门小组负责补办签证的整理和审核工作，确保准确性和完整性。

2. 加强签证真实性和准确性的审核。

建立签证审核流程，对补办的停工签证进行严格审核，要求提供详细的停工记录和证明材料，确保签证内容的真实性。

3. 与业主单位积极沟通。

在补办签证过程中，积极与业主单位沟通，解释原因并寻求理解和支持。与业主单位协商确定补办签证的具体要求和流程，确保双方达成一致意见。

实施以上整改措施，可以规范停工签证的办理流程，提高签证的及时性和准确性，减少因停工签证问题导致的纠纷和风险。同时，也有助于提升项目管理水平和合同履行能力。

专题 74：砌筑部分的签证一定要说明砖的破损程度，不然审计会直接把材料减掉

案例简介

一、案例背景

在某市一项政府投资的基础设施建设项目中，项目管理团队对规范操作的重要性认识不足，导致在项目实施过程中出现了多项违规操作。这些违规操作在后续的工程审计中被查出，给项目带来了严重的影响。

二、具体问题

1. 项目管理团队未按规定进行公开招标，而是采用了私下协商的方式确定施工单位。

2. 施工单位在施工过程中，未按照设计图纸和规范进行施工，擅自更改了部分工程结构。

3. 项目管理团队在工程进度款的支付上存在违规操作，未按照合同约定的支付方式和时间节点进行支付。

三、具体案例分析

1. 未按规定进行公开招标。

该项目管理团队在选择施工单位时，未按照相关法律法规的规定进行公开招标，而是通过私下协商的方式确定了施工单位。这种做法不仅违反了公平竞争的原则，也可能导致工程质量和成本无法得到有效控制。

2. 擅自更改工程结构。

施工单位在施工过程中，未严格按照设计图纸和规范进行施工，而是擅自更改了部分工程结构。这种做法可能导致工程存在安全隐患，同时也会影响工程的整体质量和稳定性。

3. 工程进度款支付违规。

项目管理团队在工程进度款的支付上存在违规操作，未按照合同约定的支付方式和时间节点进行支付。这种做法不仅会影响施工单位的正常运营和工程进度，还可能引发合同纠纷和法律风险。

四、后果与影响

1. 工程质量受影响。由于施工单位擅自更改工程结构，且未经过正规的设计变更程序，工程质量无法得到保障，存在安全隐患。

2. 法律风险增加。项目管理团队在工程进度款支付上的违规操作可能引发合同纠纷，甚至面临法律诉讼的风险。同时，未按规定进行公开招标也可能导致相关责任人受到法律追究。

3. 政府形象受损。该项目是政府投资的基础设施建设项目，违规操作不仅损害了政府的形象，也降低了公众对政府的信任度。

4. 资源浪费。违规操作导致的工程质量问题和法律风险，可能需要投入更多的人力、物力和财力进行整改和应对，造成资源浪费。

本案例表明，建设工程项目中的违规操作会给项目带来严重的影响。因此，项目管理团队应严格遵守相关法律法规，确保项目的顺利实施和高质量完成。同时，政府和相关部门也应加大监管力度，及时发现并纠正违规操作行为，保障公共资源的合理利用和社会公众的切身利益。

问题认定与法律条文

一、未按规定进行公开招标

1. 问题认定。

项目管理团队未按照法定程序进行公开招标，而是通过私下协商的方式确定施工单位，这违反了与招投标相关的法律法规。

2. 法律条文。

《中华人民共和国招标投标法》第三条："在中华人民共和国境内进行下列工程建设项目包

括项目的勘察、设计、施工、监理以及与工程建设有关的重要设备、材料等的采购，必须进行招标。"以及该法第四十九条："对必须进行招标的项目而不招标的，或者存在规避招标行为的，责令限期改正，可以处项目合同金额千分之五以上千分之十以下的罚款；对全部或者部分使用国有资金的项目，可以暂停项目执行或者暂停资金拨付；对单位直接负责的主管人员和其他直接责任人员依法给予处分。"项目管理团队未依法进行公开招标，属于违法行为。

二、擅自更改工程结构

1. 问题认定。

施工单位在施工过程中未按照设计图纸和规范进行施工，擅自更改工程结构，这违反了建筑施工质量管理和安全生产的相关规定。

2. 法律条文。

《建设工程质量管理条例》第二十八条："施工单位必须按照工程设计图纸和施工技术标准施工，不得擅自修改工程设计，不得偷工减料。"以及该条例第六十四条："违反本条例规定，施工单位在施工中偷工减料的，使用不合格的建筑材料、建筑构配件和设备的，或者有不按照工程设计图纸或者施工技术标准施工的其他行为的，责令改正，处工程合同价款 2% 以上 4% 以下的罚款；造成建设工程质量不符合规定的质量标准的，负责返工、修理，并赔偿因此造成的损失；情节严重的，责令停业整顿，降低资质等级或者吊销资质证书。"施工单位擅自更改工程结构，应承担相应的法律责任。

三、工程进度款支付违规

1. 问题认定。

项目管理团队在工程进度款的支付上未按照合同约定的支付方式和时间节点进行支付，这违反了民法典和建设工程施工合同的相关规定。

2. 法律条文。

根据《中华人民共和国民法典》第八条："依法成立的合同，对当事人具有法律约束力。当事人应当按照约定履行自己的义务，不得擅自变更或者解除合同。"以及《最高人民法院关于审理建设工程施工合同纠纷案件适用法律问题的解释》中的相关规定，项目管理团队未按照合同约定支付工程进度款，构成违约行为，施工单位有权要求项目管理团队承担违约责任，包括支付逾期付款的利息等损失赔偿。

整改措施

一、针对未按规定进行公开招标问题的整改措施

1. 加强招投标法规宣传和培训。

对项目管理团队进行招投标相关法规的宣传和培训，确保所有成员充分了解和遵守招投标程序。

2. 建立严格的招投标流程。

制订并执行严格的招投标流程，确保所有项目必须按照法律规定进行公开招标。

设立专门的招投标监督小组，对招投标过程进行监督，防止违规操作。

3. 加强内部审核和监督机制。

建立完善的内部审核机制，对招投标文件进行严格审查，确保合规性。

鼓励员工举报违规行为，对发现的违规行为进行严肃处理。

二、针对擅自更改工程结构问题的整改措施

1. 加强施工图纸的审核和变更管理。

设立专门的施工图纸审核小组，确保施工图纸的准确性和合规性。

任何施工图纸的变更必须经过严格的审查和批准程序，禁止擅自更改。

2. 加强施工现场监督。

派遣专业的质量监督人员到施工现场进行定期和不定期的检查，确保施工按照图纸和规范进行。

对于发现的违规行为，立即进行整改，并对相关责任人进行处罚。

3. 加强施工单位的培训和教育。

定期对施工单位进行技术和管理方面的培训，提高其专业水平和法律意识。

三、针对工程进度款支付违规问题的整改措施

1. 严格执行合同条款。

项目管理团队必须严格按照合同条款约定的支付方式和时间节点进行工程进度款的支付。

建立工程进度款支付台账，确保每笔款项的支付都有明确的记录和依据。

2. 加强财务管理和内部控制。

完善财务管理制度，确保工程进度款的支付符合公司财务规定和法律法规要求。

加强内部控制，防止人为失误或故意违规导致的支付问题。

3. 建立有效的沟通机制。

与施工单位建立定期沟通机制，及时了解工程进度和款项支付情况，确保双方信息对称。

对于施工单位提出的合理支付要求，应积极响应并尽快处理。

实施以上整改措施，可以规范项目管理团队的行为，确保项目的顺利实施和高质量完成，同时降低法律风险，提升政府形象和公众信任度。

专题 75：赶工增加模板量，可以办理签证

案例简介

一、案例背景

在某市一项重点基础设施建设工程中，政府紧急要求工程提前完工以配合即将举行的国际活动。为了满足这一要求，施工单位采取了包括增加模板使用量在内的多种赶工措施。本案例将详细分析这一赶工措施及其引发的签证问题。

二、具体问题

在紧急赶工过程中，原计划模板数量不足，施工单位需额外采购模板。这一变动导致成本上升，进而带来与建设单位的合同变更和签证问题。施工单位面临如何妥善申请并获得相应签证的

具体挑战。

三、具体案例分析

1. 赶工决策的合理性。

在接到紧急完工要求后，施工单位进行全面评估，认为增加模板使用量是最高效的赶工策略。此决策旨在推进工程进度，同时兼顾施工质量和安全。通过深入分析工程现状与施工条件，施工单位制定了切实可行的赶工方案，为后续的签证申请打下了坚实基础。

2. 签证申请的提出与处理。

基于实际情况，施工单位向建设单位正式提交了签证申请。申请中详尽说明了赶工缘由、新增模板数量及由此产生的额外费用，并附有充分的证明材料。建设单位在审核中认真核实了施工单位的申请，并最终批准了签证请求。双方在此过程中的紧密沟通与协作，确保了签证申请的顺畅处理。

3. 签证的影响与意义。

此次签证的成功申请，不仅为施工单位带来了合理的经济补偿，还体现了合同管理的规范性与灵活性。面对合同变更，双方通过正规流程进行处理，既保障了工程的顺利推进，也维护了彼此的合法权益。

四、后果与影响

1. 工程进度方面。

得益于赶工措施的有效实施及签证的顺利申请，施工单位成功完成了工程任务，满足了政府的紧急需求，展现了出色的实力与信誉，同时为国际活动的顺利举办提供了关键支持。

2. 经济效益方面。

尽管增加模板带来了额外的成本，但施工单位通过合理的签证申请获得了相应的经济补偿，有效规避了经济损失，维护了自身的经济利益。

3. 合同管理方面。

本案例深刻反映了合同管理的重要性。在合同变更面前，施工单位与建设单位均遵循正规流程进行处理，确保了工程的平稳进行，同时也为双方权益提供了坚实保障。这一案例为未来的工程项目管理提供了宝贵的经验与启示。

问题认定与法律条文

一、赶工增加成本

1. 问题认定。

施工单位因政府要求提前完工，采取了赶工措施，包括增加模板的使用量，导致成本上升。这涉及合同变更和签证问题，需要依据相关法律法规进行认定和处理。

2. 法律条文。

《中华人民共和国民法典》第七十七条："当事人协商一致，可以变更合同。"在本案中，由于政府要求提前完工，原合同约定的施工进度和成本发生变化，属于合同变更情形。双方应协商一致，对合同进行变更，并通过签证方式确认增加的成本。

二、签证申请的合理性

1. 问题认定。

施工单位向建设单位提出了签证申请，要求获得因赶工增加的成本补偿。这需要评估签证申请的合理性，即签证申请是否符合合同约定和相关法律法规。

2. 法律条文。

《建设工程价款结算暂行办法》第十条："工程设计变更价款调整等事项，应当在合同中约定具体的调整方式和计算方法。若合同未约定或约定不明的，发承包双方应依照下列规定与文件协商处理。"本案中，施工单位因赶工增加的成本属于工程设计变更价款调整范畴，应依据合同约定或相关法律法规进行协商处理，签证申请是合理的。

三、签证处理流程的合法性

1. 问题认定。

建设单位在审核施工单位的签证申请后，同意了签证请求。这涉及签证处理流程的合法性，即签证处理流程是否符合相关法律法规和合同约定。

2. 法律条文。

《建设工程价款结算暂行办法》第十四条："发包人应在收到承包人提交的竣工结算文件后的约定期限内予以答复。逾期未答复的，竣工结算文件视为已被认可。"在本案中，建设单位在合理期限内对施工单位的签证申请进行了审核并予以答复，符合相关法律法规和合同约定，签证处理流程合法。

综上所述，本案中的赶工增加成本、签证申请的合理性以及签证处理流程的合法性等问题，均可以依据相关法律法规和合同约定进行认定和处理。

整改措施

一、针对赶工增加成本问题的整改措施

1. 完善合同条款。在合同中明确约定关于赶工、设计变更等可能导致的成本变化的调整方式和计算方法，以避免后续因成本变更而产生争议。

2. 建立成本预测与监控机制。在项目开始前，进行详细的成本预测，并在项目执行过程中实时监控成本变化，及时调整计划以应对不可预见的成本增加。

二、针对签证申请的合理性问题的整改措施

1. 加强内部审核。在提交签证申请前，施工单位应加强内部审核，确保申请的合理性和准确性，避免提出不合理的签证请求。

2. 提升项目管理人员素质。通过培训和引进专业人才，提升项目管理人员对签证申请合理性的判断能力。

三、针对签证处理流程的合法性问题的整改措施

1. 规范签证处理流程。制定明确的签证处理流程和标准，确保每一步操作都符合法律法规和合同约定。

2. 加强沟通与协作。建设单位和施工单位之间应建立有效的沟通机制，确保在签证处理过程中信息畅通，及时解决问题，提高处理效率。

四、其他综合性整改措施

1. 建立风险管理机制。对项目进行全面的风险评估，制定风险应对策略，以减少赶工等原因导致的成本增加风险。

2. 强化合同管理。定期对合同执行情况进行检查和评估，确保合同双方严格履行合同条款，减少合同争议。

3. 加强项目监控与记录。建立完善的项目监控和记录系统，实时跟踪项目进度和成本变化，为后续的签证申请提供准确的数据支持。

4. 提高法律意识。定期对员工进行法律法规培训，提高全员的法律意识，确保项目管理和签证处理过程中严格遵守相关法律法规。

专题76：成本核算时应包括保温层的排气管及管件、面层保护层的油浸木丝板和油膏嵌缝等材料

案例简介

一、案例背景

在某市一项住宅楼建设工程项目中，施工单位按照设计图纸进行了外墙保温层的施工。该保温系统包括保温板、排气管、管件、面层保护层的油浸木丝板和油膏嵌缝等材料。项目完成后，进入工程核算阶段，此时建设单位委托第三方审计机构对工程项目的造价进行审计。

二、具体问题

在审计过程中，审计人员发现施工单位在核算时遗漏了保温层的排气管及管件、面层保护层的油浸木丝板和油膏嵌缝等材料的费用。这些材料虽然在施工图纸中有明确要求，但在施工单位的成本核算中却未被计入，导致了工程造价的低估。

三、具体案例分析

1. 遗漏原因分析。

（1）施工单位在成本核算时，可能由于疏忽或对项目细节理解不足，未能将保温层的排气管及管件、面层保护层的油浸木丝板和油膏嵌缝等材料纳入核算范围。

（2）项目管理人员可能对保温系统的完整构成缺乏全面了解，导致在核算过程中遗漏了部分材料。

（3）内部沟通不畅，施工现场人员与成本核算人员之间的信息传递出现断层，使得核算人员未能及时了解到所有应计入的材料。

2. 审计发现与处理。

（1）审计人员通过仔细审查施工图纸、施工合同以及施工单位的成本核算资料，发现了上述遗漏问题。

（2）审计人员与施工单位进行了详细沟通，指出了核算中的遗漏，并要求施工单位按照实际使用的材料进行重新核算。

（3）经过重新核算，施工单位确认了遗漏的材料费用，并对工程造价进行了相应调整。

四、后果与影响

1. 工程造价准确性。

由于审计人员的及时发现和指正，施工单位对工程造价进行了重新核算，确保了工程造价的准确性。这避免了因低估造价而导致后续资金缺口问题，保障了项目的顺利进行。

2. 合同履行与结算。

准确的工程造价为建设单位和施工单位之间的合同履行和结算提供了可靠依据。双方可以基于调整后的造价进行公平、合理的结算，避免因低估造价而产生的纠纷。

3. 项目管理水平。

此次审计发现的问题促使施工单位反思并改进了项目管理流程。施工单位加强了内部沟通机制，确保施工现场与成本核算部门之间的信息传递畅通无阻。同时，施工单位还加强了对项目管理人员的培训和教育，提高了他们对项目细节的把控能力和成本核算的准确性。

4. 后续项目借鉴。

此次案例也为施工单位在后续项目中提供了借鉴。施工单位在后续项目的成本核算中更加注重细节和全面性，确保不再出现类似的遗漏问题。同时，建设单位也加强了对施工单位的监督和审核，共同保障工程项目的质量和效益。

问题认定与法律条文

一、保温层排气管及管件、面层保护层的油浸木丝板、油膏嵌缝等材料费用遗漏核算

1. 问题认定。

施工单位在成本核算过程中遗漏了保温层的排气管及管件、面层保护层的油浸木丝板和油膏嵌缝等材料的费用，这违反了工程项目造价应准确、全面的原则，可能导致工程造价被低估，影响工程质量、进度和合同双方的利益。

2. 法律条文。

《中华人民共和国民法典》第六十条："当事人应当按照约定全面履行自己的义务。"施工单位在履行合同过程中，应全面准确地核算工程造价，案例中的施工单位遗漏核算部分材料费用，未能全面履行合同义务。

《中华人民共和国建筑法》第五十八条："建筑施工企业对工程的施工质量负责。"遗漏核算可能导致工程质量问题，进而影响建筑施工企业的施工质量责任。

《建设工程造价管理办法》第二十二条："工程造价应当依据合同约定、国家或者地方规定的计价依据、市场价格信息等编制。"施工单位在核算工程造价时，应依据相关规定全面考虑所有相关费用，遗漏核算违反了工程造价的编制要求。

二、低估工程造价导致的合同履行问题

1. 问题认定。

施工单位在成本核算时遗漏了部分材料费用，导致工程造价被低估，这可能影响建设单位和施工单位的合同履行，包括工程进度款的支付、工程结算等，进而可能引起合同双方的经济纠纷。

2. 法律条文。

《中华人民共和国民法典》第一百零七条："当事人一方不履行合同义务或者履行合同义务

不符合约定的，应当承担继续履行、采取补救措施或者赔偿损失等违约责任。"低估工程造价可能导致合同履行问题，施工单位可能需要承担相应的违约责任。

参照《中华人民共和国建筑法》中关于工程进度款和结算的约定，施工单位应提供准确的工程造价，以便建设单位按时支付工程进度款和进行工程结算。低估工程造价可能违反这一约定。

综上所述，施工单位在成本核算过程中遗漏部分材料费用，违反了相关法律法规和合同约定，可能导致工程造价低估和合同履行问题。施工单位应承担相应的法律责任，并采取补救措施以确保合同的顺利履行。

整改措施

一、加强成本核算的准确性和完整性

1.详细审查施工图纸和清单。在进行成本核算前，必须仔细研究施工图纸和施工材料清单，确保对所有应计入的材料有全面了解。

2.建立详细的成本核算流程。制定严格的成本核算流程，明确每一项材料和工艺的核算方法，防止遗漏。

3.使用专业的造价软件。利用现代科技手段，如专业的工程造价软件，来提高核算的准确性和效率。

二、加强项目团队内部的沟通与协作

1.定期召开项目协调会议。项目各部门应定期召开协调会议，就项目进展、材料使用、成本核算等情况进行沟通，确保信息的及时传递。

2.明确各部门职责。清晰界定施工现场、成本核算、材料采购等部门的职责，确保各部门之间的顺畅协作。

三、加强审计与监督

1.引入第三方审计。在项目关键节点或完工后，可委托专业的第三方审计机构进行工程造价审计，以确保造价的准确性。

2.建立内部监督机制。设立内部质量监督部门，对项目的各个环节进行定期检查和抽查，及时发现并纠正问题。

四、提升项目管理人员的专业水平

1.定期培训。定期为项目管理人员提供工程造价、合同管理等方面的培训，提升其专业素养和核算能力。

2.引进专业人才。招聘具有丰富经验和专业知识的工程造价人员，加强团队的整体实力。

五、完善合同管理制度

1.明确合同条款。在合同中详细列明工程造价的核算方法、材料和工艺的计价方式等，避免后续因理解差异而产生纠纷。

2.严格执行合同。按照合同约定进行工程进度款的支付和工程结算，确保合同的顺利履行。

实施以上整改措施，可以有效提升施工单位在工程项目成本核算中的准确性和全面性，降低遗漏核算材料费用的风险，从而保障工程项目的顺利进行和合同双方的合法权益。

专题 77：分包单位如果损坏总包单位的设备，总包单位可先与其协商赔偿，协商不成可找甲方签证

案例简介

一、案例背景

在某商业综合体建设工程项目中，总包单位 A 公司将部分专业分包工程发包给了分包单位 B 公司。施工过程中，B 公司在进行某项作业时，不慎损坏了 A 公司的一台重要设备，导致该设备无法正常使用。A 公司发现设备损坏后，立即与 B 公司进行了沟通，要求 B 公司赔偿损失。然而，B 公司以各种理由推脱责任，拒绝赔偿。在此情况下，A 公司决定寻求项目甲方 C 公司的帮助，希望通过甲方签证来解决纠纷。

二、具体问题

1. 分包单位 B 公司损坏了总包单位 A 公司的设备，应如何承担赔偿责任？

2. 在协商不成的情况下，总包单位 A 公司应如何通过甲方签证来维护自身权益？

三、具体案例分析

1. 设备损坏与赔偿责任。

（1）在施工过程中，B 公司因操作不当损坏了 A 公司的设备，根据民法典的相关规定，B 公司应当承担赔偿责任。

（2）A 公司在发现设备损坏后，及时与 B 公司进行了沟通，并提出了赔偿要求。然而，B 公司以设备损坏是意外事件、非其过错为由拒绝赔偿。

2. 协商不成与甲方签证。

（1）由于 B 公司拒绝承担赔偿责任，A 公司决定寻求项目甲方 C 公司的帮助。C 公司作为项目的发包方，具有对项目进行全面监督和管理的职责。

（2）A 公司向 C 公司提交了设备损坏的证据和赔偿要求，并请求 C 公司出具签证，以证明 B 公司的损坏行为及赔偿责任。

（3）C 公司在接到 A 公司的请求后，对事件进行了详细调查，并确认了 B 公司损坏设备的事实。随后，C 公司出具了签证，明确指出了 B 公司的损坏行为，并要求 B 公司承担赔偿责任。

四、后果与影响

1. 对分包单位 B 公司的影响。

（1）B 公司因损坏设备而面临赔偿责任，需要承担设备修复或更换的费用。这将对 B 公司的财务状况产生一定影响。

（2）此次事件可能对 B 公司的声誉造成损害，影响其在行业内的信誉和竞争力。

2. 对总包单位 A 公司的影响。

（1）通过甲方签证，A 公司成功维护了自身权益，确保了损坏的设备得到赔偿。这有助于保障项目的顺利进行和减少经济损失。

（2）此次事件对 A 公司而言是一次有益的经验，提高了其在未来类似情况下的应对能力。

3. 对项目甲方 C 公司的影响。

（1）C 公司通过出具签证，积极履行了项目发包方的监督和管理职责，维护了项目的正常秩序。

（2）此次事件对 C 公司而言也是一次管理经验的积累，有助于其在未来更好地处理类似纠纷和问题。

问题认定与法律条文

一、分包单位损坏设备的赔偿责任

1. 问题认定。

分包单位 B 公司在施工过程中损坏了总包单位 A 公司的设备，根据相关法律法规，损坏他人财物应承担相应的赔偿责任。因此，需要认定 B 公司对 A 公司设备的损坏行为及其应承担的赔偿责任。

2. 法律条文。

《中华人民共和国民法典》第一千一百六十五条："行为人因过错侵害他人民事权益造成损害的，应当承担侵权责任。依照法律规定推定行为人有过错，其不能证明自己没有过错的，应当承担侵权责任。"

《中华人民共和国民法典》第一千一百八十四条："侵害他人财产的，财产损失按照损失发生时的市场价格或者其他合理方式计算。"

根据上述法律条文，B 公司因过错损坏了 A 公司的设备，应当承担相应的赔偿责任，赔偿金额应按照损失发生时的市场价格或其他合理方式计算。

二、甲方签证在纠纷解决中的作用

1. 问题认定。

在协商不成的情况下，总包单位 A 公司寻求项目甲方 C 公司的帮助，并通过甲方签证来维护自身权益。需要认定甲方签证在纠纷解决中的法律效力和作用。

2. 法律条文。

《中华人民共和国建筑法》第五十八条："建筑施工企业对工程的施工质量负责。建筑施工企业必须按照工程设计图纸和施工技术标准施工，不得偷工减料。工程设计的修改由原设计单位负责，建筑施工企业不得擅自修改工程设计。"

虽无直接相关的法律条文规定甲方签证的法律效力，但在建筑工程实践中，甲方签证通常被视为一种书面证明，用于确认施工过程中的事实情况，包括工程量、工程质量、工程进度等。在纠纷解决中，甲方签证可以作为重要证据之一，用于证明相关事实。

根据上述分析，甲方 C 公司出具的签证确认了 B 公司损坏设备的事实，该签证在纠纷解决中具有重要的证据价值，有助于证明 B 公司的损坏行为及其应承担的赔偿责任。

整改措施

一、加强设备管理与保护

1. 明确设备保护责任。总包单位应明确各分包单位对施工现场设备的保护责任，制定详细的设备使用和保护规范，确保分包单位了解并遵守。

2.定期检查与维护设备。建立设备定期检查和维护制度，确保设备处于良好状态，减少设备老化或维护不当导致的损坏风险。

3.设立设备损坏赔偿机制。在合同中明确设备损坏的赔偿条款，包括赔偿标准、赔偿方式和赔偿期限等，以便在设备损坏时能够迅速解决纠纷。

二、加强施工现场管理

1.提高施工人员技能与意识。加强施工人员培训，提高其操作技能和安全意识，减少操作不当导致的设备损坏。

2.设立施工现场监控。在施工现场安装监控摄像头，实时监控施工现场情况，及时发现并处理可能对设备造成损坏的行为。

三、完善签证管理制度

1.明确签证流程和标准。建立完善的签证管理制度，明确签证的申请、审批和发放流程，确保签证的真实性和有效性。

2.加强签证的监管和审核。甲方应加大对签证的监管和审核力度，确保签证内容真实反映施工现场情况，防止虚假签证的产生。

3.建立签证纠纷处理机制。设立专门的签证纠纷处理机构或人员，负责处理因签证问题引发的纠纷，确保纠纷得到及时、公正的解决。

四、加强合同管理与履约监督

1.完善合同条款。在合同中明确双方的权利和义务，包括设备保护、赔偿责任等条款，为后续的履约提供明确的指导。

2.加强履约监督。甲方应加强对总包单位和分包单位的履约监督，确保双方按照合同约定履行义务，减少纠纷的发生。

实施以上整改措施，可以有效降低分包单位损坏设备的风险，提高施工现场的管理水平，完善签证管理制度，并加强合同管理和履约监督。这将有助于保障工程项目的顺利进行，减少经济损失和纠纷的发生。

专题78：重视成品保护，办理签证

案例简介

一、案例背景

在某市的一个大型商业综合体建设项目中，施工单位D公司负责室内精装修工程。该工程涉及高级石材、木饰面、玻璃等多种贵重材料的安装与保护。由于施工现场多个专业交叉作业，成品保护显得尤为重要。D公司深知成品保护的重要性，但同时也面临着成本和工期的双重压力。

二、具体问题

1.如何在保证成本和工期的前提下，有效实施成品保护？

2.如何及时证明已完成的成品保护工作，并确保能得到相应的费用补偿？

三、具体案例分析

1. 成品保护的挑战。

（1）施工现场环境复杂，多工种交叉作业，容易造成成品损坏。

（2）贵重材料一旦损坏，不仅会造成经济损失，还会影响工期和工程质量。

（3）D公司需要平衡成品保护的成本投入与工期要求。

2. 成品保护的策略与实施。

（1）D公司制定了详细的成品保护方案，包括使用竹篙子、破麻袋等简易材料对已完成工程部分进行临时保护。

（2）在现场管理中，D公司安排了专人负责成品保护工作，确保保护措施得到有效执行。

（3）D公司及时与甲方和监理单位沟通，明确成品保护的重要性和必要性，争取他们的理解和支持。

3. 办理签证的过程。

（1）D公司在实施成品保护措施后，立即组织人员拍摄现场照片，并详细记录保护措施的实施情况。

（2）D公司向甲方提交了成品保护的签证申请，附带了现场照片和实施记录作为证明。

（3）经过与甲方的沟通和协商，甲方认可了D公司的成品保护工作，并同意支付相应的费用。

四、后果与影响

1. 对施工单位D公司的影响。

（1）通过有效的成品保护措施，D公司减少了材料损坏的风险，降低了经济损失。

（2）及时办理签证，确保了D公司能够得到相应的费用补偿，维护了公司的经济利益。

（3）提高了D公司在行业内的声誉和竞争力，展示了其专业性和责任心。

2. 对甲方的影响。

（1）甲方通过支付合理的成品保护费用，确保了工程质量，减少了后期维修和返工的成本。

（2）甲方对D公司的专业性和责任心表示认可，有助于双方建立长期合作关系。

3. 对整个项目的影响。

（1）有效的成品保护措施提高了整个项目的工程质量。

（2）规范的管理和及时的签证办理，减少了施工过程中的纠纷和误解，促进了项目的顺利进行。

问题认定与法律条文

一、施工单位在工程中实施成品保护的义务

1. 问题认定。

施工单位D公司负责室内精装修工程，涉及贵重材料的安装，施工现场存在多个专业交叉作业的情况，因此需要采取成品保护措施。这涉及施工单位是否有义务和责任在施工过程中对已完成工程部分进行保护，以避免损坏和减少经济损失。

2.法律条文。

《中华人民共和国民法典》第二百六十九条："建设工程合同是承包人进行工程建设，发包人支付价款的合同。"施工单位作为承包人，有义务按照合同约定完成工程建设，并保证工程质量。成品保护是确保工程质量的重要环节。

《中华人民共和国建筑法》第五十八条："建筑施工企业对工程的施工质量负责。"施工单位有责任保护已完成的工程部分，以防止损坏，从而保证最终的工程质量。

二、施工单位办理成品保护签证的权益

1.问题认定。

D公司在实施成品保护措施后，需要向甲方证明已完成的保护工作，并争取相应的费用补偿。这涉及施工单位在完成合同外附加工作后，是否有权通过签证方式确认这部分工作，并要求额外的费用补偿。

2.法律条文。

《中华人民共和国民法典》第四百零五条："受托人完成委托事务的，委托人应当向其支付报酬。"若成品保护可视为合同外的委托事务，施工单位在完成后有权要求相应的报酬。

《建设工程价款结算暂行办法》第十条："工程完工后，双方应按照约定的合同价款及合同价款调整内容以及索赔事项，进行工程竣工结算。发包人收到承包人递交的竣工结算报告及完整的结算资料后，应按本办法规定的期限（合同约定有期限的，从其约定）进行核实，给予确认或者提出修改意见。"这意味着施工单位有权提交关于成品保护工作的结算资料，并要求发包人进行核实确认。

综上所述，施工单位D公司有义务和责任在工程中实施成品保护措施，并且在完成这些附加工作后，有权要求甲方通过签证方式确认，并支付相应的费用补偿。

整改措施

一、加强成品保护意识和培训

1.提升全员成品保护意识。定期召开培训会议，向全体员工强调成品保护的重要性，确保每个员工都明白自己在成品保护中的责任和作用。

2.专业技能培训。对施工人员进行专业技能培训，提高他们的操作水平和成品保护技能，减少在施工过程中对成品的无意损坏。

二、完善成品保护方案和措施

1.制订详细的成品保护方案。根据工程项目的特点和实际情况，制定具体、可行的成品保护方案，明确保护措施、责任人和执行时间。

2.采用适当的保护材料。根据成品的特点和保护需求，选择合适的保护材料，如使用竹篾子、破麻袋等简易材料，或者更专业的保护设备。

三、优化签证流程和沟通机制

1.建立明确的签证流程。制定详细的签证申请、审批和支付流程，确保施工单位在完成成品保护工作后能够及时办理签证并得到相应的费用补偿。

2.加强沟通与协作。建立定期沟通机制，确保施工单位与甲方、监理单位之间保持良好的沟

通，及时反馈成品保护工作的进展和问题，争取甲方的理解和支持。

四、强化监督与考核

1.设立专门的监督机构或人员。负责对成品保护工作进行定期检查和监督，确保保护措施得到有效执行。

2.建立考核机制。将成品保护工作纳入施工单位的绩效考核体系，对保护不力或造成成品损坏的行为进行相应处罚，激励员工积极参与成品保护工作。

五、加强合同管理

1.明确合同条款。在合同中明确成品保护的责任、义务和费用补偿方式，避免后续因合同条款不清而产生纠纷。

2.严格执行合同。按照合同约定执行成品保护工作，确保施工单位和甲方的权益得到有效保障。

实施以上整改措施，可以提升全体员工的成品保护意识，完善保护方案和措施，优化签证流程和沟通机制，强化监督与考核，以及加强合同管理。这有助于减少成品损坏的风险，提高工程质量，确保工程项目的顺利进行。

专题 79：砂浆价格上涨，通过调整灰缝，确保施工质量

案例简介

一、案例背景

在某市的新建住宅小区项目中，A公司负责其中几栋住宅楼的建设。该项目采用了砖混结构，砌筑工程是项目的关键部分。在施工过程中，砌筑砂浆的使用和管理成了审计和质量控制的重要环节。由于近期建筑材料市场价格波动，砂浆的成本相对于砖块有所上升，因此在保证工程质量的前提下，如何合理控制砂浆灰缝的大小成了关键问题。

二、具体问题

1.如何根据砂浆与砖块的价格比，合理调整灰缝的大小？

2.在调整灰缝大小时，如何确保施工质量满足规范要求？

三、具体案例分析

1.砂浆与砖块价格分析。

（1）在项目初期，砂浆的价格相对较低，A公司按照常规施工方法，预留了适中的灰缝。

（2）随着施工进度的推进，砂浆价格因市场原因出现上涨，甚至一度超过了砖块的价格。这时，A公司面临一个选择：是继续按照原计划施工，还是调整灰缝大小以节约成本。

2.灰缝调整策略与实施。

（1）A公司首先分析了施工图纸和规范要求，确定了灰缝可调整的范围，在确保结构安全和满足建筑功能的前提下，决定适当减小灰缝。

（2）公司组织了技术交底会，向施工班组明确了新的灰缝控制要求，并提供了相应的施工指导。

（3）施工现场设置了灰缝控制样板，供施工人员参考。同时，加强了现场巡查和验收，确保灰缝调整后的施工质量。

3. 质量控制与审计应对。

（1）A 公司加强了砌筑过程中的质量控制，定期对砌筑墙体进行质量检查，包括灰缝的饱满度、平整度等。

（2）面对项目审计，A 公司准备了详细的施工记录、材料采购单据和质量检查报告，以证明灰缝调整的合理性和施工质量的合规性。

四、后果与影响

1. 对成本的影响。

通过合理调整灰缝大小，A 公司在一定程度上节约了砂浆的用量，降低了材料成本。这对缓解因砂浆价格上涨带来的成本压力起到了积极作用。

2. 对工期的影响。

由于及时调整了施工策略，A 公司避免了材料成本上涨导致的施工延误。施工现场的工作效率得到保证，项目按计划顺利进行。

3. 对质量的影响。

尽管调整了灰缝大小，但 A 公司通过加强质量控制和现场管理，确保了砌筑工程的质量。项目竣工后，经过验收，墙体质量符合设计和规范要求。

综上所述，A 公司在面对砂浆价格上涨的挑战时，通过合理调整灰缝大小和加强质量控制，成功实现了成本节约和工期保障，同时确保了施工质量的合规性。这一案例为类似工程项目在面临材料价格波动时提供了有益的参考和借鉴。

问题认定与法律条文

一、砂浆灰缝调整与建筑质量要求

1. 问题认定。

A 公司在面对砂浆价格上涨时，考虑调整灰缝大小以节约成本。此举涉及建筑施工质量的控制，以及如何在确保建筑质量的前提下进行合理调整。核心问题在于，调整灰缝是否违反了建筑施工的质量标准和安全要求。

2. 法律条文。

《建设工程质量管理条例》第二十八条："施工单位必须按照工程设计图纸和施工技术标准施工，不得擅自修改工程设计，不得偷工减料。"这意味着 A 公司在调整灰缝时，必须确保施工符合设计图纸和技术标准。

《中华人民共和国建筑法》第五十八条："建筑施工企业对工程的施工质量负责。"其强调施工单位对施工质量负有不可推卸的责任，调整灰缝大小必须在保证质量的前提下进行。

二、材料价格波动与合同约定

1. 问题认定。

随着施工进度推进，砂浆价格上涨。这引发了一个问题，即材料价格波动是否构成合同变更的理由，以及 A 公司应如何在合同框架内应对这种价格波动。

2.法律条文。

《中华人民共和国民法典》第七十七条："当事人协商一致，可以变更合同。"这意味着在材料价格波动较大时，双方可以协商变更合同条款，但需要达成一致。

《中华人民共和国民法典》第六十一条："合同生效后，当事人就质量、价款或者报酬、履行地点等内容没有约定或者约定不明确的，可以协议补充。"若原合同中未对材料价格波动做出明确约定，双方可协商补充相关条款。

综上所述，A公司在调整灰缝大小时，必须严格遵守建筑施工的质量标准和安全要求，确保不违背相关法律法规。同时，在面对材料价格波动时，应与合同对方进行协商，寻求合法合规的解决方案。

整改措施

一、针对砂浆灰缝调整与建筑质量要求问题的整改措施

1.加强施工前的技术交底。在施工前，应组织技术人员向施工人员进行详细的技术交底，明确施工图纸和技术标准中关于灰缝大小的具体要求，确保施工人员准确理解并执行。

2.设立质量监控点。在施工过程中，应设立专门的质量监控点对灰缝的大小进行实时监测，确保灰缝的大小符合设计要求，及时发现并纠正不符合标准的情况。

3.加强材料管理。严格控制砂浆等建筑材料的质量，确保使用的材料符合国家标准和设计要求。同时，合理安排材料的采购和存储，避免因材料问题影响施工质量和灰缝的调整。

二、针对材料价格波动与合同约定问题的整改措施

1.完善合同条款。在签订合同时，应充分考虑材料价格波动的可能性，并在合同中明确约定双方的权利和义务。可以添加关于材料价格波动的调整条款，以规避潜在的风险。

2.建立材料价格监测机制。在施工过程中，密切关注材料市场的价格动态，建立材料价格监测机制。一旦发现材料价格出现大幅波动，及时与合同对方进行沟通协商，寻求合理的解决方案。

3.强化合同管理。加强合同履行的监督和管理，确保双方按照合同约定履行各自的责任。在出现争议时，应积极通过协商、调解等方式解决，避免违约行为的发生。

综上所述，针对砂浆灰缝调整与建筑质量要求以及材料价格波动与合同约定的问题，可以从加强技术交底、设立质量监控点、加强材料管理、完善合同条款、建立材料价格监测机制和强化合同管理等方面进行整改。这些措施有助于确保施工质量的合规性，并有效应对材料价格波动带来的挑战。

专题80：清理的残渣可以作为回填土夯填到一层地面里

案例简介

一、案例背景

某市新开发一片商业区域，B公司承建其中一个综合体项目。在施工过程中，产生了大量的土方残渣，包括挖掘出的废弃土壤、碎石等。考虑到环保、成本及工期等多方面因素，B公司提

出将部分清理出的残渣作为回填土夯填到一层地面中的方案。

二、具体问题

1. 将残渣作为回填土的可行性及合规性问题。

2. 如何确保回填土的质量满足工程要求。

三、具体案例分析

1. 残渣回填土的决策过程。

（1）B公司在施工前进行了详细的勘察和设计，确定了回填土的来源和质量要求。

（2）经过分析，部分清理出的残渣符合回填土的物理性能要求，且不存在污染物超标的问题。

（3）B公司咨询了相关专家和工程师，对残渣进行必要的处理后，确定其可以作为回填土使用。

2. 回填土的施工过程。

（1）B公司对选定的残渣进行了筛分、破碎和混合等预处理，以确保其满足回填土的质量标准。

（2）在回填前，对地基进行了适当的处理，包括清理、平整和压实等步骤。

（3）回填土施工过程中，严格控制了土层的厚度和夯实的次数，确保每一层都达到设计要求的密实度。

（4）施工过程中，定期进行了质量检测，包括土壤密度、含水量和承载力等指标，确保回填土的质量。

四、后果与影响

1. 对工程质量的影响。

（1）由于严格控制了回填土的质量和施工过程，一层地面的承载力达到了设计要求，保证了建筑物的稳定性和安全性。

（2）回填土的密实度和均匀性良好，有效减少了地面沉降和不均匀沉降的风险。

2. 对环境的影响。

（1）合理利用残渣进行回填，减少了对自然资源的开采，减少了对环境的破坏。

（2）残渣的再利用减少了建筑废弃物的产生，有利于环境保护和可持续发展。

3. 对经济成本的影响。

（1）利用残渣作为回填土，节约了购买新土方的成本，降低了工程造价。

（2）残渣的就近利用减少了运输成本和时间成本，提高了施工效率。

综上所述，B公司通过合理利用清理出的残渣作为回填土夯填到一层地面里，不仅保证了工程质量，还对环境保护和成本控制产生了积极影响。这一案例为类似工程项目在残渣处理和回填土选择方面提供了有益的参考和借鉴。

问题认定与法律条文

一、残渣回填土的合规性问题

1. 问题认定。

B公司提出将清理出的残渣作为回填土夯填到一层地面的方案，涉及建筑残渣的再利用以及回填土材料的选择，需要评估其是否符合相关法律法规对建筑材料使用和环境保护的要求。

2. 法律条文。

《中华人民共和国建筑法》第五十九条："建筑施工企业必须按照工程设计要求、施工技术标准和合同的约定，对建筑材料、建筑构配件和设备进行检验，不合格的不得使用。"该法律条文强调了建筑材料必须符合设计要求和技术标准，残渣作为回填土使用前必须经过检验，并确保其质量合格。

《中华人民共和国固体废物污染环境防治法》第六十一条："国家鼓励采用先进技术、工艺、设备和管理措施，推进建筑垃圾源头减量，建立建筑垃圾回收利用体系。"这一法律条文鼓励对建筑垃圾的综合利用，但此行为必须在合法合规的前提下进行，确保不会对环境造成污染。

二、回填土质量问题

1. 问题认定。

B公司计划使用经过处理的残渣作为回填土，这涉及回填土的质量问题。必须确保回填土的物理性能满足工程要求，以保障建筑物的稳定性和安全性。

2. 法律条文。

《建设工程质量管理条例》第二十九条："施工单位必须按照工程设计要求、施工技术标准和合同约定，对建筑材料、建筑构配件、设备和商品混凝土进行检验，检验应当有书面记录和专人签字；未经检验或者检验不合格的，不得使用。"这一法律条文要求施工单位必须对建筑材料进行检验，确保质量合格后方可使用，包括回填土材料。

《中华人民共和国建筑法》第七十四条："建筑施工企业在施工中偷工减料的，使用不合格的建筑材料、建筑构配件和设备的，或者有其他不按照工程设计图纸或者施工技术标准施工的行为的，责令改正，处以罚款；情节严重的，责令停业整顿，降低资质等级或者吊销资质证书；造成建筑工程质量不符合规定的质量标准的，负责返工、修理，并赔偿因此造成的损失；构成犯罪的，依法追究刑事责任。"该法律条文规定了使用不合格建筑材料的法律责任，强调了施工单位必须保证建筑材料的质量，以确保工程质量。

综上所述，B公司在使用残渣作为回填土时，必须确保其符合相关法律法规对建筑材料质量和环境保护的要求，否则将承担相应的法律责任。

整改措施

一、针对残渣回填土的合规性问题的整改措施

1. 加强材料检测与认证。

在使用残渣作为回填土之前，必须委托有资质的第三方检测机构对其进行全面的物理、化学性能检测，确保残渣中不存在有害物质，且性能满足回填土的要求。

获得相关权威机构或专家的认证，证明将残渣作为回填土的合规性和可行性。

2. 完善相关手续与报备。

根据当地环保和建设部门的要求，提前办理残渣再利用的相关手续，包括环保评估、建筑垃圾再利用许可等。

将残渣回填土的使用计划向相关部门报备，确保整个过程的透明性和合规性。

二、针对回填土质量问题的整改措施

1.建立严格的质量控制体系。

制订回填土质量标准，明确回填土的物理性能指标，如密实度、承载力等。

设立专门的质量控制小组，负责回填土的质量把关，确保每一批回填土都符合质量标准。

2.加强施工过程中的质量控制。

在回填土施工过程中，安排专人进行现场监督，确保每一层回填土的夯实质量。

定期进行质量检测，包括土壤密度、含水量等指标，及时发现问题并进行整改。

3.建立问题应对机制。

若发现回填土质量不达标，立即停止施工，并分析原因，采取相应措施进行整改。

对已经出现质量问题的部分进行返工处理，确保整个回填土工程的质量。

综上所述，针对残渣回填土的合规性和回填土质量问题，可以从加强材料检测与认证、完善相关手续与报备、建立严格的质量控制体系、加强施工过程中的质量控制以及建立问题应对机制等方面进行整改。这些措施有助于确保残渣回填土的合规使用，同时保障回填土工程的质量和安全。

专题 81：未认识到预防意外事故是工作的一部分

案例简介

一、案例背景

C公司承建了一个商业综合体的建设工程项目。该项目位于城市中心地带，规模庞大，涉及多个施工队伍和复杂的施工流程。由于工程进度紧张，C公司高层更多地关注了施工速度和成本控制，而对安全管理和意外事故的预防措施重视不足。

二、具体问题

1.管理层对预防意外事故的重要性认识不足。

2.安全培训和预防措施未得到有效执行。

三、具体案例分析

1.管理层认识问题。

（1）C公司管理层在项目初期主要关注项目的经济效益和施工进度，未将安全预防工作纳入核心管理议程。

（2）在项目例会上，安全议题往往被边缘化，管理层更多讨论的是工程进度和成本控制，而非施工现场的安全状况。

（3）尽管有安全监管部门提出建议和要求，但管理层往往只是形式上应对，并未真正落实到具体工作中。

2.安全培训和预防措施的缺失。

（1）由于管理层的忽视，施工现场的安全培训变得形式化，工人们对潜在的安全风险缺乏足够的认识和应对能力。

（2）施工现场的安全标志和防护措施不完善，存在诸多安全隐患。

（3）对于高空作业、电气安全等关键风险点，缺乏有针对性的预防措施和应急预案。

四、后果与影响

1. 安全事故频发。

（1）由于预防措施不到位，施工现场接连发生了多起安全事故，包括高空坠落、触电等。

（2）事故导致多名工人受伤，甚至出现了工人死亡的情况，给项目带来了巨大的负面影响。

2. 工程进度受阻。

（1）频繁的安全事故导致工程多次停工整顿，严重影响了施工进度。

（2）事故后的调查和整改工作耗费了大量时间和资源，进一步拖延了工期。

3. 经济损失和社会影响。

（1）C公司因安全事故支付了巨额的赔偿金和医疗费用，项目成本大幅上升。

（2）事故的发生严重损害了公司的声誉和形象，导致后续项目承接受到影响。

4. 法律后果。

（1）C公司因安全管理不善面临政府安全监管部门的严厉处罚。

（2）部分受害者家属对C公司提起了法律诉讼，公司面临长期的法律纠纷和潜在的巨额赔偿。

综上所述，由于对预防意外事故的重要性认识不足，C公司在项目中遭受了严重的安全、经济和法律后果。这一案例深刻警示了建设工程项目中预防意外事故工作的重要性。

问题认定与法律条文

一、管理层对预防意外事故重要性认识不足

1. 问题认定。

C公司管理层在项目管理和决策过程中，未将预防意外事故作为重要考量因素，忽视了安全管理的核心地位，这违反了相关法律法规对建设工程安全管理的规定。

2. 法律条文。

《中华人民共和国安全生产法》第五条："生产经营单位的主要负责人是本单位安全生产第一责任人，对本单位的安全生产工作全面负责。"这意味着管理层有责任确保安全生产，包括预防意外事故的发生。

《建设工程安全生产管理条例》第四条："建设单位、勘察单位、设计单位、施工单位、工程监理单位及其他与建设工程安全生产有关的单位，必须遵守安全生产法律、法规的规定，保证建设工程安全生产，依法承担建设工程安全生产责任。"该条文明确了各参与单位在安全生产中的责任，管理层应确保这些责任得到有效履行。

二、安全培训和预防措施未得到有效执行

1. 问题认定。

C公司在项目实施过程中，安全培训形式化，施工现场的安全防护措施不完善，且缺乏有针对性的预防措施和应急预案。这违反了法律法规对施工安全培训和预防措施的具体要求。

2. 法律条文。

《中华人民共和国安全生产法》第二十八条："生产经营单位应当对从业人员进行安全生产教育和培训，保证从业人员具备必要的安全生产知识，熟悉有关的安全生产规章制度和安全操作规程，掌握本岗位的安全操作技能，了解事故应急处理措施，知悉自身在安全生产方面的权利和义务。未经安全生产教育和培训合格的从业人员，不得上岗作业。"该法律条文明确要求了生产经营单位必须进行安全生产教育和培训。

《建设工程安全生产管理条例》第二十八条："施工单位应当在施工现场入口处、施工起重机械、临时用电设施、脚手架、出入通道口、楼梯口、电梯井口、孔洞口、桥梁口、隧道口、基坑边沿、爆破物及有害危险气体和液体存放处等危险部位，设置明显的安全警示标志。安全警示标志必须符合国家标准。"该条文规定了施工单位应在危险部位设置安全警示标志，以预防意外事故的发生。

综上所述，C公司的行为违反了《中华人民共和国安全生产法》和《建设工程安全生产管理条例》的相关规定，未能有效执行安全培训和预防措施，从而导致了安全事故的发生。

整改措施

一、加强管理层对预防意外事故的认识

1. 开展安全培训。组织管理层参加安全生产培训，提高他们对安全生产和预防意外事故重要性的认识。确保管理层了解安全生产法律法规，明确自身在安全生产中的责任。

2. 设立安全生产委员会。成立由公司高层领导的安全生产委员会，定期召开会议，专题研究和部署安全生产工作，通过委员会的决策和监督，确保安全生产措施得到有效执行。

3. 制订安全生产目标。明确安全生产目标，并将其纳入公司整体战略规划中。设定可量化的安全指标，激励管理层积极履行安全生产责任。

二、完善安全培训和预防措施

1. 加强安全教育培训。定期组织员工进行安全生产培训，确保员工掌握必要的安全知识和技能。培训内容应包括安全操作规程、应急处理措施等，以提高员工的安全意识和自我保护能力。

2. 完善安全标志和防护措施。对施工现场进行全面检查，补充和完善安全标志和防护措施。在危险部位设置明显的安全警示标志，提醒员工注意安全。

3. 制订针对性预防措施。针对高空作业、电气安全等关键风险点，制定具体的预防措施和应急预案，确保员工在遇到紧急情况时能够迅速采取正确措施，降低事故发生的可能性。

4. 建立安全检查制度。设立专门的安全检查小组，定期对施工现场进行安全检查。发现问题及时整改，确保各项安全措施得到有效执行。

5. 引入第三方安全评估。邀请专业的安全评估机构对施工现场进行安全评估，提出改进建议。根据评估结果，及时调整和完善安全管理措施。

实施以上整改措施，可以提高管理层对预防意外事故的认识，完善安全培训和预防措施，从而降低安全事故的发生概率，保障建设工程项目的顺利进行。

专题 82：安全防护不到位

案例简介

一、案例背景

D公司承建了一个住宅小区的建设项目。该项目位于城市郊区，规划包括多栋高层住宅楼及相关配套设施。由于项目规模较大，施工现场有多个作业面同时进行施工，涉及大量工人和复杂机械设备的使用。

二、具体问题

1. 施工现场安全防护设施不完善。

2. 安全警示标志设置不足。

3. 工人安全防护用品配备不齐。

三、具体案例分析

1. 施工现场安全防护设施不完善。

（1）施工现场部分区域缺乏必要的临边防护和洞口防护，存在高空坠落的风险。

（2）脚手架搭设不规范，部分连接件松动或缺失，影响整体稳定性。

（3）电气设备和线路裸露，未进行有效隔离和保护，存在触电隐患。

2. 安全警示标志设置不足。

（1）施工现场危险区域未设置明显的安全警示标志，如"注意高空坠落""当心触电"等。

（2）部分机械设备操作区域未张贴安全操作规程和警示标志，工人操作时缺乏必要的安全指导。

3. 工人安全防护用品配备不齐。

（1）部分工人作业时未佩戴安全帽、安全带等个人防护用品。

（2）施工现场未提供足够的防尘口罩和防护眼镜等劳动保护用品，导致工人在恶劣环境下作业时健康受损。

四、后果与影响

1. 安全事故频发。

（1）由于安全防护设施不完善，施工现场接连发生了多起高空坠落和触电事故，造成多名工人受伤。

（2）工人缺乏必要的个人防护用品，导致部分工人患上职业病，如尘肺病等。

2. 工程进度受阻。

（1）频繁的安全事故导致工程多次停工整顿，严重影响了施工进度。

（2）事故后的调查和整改工作耗费了大量时间和资源，进一步拖延了工期。

3. 经济损失和社会影响。

（1）D公司因安全事故支付了巨额的医疗费用和赔偿金，项目成本大幅上升。

（2）事故的发生严重损害了公司的声誉和形象，对后续项目承接造成不良影响。

4.法律后果。

（1）D公司因安全防护不到位面临政府安全监管部门的严厉处罚。

（2）部分受害者及其家属对D公司提起了法律诉讼，公司面临长期的法律纠纷。

综上所述，由于安全防护不到位，D公司在项目中遭受了严重的安全、经济和法律后果。这一案例深刻警示了建设工程项目中安全防护工作的重要性。建设单位和施工方必须严格遵守相关法律法规和安全标准，确保施工现场的安全防护措施得到有效执行，以保障工人的生命安全和身体健康。

问题认定与法律条文

一、施工现场安全防护设施不完善

1.问题认定。

D公司在施工现场未能提供完善的安全防护设施，如临边防护、洞口防护不足，脚手架搭设不规范，以及电气设备和线路未进行有效隔离和保护。这些行为违反了建设工程安全生产的相关法律法规，未能确保施工现场的生产安全。

2.法律条文。

《中华人民共和国安全生产法》第三十五条："生产经营单位应当在有较大危险因素的生产经营场所和有关设施、设备上，设置明显的安全警示标志。"

《建设工程安全生产管理条例》第二十八条："施工单位应当在施工现场入口处、施工起重机械、临时用电设施、脚手架、出入通道口、楼梯口、电梯井口、孔洞口、桥梁口、隧道口、基坑边沿、爆破物及有害危险气体和液体存放处等危险部位，设置明显的安全警示标志。安全警示标志必须符合国家标准。"

二、安全警示标志设置不足

1.问题认定。

D公司在施工现场的危险区域和机械设备操作区域未设置明显的安全警示标识和安全操作规程，这违反了关于设置安全警示标识的法律法规，未能有效地警示工人注意安全。

2.法律条文。

《中华人民共和国安全生产法》第三十五条："生产经营单位应当在有较大危险因素的生产经营场所和有关设施、设备上，设置明显的安全警示标志。"

《建设工程安全生产管理条例》第三十三条："施工单位应当向作业人员提供安全防护用具和安全防护服装，并书面告知危险岗位的操作规程和违章操作的危害。作业人员应当遵守安全施工的强制性标准、规章制度和操作规程，正确使用安全防护用具、机械设备等。"

三、工人安全防护用品配备不齐

1.问题认定。

D公司未能为工人提供齐全的安全防护用品，如安全帽、安全带、防尘口罩和防护眼镜等，这违反了关于工人劳动保护和职业病防治的法律法规，未能保障工人的安全和健康。

2.法律条文。

《中华人民共和国安全生产法》第四十五条："生产经营单位必须为从业人员提供符合国家

标准或者行业标准的劳动防护用品，并监督、教育从业人员按照使用规则佩戴、使用。"

《中华人民共和国职业病防治法》第二十二条："用人单位必须采用有效的职业病防护设施，并为劳动者提供个人使用的职业病防护用品。"

综上所述，D公司的行为违反了《中华人民共和国安全生产法》《建设工程安全生产管理条例》《中华人民共和国职业病防治法》的相关规定，未能确保施工现场的安全防护设施完善、安全警示标志设置充足以及未能为工人提供必要的安全防护用品。

整改措施

一、针对施工现场安全防护设施不完善问题的整改措施

1.加强临边和洞口防护。对施工现场的所有临边和洞口进行全面检查，增设稳固的安全护栏、安全网等防护设施，确保没有高空坠落的风险。

2.规范脚手架搭设。按照相关标准和规范重新搭设或加固脚手架，定期检查连接件的紧固情况，确保脚手架的整体稳定性。

3.电气设备安全防护。对所有电气设备和线路进行绝缘、隔离处理，确保设备接地良好，防止触电事故发生。

二、针对安全警示标志设置不足问题的整改措施

1.增设安全警示标志。在施工现场的危险区域和机械设备操作区域设置明显的安全警示标志，如"注意高空坠落""当心触电"等，以提醒工人注意安全。

2.张贴安全操作规程。在机械设备操作区域张贴相应的安全操作规程，确保工人在操作时有明确的指导。

三、针对工人安全防护用品配备不齐问题的整改措施

1.配备齐全的安全防护用品。为工人提供足够数量的安全帽、安全带、防尘口罩和防护眼镜等个人防护用品，并监督其正确佩戴和使用。

2.加强安全教育和培训。定期对工人进行安全教育和培训，提高他们的安全意识和自我保护能力，确保他们了解并遵守劳动保护规定。

实施以上整改措施，可以完善施工现场的安全防护设施，增设安全警示标志，并为工人提供齐全的安全防护用品。这将有效降低发生安全事故的风险，保障工人的生命安全和身体健康，同时也有利于工程项目的顺利进行。

专题83：未按要求标注危险记号，或未保持干净与易读

案例简介

一、案例背景

某市一项商业综合体建设项目，由E建筑公司承建。该项目涵盖了购物中心、办公楼和公寓酒店等多功能建筑，是当地重点发展的城市综合体。由于工程规模庞大且复杂，现场涉及多个专业施工队伍和大量施工材料。

二、具体问题

在项目的施工阶段，审计团队进行了一次现场安全检查，发现以下问题。

1. 施工现场存在多个危险区域，如深坑、高压电箱等，但这些区域未按要求标注明显的危险记号。

2. 部分已标注的危险记号因长时间风吹日晒或施工活动影响，已变得模糊不清，难以辨认。

3. 一些安全标志牌被施工材料或杂物遮挡，无法保持干净与易读。

三、具体案例分析

1. 危险记号缺失。

审计团队在施工现场发现，部分深坑边缘、高压电箱周围等潜在危险区域缺乏明显的危险记号。这些区域一旦发生意外，后果将不堪设想。根据相关规定，施工单位应在这些危险区域设置明显的警示标志，以提醒施工人员注意安全。

2. 危险记号模糊不清。

部分已标注的危险记号由于长时间暴露在恶劣环境中，加上施工现场的尘土和污垢，已经变得模糊不清。这不仅无法起到应有的警示作用，还可能误导施工人员忽视潜在的安全风险。

3. 安全标志牌被遮挡。

在一些施工区域，审计团队发现安全标志牌被随意堆放的施工材料或杂物遮挡。这不仅违反了施工现场的安全管理规定，也严重影响了安全标志牌的易读性。一旦施工人员无法清晰辨认安全标志牌上的内容，就可能导致误操作或发生安全事故。

四、后果与影响

1. 安全隐患增加。

由于危险记号缺失、模糊不清或被遮挡，施工人员可能无法准确识别施工现场的危险区域和安全注意事项。这将大大增加施工过程中的安全隐患，可能导致严重的人身伤害和财产损失。

2. 施工进度受阻。

一旦发生安全事故，不仅会对受伤人员及其家庭造成巨大伤害，还会导致施工进度受阻。事故调查、现场整顿以及伤亡人员的善后处理都将耗费大量时间和精力，严重影响项目的整体进度。

3. 法律责任和经济损失。

如果因未按要求标注危险记号而发生安全事故，施工单位将承担相应的法律责任。这不仅包括民事赔偿责任，还可能面临行政处罚甚至刑事责任。同时，事故造成的直接经济损失和间接经济损失也将给施工单位带来巨大的经济压力。

4. 企业声誉受损。

安全事故的发生往往会对企业的声誉造成严重影响。这不仅会影响施工单位在业界的口碑和形象，还可能导致其失去未来的合作机会和市场竞争力。

综上所述，未按要求标注危险记号并保持干净与易读将带来严重的后果与影响。因此，施工单位必须严格遵守相关安全规定，确保施工现场的安全标志清晰、易读且有效，以保障施工人员的生命安全和项目的顺利进行。

问题认定与法律条文

一、危险记号缺失

1. 问题认定。

E建筑公司在施工现场的多个危险区域，如深坑、高压电箱等周围，未按要求设置明显的危险记号。这一行为违反了安全生产法律法规中关于危险区域必须设置明显警示标志的规定。

2. 法律条文。

《中华人民共和国安全生产法》第三十五条："生产经营单位应当在有较大危险因素的生产经营场所和有关设施、设备上，设置明显的安全警示标志。"

二、危险记号模糊不清

1. 问题认定。

施工现场部分已标注的危险记号因风吹日晒或施工活动影响变得模糊不清，难以辨认。这违反了关于安全警示标志必须清晰可见、易于识别的法律规定。

2. 法律条文。

《建设工程安全生产管理条例》第二十八条："施工单位应当在施工现场入口处、施工起重机械……液体存放处等危险部位，设置明显的安全警示标志。安全警示标志必须符合国家标准。"

虽然上述条文没有直接提及标志的清晰度，但根据安全生产法的基本原则，安全警示标志应当清晰、醒目，以确保其警示作用。

三、安全标志牌被遮挡

1. 问题认定。

施工现场的一些安全标志牌被施工材料或杂物遮挡，无法保持其干净与易读性。这一行为违反了关于安全标志应当保持清晰可见、不被遮挡的法律规定。

2. 法律条文。

《中华人民共和国安全生产法》第三十五条强调设置明显的安全警示标志。

虽然具体法律条文中没有直接规定标志牌不得被遮挡，但根据安全生产的基本要求和目的，安全标志牌必须保持清晰可见，以便有效地警示施工人员。

综上所述，E建筑公司在施工现场未按要求设置、维护危险记号及安全标志牌的行为，违反了《中华人民共和国安全生产法》和《建设工程安全生产管理条例》的相关规定，应依法承担相应的法律责任。

整改措施

一、针对危险记号缺失问题的整改措施

1. 立即对施工现场进行全面检查，识别出所有潜在的危险区域，如深坑、高压电箱等周围。

2. 在每个危险区域的显眼位置设置明显的危险记号，如警示牌、警示线、安全标志等，确保施工人员能够清晰地识别出危险区域。

3. 定期对施工现场进行安全检查，确保所有危险区域都已正确标注危险记号，并及时更新和维护这些记号。

二、针对危险记号模糊不清问题的整改措施

1. 对所有已标注的危险记号进行清洗和修复，确保其清晰可见。

2. 对于因长时间风吹日晒而褪色的危险记号，应及时重新喷涂或更换新的警示标志。

3. 建立危险记号的定期检查和维护制度，确保所有记号始终保持清晰易读。

三、针对安全标志牌被遮挡问题的整改措施

1. 立即移除遮挡安全标志牌的施工材料或杂物，确保每个安全标志牌都清晰可见。

2. 加强对施工现场的管理，规范施工材料的堆放，防止杂物再次遮挡安全标志牌。

3. 定期对安全标志牌进行检查和清洁，确保其始终保持干净与易读。

实施以上整改措施，可以确保施工现场的危险记号和安全标志牌清晰可见、易于识别，从而有效地提高施工现场的安全性，降低发生安全事故的风险。同时，这些措施也有助于提升施工人员的安全意识，确保项目的顺利进行。

专题 84：未建立良好的安全操作规程，或已有安全操作规程未得到有效执行

案例简介

一、案例背景

F 建筑公司承建了一个大型商业建筑项目，该项目集购物、娱乐和休闲于一体，是城市新区的标志性建筑。由于项目体量大、施工周期长，且涉及多个专业施工团队，安全管理尤为重要。然而，在施工过程中，审计团队发现该项目在安全操作规程方面存在明显问题。

二、具体问题

1. 施工现场未建立良好的安全操作规程，导致施工人员操作不规范，存在安全隐患。

2. 已有的安全操作规程未得到有效执行，施工人员对规程的重视程度不够，违规操作时有发生。

3. 项目管理层对安全操作规程的落实和监督不到位，未能形成长效的安全管理机制。

三、具体案例分析

1. 安全操作规程缺失。

在施工现场，审计团队发现多个施工环节缺乏明确的安全操作规程。例如，在高空作业时，施工人员没有遵循统一的安全标准，有的工人甚至未佩戴安全带就进行作业。此外，电气设备和机械设备的使用也缺乏规范的操作流程，存在误操作的风险。

2. 安全操作规程执行不力。

尽管项目现场有一些安全操作规程，但施工人员往往为了赶工期或图方便而忽视这些规程。例如，规定要求进入施工现场必须佩戴安全帽，但仍有部分工人未按规定执行。另外，有些工人虽然佩戴了个人防护装备，但使用并不规范，如安全带未正确系扣等。

3. 项目管理层监督不足。

项目管理层在安全操作规程的制定和执行上缺乏足够的重视，他们未能定期对施工现场进行安全检查，也没有对违规行为进行及时纠正和处罚。这种监督的缺失导致了安全规程形同虚设，

无法形成有效的安全文化。

四、后果与影响

1. 安全事故风险增加。

由于缺乏明确的安全操作规程和有效的执行机制，施工现场的安全事故风险显著增加。一旦发生高空坠落、触电等事故，将对施工人员的生命安全造成严重威胁。

2. 施工进度受阻。

如果发生安全事故，会引起相关部门的调查和整顿，从而影响施工进度。此外，安全事故还可能引发工人的恐慌和不安情绪，进一步降低工作效率。

3. 法律责任和经济损失。

如果因未建立良好的安全操作规程而发生安全事故，F建筑公司将承担相应的法律责任。这不仅包括民事赔偿责任，还可能面临行政处罚甚至刑事责任。同时，事故造成的直接经济损失和间接经济损失也将给公司带来巨大的经济压力。

4. 企业声誉受损。

安全事故的发生会对F建筑公司的声誉造成严重影响。这不仅会影响公司在业界的口碑和形象，还可能导致其失去未来的合作机会和市场竞争力。此外，安全事故还可能引发公众对建筑行业整体安全性的担忧和质疑。

综上所述，未建立良好的安全操作规程及不能长久执行将带来严重的后果与影响。因此，F建筑公司必须立即采取行动，制定完善的安全操作规程并确保其得到有效执行，以降低安全风险并保障项目的顺利进行。

问题认定与法律条文

一、未建立良好的安全操作规程

1. 问题认定。

F建筑公司在承建大型商业建筑项目时，施工现场未建立良好的安全操作规程，导致施工人员操作不规范，存在安全隐患。这违反了安全生产法律法规中关于建立健全安全生产规章制度和操作规程的要求。

2. 法律条文。

《中华人民共和国安全生产法》第四条："生产经营单位必须遵守本法和其他有关安全生产的法律、法规，加强安全生产管理，建立健全全员安全生产责任制和安全生产规章制度，加大对安全生产资金、物资、技术、人员的投入保障力度，改善安全生产条件，推进安全生产标准化、信息化建设，构建安全风险分级管控和隐患排查治理双重预防机制，健全风险防范化解机制，提高安全生产水平，确保安全生产。"

《中华人民共和国安全生产法》第二十一条："生产经营单位的主要负责人对本单位安全生产工作负有下列职责：……；（二）组织制定并实施本单位安全生产规章制度和操作规程；……"

二、安全操作规程执行不力

1. 问题认定。

F建筑公司已有的安全操作规程未得到有效执行，施工人员对规程的重视程度不够，违规操作时有发生。这违反了安全生产法律法规中关于严格执行安全生产规章制度和操作规程的规定。

2. 法律条文。

《中华人民共和国安全生产法》第五十七条："从业人员在作业过程中，应当严格落实岗位安全责任，遵守本单位的安全生产规章制度和操作规程，服从管理，正确佩戴和使用劳动防护用品。"

三、项目管理层监督不足

1. 问题认定。

F建筑公司的项目管理层对安全操作规程的制定和执行监督不足，未能定期对施工现场进行安全检查，也没有对违规行为进行及时纠正。这违反了安全生产法律法规中关于生产经营单位应当加强安全生产管理和监督检查的规定。

2. 法律条文。

《中华人民共和国安全生产法》第二十一条："生产经营单位的主要负责人对本单位安全生产工作负有下列职责：……；（五）组织建立并落实安全风险分级管控和隐患排查治理双重预防工作机制，督促、检查本单位的安全生产工作，及时消除生产安全事故隐患；……"

《中华人民共和国安全生产法》第四十六条："生产经营单位的安全生产管理人员应当根据本单位的生产经营特点，对安全生产状况进行经常性检查；对检查中发现的安全问题，应当立即处理；不能处理的，应当及时报告本单位有关负责人，有关负责人应当及时处理。检查及处理情况应当如实记录在案。生产经营单位的安全生产管理人员在检查中发现重大事故隐患，依照前款规定向本单位有关负责人报告，有关负责人不及时处理的，安全生产管理人员可以向主管的负有安全生产监督管理职责的部门报告，接到报告的部门应当依法及时处理。"

综上所述，F建筑公司在安全操作规程的建立、执行和监督方面违反了《中华人民共和国安全生产法》的相关规定。公司应依法承担相应的法律责任，并立即采取措施进行整改，以确保施工现场的安全生产。

整改措施

一、建立和完善安全操作规程

1. 立即组织专业人员，结合项目实际情况，制定详细、全面的安全操作规程。这些规程应覆盖所有施工环节，包括但不限于高空作业、电气设备操作、机械设备使用等。

2. 规程制定完成后，应组织全体施工人员进行学习，确保每个人都熟悉规程内容。同时，定期对规程进行更新和修订，以适应项目进展和施工现场的变化。

二、加大安全操作规程的执行力度

1. 在施工现场显著位置张贴安全操作规程，方便施工人员随时查看和学习。

2. 设立专门的安全监督小组，负责监督施工人员的操作行为，确保其严格按照安全操作规程进行作业。对于违规行为，应及时制止并进行纠正。

3. 建立奖惩机制，对长期遵守安全操作规程的施工人员给予奖励，对屡次违规的人员则进行相应的处罚。

三、加强项目管理层的监督和管理

1. 项目管理层应提高对安全生产的重视程度，将安全生产作为项目的首要任务。定期召开安全生产会议，分析施工现场的安全形势，针对存在的问题制定整改措施。

2. 加大安全检查力度，定期对施工现场进行全面的安全检查。对发现的问题，应立即进行整改，并确保整改措施落实到位。

3. 提高项目管理人员的安全意识和管理能力。定期组织安全培训和教育活动，提升管理人员的专业素养和安全意识。同时，明确管理人员的安全职责，确保其能够切实履行监督和管理职责。

四、加强沟通与协作

1. 建立有效的沟通机制，确保项目管理层、施工人员和安全监督小组之间的信息传递畅通无阻。及时了解施工现场的安全动态，为制定和调整安全操作规程提供有力支持。

2. 加强与相关部门和机构的沟通与协作，共同推动安全生产工作的深入开展。及时向上级主管部门报告安全生产情况，接受其指导和监督。

实施以上整改措施，可以逐步建立和完善安全操作规程体系，加强规程的执行和监督管理工作。这将有效降低施工现场的安全风险，保障施工人员的生命安全和身体健康，推动项目的顺利进行。

专题85：缺乏必要的安全装备，如手套、安全帽等

案例简介

一、案例背景

某市正在建设一座大型商业综合体，该项目由 Z 建筑公司承建。在施工过程中，为了追赶工期和节约成本，管理层在安全防护措施上有所疏忽，导致了安全装备的缺失。

二、具体问题

1. 施工现场的工人普遍缺乏必要的安全装备，如手套、安全帽等。

2. 项目管理层未对安全装备的配备和使用进行严格监督。

三、具体案例分析

1. 安全装备缺失严重。

在施工现场，审计人员发现许多工人没有佩戴手套和安全帽等基本的安全装备。特别是在高空作业和接触尖锐、有害物质的工作环境中，这种缺失尤为危险。有些工人因为缺乏手套，手部直接与化学物质或尖锐物体接触，造成了皮肤伤害；而没有佩戴安全帽的工人在高空作业时存在极大的头部受伤风险。

2. 管理层监督不力。

Z 建筑公司的项目管理层在安全装备的配备和使用上监督不力。他们没有制定严格的安全装备使用规定，也没有定期对施工现场进行安全检查以确保工人正确佩戴安全装备。管理层的这种疏忽直接导致了工人在施工过程中的安全隐患。

四、后果与影响

1. 工人安全受到威胁。

缺乏必要的安全装备，工人的生命安全和身体健康受到严重威胁。一旦发生意外，没有适当保护的工人将面临更高的伤害风险，甚至可能导致严重的工伤事故。

2. 施工进度受阻。

如果发生安全事故，不仅会导致施工进度受到严重影响，还可能造成工人伤亡。事故后的调查、处理和整改工作将耗费大量时间，从而影响项目的整体进度。

3. 法律责任和经济损失。

如果因缺乏安全装备而发生安全事故，Z 建筑公司将承担相应的法律责任。这可能包括民事赔偿责任、行政处罚甚至刑事责任。同时，事故造成的直接经济损失和因工期延误而产生的额外费用也将给公司带来巨大的经济压力。

4. 企业声誉受损。

安全事故的发生会对 Z 建筑公司的声誉造成严重影响。这不仅会影响公司在业界的口碑和形象，还可能导致其失去未来的合作机会，降低市场竞争力。

综上所述，缺乏必要的安全装备将带来严重的后果与影响。Z 建筑公司必须立即采取行动，加强安全装备的配备和使用监督，确保施工现场的安全，降低安全风险，并保障项目的顺利进行。

问题认定与法律条文

一、安全装备缺失

1. 问题认定。

在 Z 建筑公司承建的大型商业综合体项目中，施工现场的工人普遍缺乏必要的安全装备，如手套、安全帽等。这违反了我国安全生产法律法规中关于为从业人员提供符合国家标准或者行业标准的劳动防护用品的规定。

2. 法律条文。

《中华人民共和国安全生产法》第四十五条："生产经营单位必须为从业人员提供符合国家标准或者行业标准的劳动防护用品，并监督、教育从业人员按照使用规则佩戴、使用。"

二、管理层监督不力

1. 问题认定。

Z 建筑公司的项目管理层未对安全装备的配备和使用进行严格监督，导致工人在施工过程中缺乏必要的安全保护。这违反了我国安全生产法律法规中关于生产经营单位应加强对安全生产工作的监督和管理，确保安全生产责任制落实的要求。

2. 法律条文。

《中华人民共和国安全生产法》第二十一条："生产经营单位的主要负责人对本单位安全生产工作负有下列职责：……；（五）组织建立并落实安全风险分级管控和隐患排查治理双重预防工作机制，督促、检查本单位的安全生产工作，及时消除生产安全事故隐患；……"

《中华人民共和国安全生产法》第四十六条："生产经营单位的安全生产管理人员应当根据

本单位的生产经营特点，对安全生产状况进行经常性检查；对检查中发现的安全问题，应当立即处理；不能处理的，应当及时报告本单位有关负责人，有关负责人应当及时处理。检查及处理情况应当如实记录在案。"

综上所述，Z建筑公司在安全装备配备和管理层监督方面违反了《中华人民共和国安全生产法》的相关规定，Z建筑公司应依法承担相应的法律责任，并立即采取措施进行整改，以确保施工现场的安全生产。

整改措施

一、立即配备必要的安全装备

1. 对施工现场进行全面检查，确保所有工人都配备有必要的安全装备，如手套、安全帽等。对于缺失的安全装备，应立即采购并按照相关规定进行分发。

2. 建立安全装备库存管理制度，定期检查库存数量，确保有足够的安全装备供工人使用。同时，对损坏或过期的安全装备应及时更换。

二、加强安全装备使用监督

1. 加强施工现场的安全监管，确保每位工人都正确佩戴和使用安全装备。对未佩戴或未正确使用安全装备的工人，应立即进行纠正，并进行安全教育。

2. 设立安全监督岗位，由专人负责监督施工现场的安全装备使用情况，发现问题及时上报并处理，确保安全生产。

三、加强安全教育和培训

1. 定期组织工人进行安全教育和培训，提高工人的安全意识。培训内容应包括安全装备的重要性、正确佩戴和使用方法以及维护保养等知识。

2. 对新入职的工人，应进行专门的安全培训，确保其了解并遵守公司的安全生产规定。

四、建立奖惩机制

1. 建立安全生产奖惩机制，对长期遵守安全生产规定、正确使用安全装备的工人给予奖励和表彰。

2. 对违反安全生产规定、未佩戴或未正确使用安全装备的工人进行处罚，以警示其他工人。

五、加强管理层对安全生产的重视

1. 提高项目管理层对安全生产的认识和重视程度，将安全生产纳入项目管理的重要议程。

2. 定期召开安全生产会议，分析施工现场的安全生产形势，针对存在的问题制定有效的整改措施。同时，加强对安全生产工作的考核和评价，确保各项安全措施得到有效执行。

实施以上整改措施，可以逐步完善施工现场的安全装备配备和管理制度，提高工人的安全意识和管理层对安全生产的重视程度。这有助于降低施工现场的安全风险，保障工人的生命安全和身体健康。

第6章
人事、管理方面的审计专题

专题86：无节制的业务招待费

案例简介

一、案例背景

某市一项重点基础设施建设工程由 A 公司承建。该项目投资巨大，社会关注度高，因此 A 公司在项目初期就明确了要严格控制成本，确保工程质量与效益。然而，在实际操作过程中，项目管理层对业务招待费的控制出现了严重问题。

二、具体问题

1. 业务招待费支出过高，且无明确标准和审批流程。

2. 业务招待活动频繁，涉及人员广泛，费用不透明。

三、具体案例分析

1. 业务招待费无节制。

在项目建设过程中，A 公司为了与各方建立良好的关系，频繁安排业务招待活动。这些活动不仅包括餐饮宴请，还涉及娱乐、旅游等多种消费。由于缺乏明确的标准和审批流程，业务招待费迅速攀升，远远超出了项目预算。

2. 费用支出不透明。

业务招待活动的具体消费明细往往模糊不清，发票和报销单据不齐全，导致财务部门难以准确核算费用。同时，由于涉及人员众多，很难追踪每一笔费用的具体用途和效果。

3. 管理层监管不力。

A 公司管理层对业务招待费的控制意识薄弱，没有建立有效的监管机制。项目经理往往拥有较大的自主权，可以随意安排招待活动，这进一步加剧了业务招待费的无节制增长。

四、后果与影响

1. 项目成本上升。

无节制的业务招待费直接导致了项目成本的上升，原本用于工程建设的资金被大量消耗在招待活动上，严重影响了项目的经济效益。

2. 企业形象受损。

过高的业务招待费容易引发外界对项目管理的质疑，损害 A 公司的企业形象。同时，频繁的招待活动也可能给合作伙伴和公众留下不良印象。

3.法律风险增加。

不透明的业务招待费支出可能涉及商业贿赂等违法行为。一旦被发现存在违法行为，A 公司将面临严重的法律后果，包括罚款、声誉损失甚至刑事责任。

4.内部管理混乱。

缺乏有效的监管机制导致内部管理混乱。员工可能利用招待费进行个人消费，进一步加剧企业资源的浪费，长期下去，将严重影响企业的内部凝聚力和整体运营效率。

综上所述，无节制的业务招待费对 A 公司及其承建的项目造成了严重的后果与影响。为了扭转这一局面，A 公司必须立即采取行动，建立明确的业务招待费标准和审批流程，优化内部监管机制，确保项目成本的有效控制和企业的长期健康发展。

问题认定与法律条文

一、业务招待费无节制

1.问题认定。

A 公司在建设工程项目中，业务招待费支出过高，缺乏明确的标准和审批流程，这违反了企业财务管理的规定，可能导致企业资源的浪费和不当使用。

2.法律条文。

《中华人民共和国公司法》第三十二条：公司应当建立健全的财务会计制度、内部控制制度和财务监督制度，明确财务管理的职责和程序。

《企业财务通则》第四十六条："企业不得承担属于个人的下列支出：（一）娱乐、健身、旅游、招待、购物、馈赠等支出。……"

二、费用支出不透明

1.问题认定。

A 公司的业务招待活动具体消费明细模糊不清，发票和报销单据不齐全，这违反了企业会计准则和企业财务管理的透明度要求。

2.法律条文。

《中华人民共和国会计法》第九条："各单位必须根据实际发生的经济业务事项进行会计核算，填制会计凭证，登记会计账簿，编制财务会计报告。任何单位不得以虚假的经济业务事项或者资料进行会计核算。"

《企业财务通则》第七十一条：企业应当建立、健全内部财务监督制度。企业设立监事会或者监事人员的，监事会或者监事人员依照法律、行政法规、本通则和企业章程的规定，履行企业内部财务监督职责。

三、管理层监管不力

1.问题认定。

A 公司管理层对业务招待费的控制意识薄弱，未建立有效的监管机制，这违反了企业对管理层勤勉尽责的要求。

2.法律条文。

《中华人民共和国公司法》第一百四十七条："董事、监事、高级管理人员应当遵守法律、行政法规和公司章程，对公司负有忠实义务和勤勉义务。"

《中华人民共和国公司法》第一百八十八条："董事、监事、高级管理人员执行公司职务违反法律、行政法规或者公司章程的规定，给公司造成损失的，应当承担赔偿责任。"

综上所述，A公司在业务招待费管理上存在无节制、费用支出不透明和管理层监管不力等问题，这些行为违反了相关法律法规的规定。公司应当依法规范财务管理，加强内部控制，确保企业企业资源的合理使用和有效监督。

整改措施

一、建立明确的业务招待费标准和审批流程

1.制订严格的业务招待费标准，明确各类招待活动的费用限额，包括餐饮、住宿、交通等各个方面的具体标准。

2.设立专门的业务招待费审批流程，确保每一笔招待费用都经过严格的审批程序。审批流程应由申请人、审批人、财务部门等多方参与，确保费用的合理性和合规性。

二、提高费用支出的透明度和规范性

1.要求详细记录每一次业务招待活动的具体情况，包括活动时间、活动地点、参与人员、费用明细等信息，并保留完整的发票和报销单据。

2.建立费用公示制度，定期将业务招待费情况向公司内部员工公示，接受员工的监督和质询。

三、强化管理层的监管责任

1.明确管理层对业务招待费的控制责任，将业务招待费的管理纳入管理层的绩效考核体系，促使其更加重视费用的合理控制。

2.建立内部审计机制，定期对业务招待费的使用情况进行审计，确保费用的合规性和合理性。对于违规使用费用的情况，要严肃处理并追究相关责任人的责任。

四、加强员工培训和宣传教育

1.定期开展员工财务管理和法律法规培训，提高员工对业务招待费合规使用的认识和重视程度。

2.通过公司内部宣传栏、员工手册等渠道，宣传合规使用业务招待费的重要性，引导员工自觉遵守相关规定。

五、建立举报和奖惩机制

1.设立举报渠道，鼓励员工积极举报违规使用业务招待费的行为，对举报属实的员工给予一定的奖励。

2.对严格遵守业务招待费管理规定的员工和部门给予表彰和奖励，树立榜样；对违规使用费用的员工和部门则进行严肃处理，以儆效尤。

实施以上整改措施，可以规范业务招待费的使用和管理，提高企业的财务管理水平和透明度，降低企业运营成本和风险。同时，也有助于塑造企业的良好形象和促进企业的长期发展。

专题 87：没有明确标准的奖罚制度

案例简介

一、案例背景

某市新城区基础设施建设工程项目，总投资额达数亿元人民币，涵盖道路、桥梁、排水等多个子项目。该项目由市政府投资，通过公开招标选择了一家具有丰富经验的大型施工企业作为总承包商。为确保工程质量和进度，市政府特别强调了项目的规范管理，包括对工程进度、质量、安全等方面的严格控制。

二、具体问题

在工程项目进行过程中，审计部门对项目进行了中期审计，发现项目管理中存在一个显著问题：总承包商在管理施工现场时，对工程进度、施工质量和现场安全的奖罚措施缺乏明确的标准。虽然总承包商在合同中承诺将建立并执行一套完善的奖罚体系，但实际上该体系并未得到有效实施。

三、具体案例分析

1. 缺乏明确的奖罚标准。审计部门发现，总承包商虽然设立了一些基本的奖罚原则，但并未将这些原则细化为具体的、可量化的标准。例如，在施工质量方面，仅笼统地规定"优质工程将给予奖励，劣质工程将受到处罚"，但未明确"优质"和"劣质"的判断依据，也未规定具体的奖励或处罚金额。

2. 奖罚执行不力。由于缺乏明确的标准，现场管理人员在执行奖罚时存在很大的主观性和随意性。有些情况下，即使出现了明显的质量问题或安全隐患，也未能及时有效地进行处罚和纠正，导致问题屡禁不止。

3. 奖罚记录不完整。审计部门还发现，关于奖罚的记录非常不完整。部分奖罚决定没有书面记录，或者记录了但缺乏必要的签字和确认程序，这使得后续的追责和复查变得困难。

四、后果与影响

1. 工程质量风险。由于奖罚制度不明确，执行不力，施工人员对质量问题的重视程度不够，从而增加工程质量风险。长期来看，这可能会影响整个基础设施的安全性和使用寿命。

2. 进度延误。缺乏有效的奖罚机制，施工人员可能缺乏按时完成工作的动力，从而导致工程进度延误。这不仅会增加项目成本，还可能影响城市的整体规划和居民的生活质量。

3. 管理混乱。不明确的奖罚制度会导致项目管理上的混乱。管理人员在缺乏明确指导的情况下进行决策，可能引发内部矛盾和不公平感，进而影响整个项目团队的士气和效率。

4. 法律责任风险。如果工程质量或安全问题导致事故或纠纷，不明确的奖罚制度可能使总承包商在法律上难以自证其已经采取了合理的管理措施，从而面临更大的法律风险。

综上所述，这个案例凸显了在建设工程项目中建立标准明确的奖罚制度的重要性。缺乏这样的制度不仅会影响项目的质量、进度和管理效率，还可能带来长远的负面影响和法律风险。

问题认定与法律条文

一、缺乏明确的奖罚标准

1. 问题认定。

总承包商在工程项目管理中未制定明确的奖罚标准，违反了工程项目管理规范中关于建立明确管理制度的要求。

2. 法律条文。

《建设工程质量管理条例》第七条："建设单位应当将工程发包给具有相应资质等级的单位。建设单位不得将建设工程肢解发包。"同时，该条例还强调了施工单位应当建立质量责任制，严格工序管理，确保施工质量。虽然此条例未直接提及奖罚制度，但建立明确的奖罚标准可以视为质量责任制的一部分，有助于确保施工质量。

《中华人民共和国建筑法》第五十八条："建筑施工企业对工程的施工质量负责。"缺乏明确的奖罚标准可能影响施工质量的控制和管理，从而违反建筑施工企业对施工质量负责的法律要求。

二、奖罚执行不力

1. 问题认定。

由于缺乏明确的奖罚标准，现场管理人员在执行奖罚时存在主观性和随意性，未能及时有效地进行处罚和纠正，构成管理上的疏忽。

2. 法律条文。

《中华人民共和国建筑法》第六十一条："交付竣工验收的建筑工程，必须符合规定的建筑工程质量标准，有完整的工程技术经济资料和经签署的工程保修书，并具备国家规定的其他竣工条件。"奖罚制度执行不力可能影响工程质量的控制，进而影响工程是否符合质量标准。

三、奖罚记录不完整

1. 问题认定。

关于奖罚的记录不完整，缺乏必要的签字和确认程序，违反了工程项目管理中的文档管理和记录保存要求。

2. 法律条文。

《中华人民共和国建筑法》及相关法规要求建筑施工企业建立相应的施工管理制度，并确保施工过程中的各项记录真实、完整。记录不完整的奖罚情况，可能违反这一法律要求。

综上所述，总承包商在工程项目管理中缺乏明确的奖罚标准、奖罚执行不力和奖罚记录不完整等问题，可能违反《中华人民共和国建筑法》《建设工程质量管理条例》等相关法律法规的规定。因此，总承包商应依法建立并完善明确的奖罚制度，确保工程项目的顺利进行和质量安全。

整改措施

一、建立标准明确的奖罚制度

1. 制订详细的奖罚标准。总承包商应依据国家法律法规、行业标准和项目合同要求，制定详细的工程进度、施工质量和现场安全的奖罚标准。这些标准应具体、可量化，并明确何种情况下会受到奖励或处罚。

2.完善奖罚程序。除了制定标准外，还应明确奖罚的决策流程、执行方式和时间节点，确保奖罚决策的公正性、透明性和及时性。

二、加大奖罚制度的执行力度

1.严格监督执行。总承包商应设立专门的监督机构或指派专人负责监督奖罚制度的执行情况。对违反制度的行为，要及时发现、记录和处理。

2.定期培训和宣贯。定期对项目管理人员和施工人员进行奖罚制度的培训和宣贯，提高他们的制度意识和执行力。

三、完善奖罚记录管理

1.建立完整的记录体系。总承包商应建立奖罚记录的档案管理制度，确保每一笔奖罚都有详细的书面记录，并妥善保存。

2.强化签字和确认程序。所有奖罚记录都应有相关人员的签字和确认，以确保记录的真实性和有效性。同时，建立奖罚结果的公示制度，接受项目各方的监督。

四、优化沟通与反馈机制

1.建立反馈渠道。总承包商应设立畅通的反馈渠道，鼓励项目各方对奖罚制度提出意见和建议，以便不断完善和优化制度。

2.定期评估与调整。定期对奖罚制度的执行情况进行评估，根据评估结果和反馈意见，及时调整和优化奖罚标准与程序。

实施以上整改措施，总承包商可以建立起一套明确、公正、透明的奖罚制度，并确保其得到有效执行。这有助于提高工程项目的管理水平，保障施工质量和现场安全，促进项目的顺利进行。

专题88：人员变动导致直接与间接成本增加

案例简介

一、案例背景

某大型基础设施建设工程项目进度紧张，对人员配置和稳定性要求较高。然而，在项目执行过程中，由于管理不善和外部环境变化，项目团队遭遇了严重的人员变动问题。

二、具体问题

1.人员流失严重。项目周期内，多名关键技术人员和中层管理人员相继离职，导致工作交接不顺畅，项目进度受阻。

2.招聘与培训成本上升。为填补人员空缺，项目团队不得不频繁进行招聘，并对新员工进行紧急培训，增加了直接与间接成本。

3.团队协作效率下降。新员工的加入打破了原有团队的默契，导致沟通成本上升，协作效率明显降低。

三、具体案例分析

1. 直接成本增加。

为应对人员流失，项目团队不得不加大招聘力度，这包括在各大招聘平台上发布广告、参加招聘会等，由此产生的招聘费用显著增加。同时，为了确保新员工能够快速融入团队并承担工作，项目团队还组织了一系列的紧急培训课程，包括技术培训、安全培训以及项目管理培训等，这些培训活动同样产生了不小的费用。

2. 间接成本增加。

由于新员工对项目的具体情况和流程不熟悉，他们在工作中经常需要向老员工请教，这不仅占用了老员工的工作时间，还影响了整个团队的工作效率。此外，新员工在适应期内容易出现错误，这些错误往往需要额外的时间和资源来进行纠正，进一步推高了项目的间接成本。

四、后果与影响

1. 项目延期交付。人员变动导致团队协作效率下降和工作失误增加，项目未能按计划进度进行，最终导致了项目的延期交付。

2. 成本超支。直接与间接成本的增加使得项目的总成本超出了预算，给项目投资者带来了经济损失。

3. 客户满意度下降。项目的延期交付和质量问题影响了客户的使用体验，导致客户满意度显著降低。

4. 企业声誉受损。项目的问题在业界内传开，对企业的专业能力和项目管理水平造成了负面影响。

综上所述，该案例揭示了人员变动对建设工程项目成本的深远影响。它不仅直接推高了招聘和培训成本，还通过降低团队协作效率和工作质量间接增加了项目成本。因此，在项目管理中应高度重视人员稳定性和团队建设的重要性。

问题认定与法律条文

一、人员流失与招聘成本上升

1. 问题认定。

工程项目中，关键技术人员和中层管理人员的流失，以及为填补空缺而频繁进行的招聘活动，可能违反劳动法规中关于员工流动和招聘的规定，增加了成本。

2. 法律条文。

《中华人民共和国劳动合同法》第三十七条："劳动者提前三十日以书面形式通知用人单位，可以解除劳动合同。"虽然员工有权利辞职，但过于频繁的人员流动可能影响企业的正常运营，企业需要依法确保劳动合同的稳定性。

《中华人民共和国劳动法》及相关招聘法规要求，招聘过程应遵循公平、公正、公开的原则，且劳动合同中不得有歧视性条款。频繁招聘可能暗示企业管理存在问题，劳动监察部门可能对此进行调查。

二、培训与协作效率问题

1. 问题认定。

由于新员工大量加入，企业不得不进行紧急培训，这可能涉及培训质量和效果的问题；同时团队协作效率的下降也可能影响工程质量和进度，从而违反工程合同的相关条款。

2. 法律条文。

《中华人民共和国劳动法》第六十八条规定："用人单位应当建立职业培训制度，按照国家规定提取和使用职业培训经费，根据本单位实际，有计划地对劳动者进行职业培训。"企业有责任对员工进行培训，但必须确保培训的有效性和质量。

工程合同中通常会有关于工程进度和质量的明确条款，如果团队协作效率下降导致工程延期或质量不达标，可能构成合同违约，需要承担相应的法律责任。

三、项目延期与成本超支

1. 问题认定。

项目的延期交付和成本超支可能违反与投资者或业主签订的合同条款，涉及合同履约问题。

2. 法律条文。

《中华人民共和国民法典》第一百零七条："当事人一方不履行合同义务或者履行合同义务不符合约定的，应当继续履行、采取补救措施或者赔偿损失等。"项目延期交付和成本超支可能构成合同违约，需要依法承担相应的违约责任。

综上所述，该案例涉及的问题可能违反《中华人民共和国劳动合同法》《中华人民共和国劳动法》《中华人民共和国民法典》等相关法律法规。企业应依法规范人员管理、招聘、培训和合同履行等方面的操作，以降低法律风险和经济损失。

整改措施

一、加强人员稳定性管理

1. 完善薪酬福利制度。审视并调整现有的薪酬福利制度，确保其与行业标准和市场竞争相匹配，以提高员工的满意度和忠诚度。

2. 提供职业发展机会。建立明确的晋升通道和职业发展规划，让员工看到自己在企业中的未来，从而减少因职业发展受限而离职的情况。

3. 改善工作环境。优化工作流程，减轻员工的工作压力，同时提供必要的支持和资源，创造一个积极、健康的工作环境。

二、优化招聘与培训流程

1. 建立人才储备库。通过与高校、行业协会等建立合作关系，提前锁定潜在人才，减少因急需人才而进行的盲目招聘。

2. 提升招聘质量。完善招聘流程和评估标准，确保招聘到的人才符合岗位要求，减少因人员不适岗而导致的流失。

3. 系统化培训计划。制订全面的培训计划，包括岗前培训、在岗培训和定期提升培训，确保新员工能够快速融入团队并提升工作效率。

三、强化团队协作与沟通

1. 加强团队建设。定期组织团队活动，增强团队凝聚力，促进员工之间的交流与合作。

2. 建立有效的沟通机制。鼓励开放、坦诚的沟通氛围，确保信息在团队内部流通畅通，减少沟通不畅导致的误解和冲突。

四、加强项目管理与成本控制

1. 严格项目进度管理。制订详细的项目进度计划，并实时监控进度执行情况，及时调整资源分配以确保项目按期交付。

2. 强化成本预算与控制。建立详细的成本预算体系，实时监控项目成本支出，对超支情况进行预警和分析，及时采取措施进行调整。

3. 完善合同管理。在合同中明确双方的权利和义务，特别是关于项目进度、质量和成本方面的条款，以减少因合同不明确而导致的纠纷和损失。

通过实施以上整改措施，企业可以更有效地管理人员流动、优化招聘与培训流程、强化团队协作与沟通以及加强项目管理与成本控制，从而降低因人员变动导致的直接与间接成本增加的风险。

专题 89：施工现场无关人员过多

案例简介

一、案例背景

某市的一个大型商业综合体建设工程项目规模庞大，吸引了众多供应商、承包商和分包商的参与。项目现场本应是一个高效、有序的工作环境，然而，在项目的实施过程中，却出现了施工现场无关人员过多的问题。

二、具体问题

施工现场出现了大量与施工工作无关的闲杂人员，包括供应商的销售代表、各分包商的非工作人员、附近居民等。这些无关人员在现场随意走动，不仅干扰了正常的施工秩序，还存在安全隐患。施工现场的管理人员未能有效控制和管理这些无关人员的进出。

三、具体案例分析

1. 现场秩序混乱。

由于施工现场无关人员过多，现场秩序混乱。这些人员经常在施工区域内穿梭，与施工人员混杂在一起，严重影响了施工效率。例如，在一次混凝土浇筑作业中，现场闲杂人员太多，施工人员不得不频繁避让，导致浇筑作业多次中断，严重影响了施工进度。

2. 安全隐患增加。

大量无关人员在施工现场随意走动，给安全管理带来了极大的挑战。一些不熟悉现场环境的人员可能会误入危险区域，甚至触碰危险设备，从而引发安全事故。此外，他们的存在还可能干扰施工人员的正常操作，增加操作失误的风险。

3.管理难度加大。

施工现场管理人员需要花费大量时间和精力去处理这些无关人员带来的问题，他们不仅要确保施工安全，还要应对各种突发情况，如闲杂人员与施工人员发生冲突、物品丢失等。这无疑加大了管理人员的工作负担，降低了管理效率。

四、后果与影响

1.施工进度受阻。由于无关人员的干扰，施工进度受到严重影响，原本计划按期完成的项目，可能因此而延期交付。

2.施工质量下降。施工现场的混乱秩序可能导致施工人员的操作失误增多，从而影响整体的施工质量。

3.安全隐患增加。无关人员的存在增加了施工现场的安全风险，一旦发生安全事故，将给项目带来巨大的经济损失和不良社会影响。

4.管理成本上升。为了应对无关人员带来的问题，施工现场需要增加额外的管理人员和安全设施，这无疑会增加项目的总成本。

综上所述，施工现场无关人员过多的问题对工程项目的顺利实施造成了严重的负面影响。因此，施工单位在项目管理中应高度重视施工现场的人员管理问题，采取有效措施控制无关人员的进出，确保施工现场的秩序和安全。

问题认定与法律条文

一、施工现场秩序管理不善

1.问题认定。

案例中提到的施工现场出现了大量与施工工作无关的闲杂人员，干扰了正常的施工秩序。这违反了建筑施工现场管理的相关规定，施工单位未能有效维护施工现场的秩序和安全。

2.法律条文。

根据《建设工程安全生产管理条例》的规定，施工单位应当加强施工现场管理，确保施工现场的秩序和安全。施工现场应限制非施工人员进入，并设立明显的安全警示标志。

二、施工现场存在安全隐患

1.问题认定。

由于施工现场存在大量无关人员，并随意走动，给施工现场带来了安全隐患，可能引发安全事故。这违反了安全生产的相关法律法规。

2.法律条文。

依据《中华人民共和国安全生产法》的规定，生产经营单位应当加强安全生产管理，建立健全安全生产责任制和安全生产规章制度，确保安全生产。任何单位和个人不得有危害安全生产的行为。

三、施工现场进出管理不严

1.问题认定。

案例中提到施工现场的管理人员未能有效控制和管理无关人员的进出，这违反了建筑施工现场安全管理的相关规定。

2.法律条文。

《建筑施工安全检查标准》等相关规定要求，施工现场应设立门卫，对进出人员和车辆进行严格管理，确保只有相关人员和车辆才能进入施工现场，以维护施工现场的安全和秩序。

综上所述，该案例涉及的问题违反了《建设工程安全生产管理条例》《中华人民共和国安全生产法》以及建筑施工现场安全管理的相关规定。相关责任单位应依法加强施工现场管理，严格控制无关人员进出，确保施工现场的秩序和安全，防范安全事故的发生。

整改措施

一、加强施工现场秩序管理

1.设立门禁系统。在施工现场入口设置门禁系统，严格控制人员进出。只有持有有效工作证件或特别通行证的人员才能进入施工现场。

2.明确人员身份标志。为所有在施工现场工作的人员配发明显的工作证件，包括施工人员、管理人员等，以便区分无关人员。

3.加强巡逻和监控。增加安保人员，定期对施工现场进行巡逻，并利用视频监控系统实时监控施工现场情况，及时发现并处理秩序混乱的问题。

二、强化施工现场安全管理

1.开展安全教育培训。定期对施工现场人员进行安全教育培训，提高他们的安全意识和操作技能，确保每个人都能够遵守安全规章制度。

2.设置安全警示标志。在施工现场的危险区域设置明显的安全警示标志，提醒人员注意安全，避免无关人员误入危险区域。

3.建立应急预案。针对施工现场可能发生的安全事故制定应急预案，并定期组织演练，确保在紧急情况下能够迅速、有效地应对。

三、完善施工现场进出管理制度

1.严格登记制度。所有进入施工现场的人员必须进行登记，记录姓名、单位、进出时间等信息，以便追溯和管理。

2.加强门卫管理。门卫人员应严格履行职责，对进出施工现场人员进行身份验证和登记，确保只有符合条件的人员才能进入施工现场。

3.定期检查与评估。定期对施工现场的进出管理制度进行检查和评估，及时发现问题并进行改进，确保制度的有效执行。

实施以上整改措施，可以加强施工现场的秩序管理、安全管理和进出管理，有效解决"施工现场无关人员过多"的问题，确保施工项目的顺利进行和施工人员的安全。同时，也能提高施工现场的管理效率和工作质量，减少潜在的安全隐患和经济损失。

专题 90：项目部生活费用无明确标准

案例简介

一、案例背景

在某市一项大型基础设施建设工程项目中，由于项目规模庞大且工期紧张，项目部成立并开始了紧锣密鼓的施工活动。然而，在项目审计过程中，审计人员发现项目部在生活费用管理方面存在明显问题，尤其是生活费用无明确标准，导致了一系列的管理漏洞和经济损失。

二、具体问题

1. 项目部生活费用支出缺乏明确的标准和规定。

2. 生活费用的报销审批流程不规范，存在随意性。

3. 项目部成员对生活费用的使用和管理缺乏统一的认识。

三、具体案例分析

1. 生活费用无标准导致的混乱。

由于项目部没有制定明确的生活费用标准，项目部成员在日常开支中缺乏指导，费用支出混乱。例如，有的成员在外出就餐时选择高档餐厅，而有的成员则选择经济型餐馆，两者之间的消费差距巨大。这种无标准的消费模式不仅造成了项目部内部的不公平感，还增加了项目成本。

2. 报销审批流程不规范。

由于缺乏明确的生活费用标准，报销审批流程也变得不规范。一些成员在报销时只需提供简单的发票和收据，而没有消费明细和合理解释。这种不规范的报销流程给了一些人钻空子的机会，存在虚假报销的风险。

3. 成员对生活费用管理的认识不统一。

由于项目部没有对生活费用进行明确规定，项目部成员对生活费用的使用和管理存在不同的理解。一些成员认为只要是工作需要的开支都可以报销，而另一些成员则认为应该严格控制生活费用以降低成本。这种认识上的不统一导致了实际操作中的矛盾和冲突。

四、后果与影响

1. 成本增加。无明确标准的生活费用支出容易导致浪费，从而增加项目成本。长期下来，这种浪费会对项目的经济效益产生严重影响。

2. 管理效率下降。由于缺乏统一的标准和流程，管理人员在处理生活费用报销时需要花费更多时间和精力去核实费用的合理性和真实性，降低了管理效率。

3. 团队士气受损。项目部内部因生活费用问题产生的不公平感和矛盾会影响团队成员之间的合作和士气，进而影响整个项目的执行效率和质量。

4. 法律风险增加。不规范的报销流程可能导致虚假报销等违法行为的发生，给项目部带来法律风险。违法行为一旦被发现，不仅会影响项目的声誉，项目部还可能面临法律制裁。

综上所述，项目部生活费用无明确标准的问题对工程项目的顺利实施和成本控制造成了严重的负面影响。因此，项目部应尽快建立明确的生活费用标准和规范的报销审批流程，加强对成员生活费用管理认识的培训，以确保项目的顺利进行和成本的有效控制。

问题认定与法律条文

一、项目部生活费用缺乏明确标准

1. 问题认定。

案例中提到的项目部没有为生活费用制定明确的标准和规定，这违反了企业内部管理规定和相关财务法规，导致费用支出混乱，不利于企业的成本控制和财务管理。

2. 法律条文。

根据《中华人民共和国会计法》的规定，各单位必须根据实际发生的经济业务事项进行会计核算，填制会计凭证，登记会计账簿，编制财务会计报告。企业应当建立、健全内部财务管理制度，对经济业务事项的审批、执行、记录、监督等流程进行明确规定。

《企业内部控制基本规范》要求企业应当建立健全内部控制制度，明确各项经济业务活动的审批、执行、记录和监督等流程，确保企业资产安全完整，提供真实的财务数据。

二、生活费用报销审批流程不规范

1. 问题认定。

案例中描述的生活费用报销审批流程不规范，存在随意性，这违反了企业内部报销流程和财务管理规定，可能导致虚假报销和财务风险。

2. 法律条文。

《中华人民共和国会计法》规定，企业应当保证会计资料真实、完整，报销单据必须真实、准确地反映经济业务事项。企业应当建立严格的报销审批制度，确保费用报销的合法性和真实性。

《企业内部控制基本规范》要求企业应当建立规范的费用报销流程，明确审批权限和程序，防止虚假报销和滥用资金。

三、项目部成员对生活费用管理缺乏统一认识

1. 问题认定。

案例中提到的项目部成员对生活费用的使用和管理缺乏统一认识，这反映了企业内部管理和培训的不足，可能导致费用管理的混乱和不合规行为。

2. 法律条文。

虽然这个问题不直接违反特定的法律条文，但根据《中华人民共和国劳动法》的相关规定，用人单位有义务对劳动者进行职业技能培训和必要的安全教育。这包括对生活费用管理等相关规定的培训和教育，以确保员工了解和遵守企业规章制度。

综上所述，该案例涉及的问题违反了《中华人民共和国会计法》《企业内部控制基本规范》以及企业内部管理和培训的相关规定。相关责任单位应依法建立和完善内部财务管理制度，规范费用报销流程，加强员工培训和教育，确保生活费用的合理支出和有效管理。

整改措施

一、制定明确的生活费用标准

1. 确立费用标准。项目部应组织相关人员，结合项目实际情况，制定合理的生活费用标准。这些标准应涵盖餐饮、住宿、交通等各个方面，并根据不同地区和消费水平进行适当调整。

2.发布与执行标准。一旦标准制定完成，应通过正式文件或公告形式向项目部全体成员发布，并确保所有成员了解和遵守这些标准。

二、规范报销审批流程

1.明确报销要求。制定详细的报销指南，明确报销所需提供的单据、发票要求、审批流程等信息，要求项目部成员严格按照指南进行报销操作。

2.强化审批环节。设立专门的费用审核岗位，负责对报销单据的真实性和合理性进行严格审核。对于不合规或疑似虚假的报销单据，应予以退回或进一步调查。

3.电子化报销系统。引入电子化报销系统，实现报销流程的透明化和可追溯性。通过系统自动记录和分析报销数据，提高管理效率并减少人为错误。

三、加强成员培训和管理

1.开展培训活动。定期组织项目部成员进行生活费用管理相关培训，确保每位成员都清楚了解并遵守生活费用标准和报销流程。

2.建立考核机制。将生活费用管理纳入项目部成员的绩效考核体系，对严格遵守费用标准的成员给予奖励，对违规行为进行相应处罚。

3.优化沟通和反馈机制。建立有效的沟通和反馈机制，鼓励项目部成员提出关于生活费用管理的意见和建议，以便不断优化和完善相关制度和流程。

实施以上整改措施，可以规范项目部的生活费用管理，确保费用支出的合理性和有效性。同时，也能提高项目部成员的费用管理意识和能力，降低企业成本，提升项目整体效益。

专题91：办公用品管理混乱

案例简介

一、案例背景

某市一项重点基础设施建设工程项目正处于紧锣密鼓的施工中。该项目由一家知名建筑公司承建，项目团队规模庞大，包括项目经理、工程师、技术员、安全员等多个岗位。为确保项目进度和质量，公司投入了大量资源，其中包括采购了大量的办公用品，以支持项目团队的日常工作。然而，在项目审计过程中，审计人员发现该项目团队在办公用品管理方面存在严重问题，主要表现为办公用品管理混乱。

二、具体问题

1.办公用品采购计划不明确，缺乏有效预算控制。

2.办公用品领用流程不规范，存在随意领用现象。

3.办公用品库存管理混乱，账物不符情况严重。

4.缺乏有效的办公用品使用监督机制。

三、具体案例分析

1.采购计划不明确与预算控制缺失。

项目团队在采购办公用品时，未制订明确的采购计划，导致采购数量、种类与实际需求不符。同时，由于缺乏有效的预算控制，采购过程中出现了超出预算的情况。这不仅造成了资源的浪费，还给项目成本控制带来了压力。

2. 领用流程不规范。

在办公用品领用环节，项目团队未建立规范的领用流程。员工在领用办公用品时，往往凭借口头申请或简单登记即可领取，缺乏必要的审核和审批程序。这种不规范的领用流程导致了办公用品的随意领用和滥用现象。

3. 库存管理混乱。

项目团队的办公用品库存管理存在严重问题，库存记录不准确、账物不符情况时有发生。部分办公用品在领用后未及时更新库存信息，导致后续采购和领用决策失误。此外，库存中的办公用品摆放混乱，缺乏分类管理和定期盘点制度，进一步加剧了库存管理的问题。

4. 缺乏有效的使用监督机制。

项目团队在办公用品使用过程中缺乏有效的监督机制。员工在使用办公用品时缺乏节约意识，浪费现象严重。同时，由于缺乏对办公用品使用情况的定期检查和评估，项目团队无法及时发现和纠正不当使用行为。

四、后果与影响

1. 成本增加。办公用品管理混乱导致采购超出预算、库存积压和浪费等问题，增加了项目成本。

2. 工作效率下降。员工在寻找、领用和管理办公用品时耗费大量时间和精力，降低了工作效率。

3. 资源浪费与环境污染。过度采购和浪费的办公用品不仅占用了宝贵的资源，还可能对环境造成污染。

4. 管理难度加大。混乱的办公用品管理给项目团队的管理带来了额外难度，影响了项目的顺利进行。

综上所述，该项目在办公用品管理方面存在的问题严重影响了项目的成本控制、工作效率和资源利用。为解决这些问题，项目团队应建立完善的办公用品管理制度，包括明确的采购计划、规范的领用流程、精确的库存管理和有效的使用监督机制。实施这些措施，可以提高办公用品管理的效率和准确性，降低项目成本，提升项目整体效益。

问题认定与法律条文

一、办公用品采购计划不明确，缺乏有效预算控制

1. 问题认定。

案例中提到的办公用品采购计划不明确和缺乏有效预算控制，违反了企业内部管理规定和财务管理相关法律法规，可能导致资源的浪费和企业财务风险的增加。

2. 法律条文。

根据《中华人民共和国会计法》的规定，各单位应当根据实际发生的经济业务事项进行会计核算，并根据经济业务的性质和规模，合理编制财务预算。企业应确保预算的合理性和有效性，防止超出预算和浪费资源。

二、办公用品领用流程不规范

1.问题认定。

案例中描述的办公用品领用流程不规范，存在随意领用现象，违反了企业内部控制和资产管理相关规定，可能导致资产的流失和管理混乱。

2.法律条文。

《企业内部控制基本规范》要求企业应当建立健全内部控制制度，规范资产管理流程，包括资产的采购、验收、领用、保管等环节，确保资产的安全完整。不规范的领用流程违反了这一要求。

三、办公用品库存管理混乱，账物不符情况严重

1.问题认定。

案例中提到的办公用品库存管理混乱，账物不符情况严重，违反了企业资产管理和财务管理相关规定，可能导致企业资产信息失真和财务风险。

2.法律条文。

《中华人民共和国会计法》要求企业必须保证会计资料的真实、完整，准确反映企业的财务状况和经营成果。库存账物不符违反了会计资料真实性的要求。

四、缺乏有效的办公用品使用监督机制

1.问题认定。

案例中描述的缺乏有效的办公用品使用监督机制，违反了企业内部控制和资产管理相关规定，可能导致资源的浪费和不当使用。

2.法律条文。

《企业内部控制基本规范》要求企业应当建立监督机制，对内部控制制度的执行情况进行监督检查，确保各项控制措施得到有效执行。缺乏有效的监督机制违反了这一规范。

综上所述，该案例涉及的问题违反了《中华人民共和国会计法》和《企业内部控制基本规范》的相关规定。相关责任单位应依法建立和完善内部控制制度，规范办公用品管理流程，确保资源的合理利用和有效管理。

整改措施

一、针对办公用品采购计划不明确，缺乏有效预算控制问题的整改措施

1.建立明确的采购计划制度。要求项目团队在制订采购计划时，根据实际需求和使用情况，明确采购数量、种类和预算。采购计划经过相关部门审核批准后方可执行。

2.强化预算控制。设立专门的预算管理部门或指定预算管理人员，对办公用品采购预算进行严格审核和监督，确保采购活动在预算范围内进行。

二、针对办公用品领用流程不规范问题的整改措施

1.制订规范的领用流程。建立完善的领用申请、审批和登记制度。员工领用办公用品前需填写领用申请单，经过直接上级或相关负责人审批后，方可领用。同时，建立详细的领用记录，确保账物相符。

2.加强领用审核。设立专门的领用审核岗位，对领用申请进行严格把关，防止随意领用和滥

用现象。

三、针对办公用品库存管理混乱，账物不符情况严重问题的整改措施

1.建立库存管理制度。明确库存管理员的职责和权限，规范库存的入库、出库、盘点等流程。确保库存记录的准确性和及时性。

2.定期盘点和清查。定期对办公用品库存进行盘点和清查，确保账物相符。对盘亏或盘盈的情况，要及时查明原因并进行处理。

四、针对缺乏有效的办公用品使用监督机制问题的整改措施

1.建立使用监督机制。设立专门的监督部门或指定监督人员，对办公用品的使用情况进行定期检查和评估。对浪费和不当使用行为，要及时进行纠正和处理。

2.提高员工节约意识。通过培训、宣传等方式，提高员工对办公用品的节约意识，鼓励员工合理使用和妥善保管办公用品。

综上所述，建立完善的采购计划制度、规范领用流程、完善库存管理制度和使用监督机制等，可以规范办公用品的管理，提高管理效率，降低项目成本，确保资源的合理利用和有效管理；同时，也有助于提升企业形象和员工的工作效率。

专题92：物资采购环节不透明

案例简介

一、案例背景

某市一项大型基础设施建设工程正在如火如荼地进行。该项目由市政府主导，通过公开招标选择了一家在业内有良好口碑的建筑公司作为总承包商。由于项目规模庞大，物资采购成为项目管理的重要环节。然而，在项目审计过程中，审计人员发现物资采购环节存在严重的不透明现象。

二、具体问题

1.物资采购过程缺乏公开透明的竞争机制。

2.物资采购价格高于市场价格，存在成本虚高问题。

3.物资采购合同签订过程不透明，存在利益输送嫌疑。

4.缺乏有效的物资采购监督机制。

三、具体案例分析

1.缺乏公开透明的竞争机制。

在物资采购过程中，总承包商未采用公开招标或竞争性谈判等方式，而是直接选择了几家供应商进行采购。这种做法剥夺了其他潜在供应商的竞争机会，导致采购过程缺乏透明度和公平性。

2.物资采购价格高于市场价格。

审计人员通过市场调查发现，部分物资的采购价格明显高于市场价格。这可能是由于采购过程中缺乏有效的市场比较和议价机制，使得总承包商在采购中处于不利地位，增加了项目成本。

3. 物资采购合同签订过程不透明。

在签订物资采购合同时，总承包商未按照规定的程序进行公示和审查，部分合同的签订过程缺乏透明度，存在利益输送的嫌疑。这种不透明的合同签订过程可能为腐败行为提供了温床。

4. 缺乏有效的物资采购监督机制。

项目团队在物资采购过程中缺乏有效的内部和外部监督机制，没有专门的部门或人员对物资采购进行全程跟踪和监督，导致采购过程中的违规行为难以被及时发现和纠正。

四、后果与影响

1. 成本增加。物资采购价格高于市场价格，直接导致项目成本上升，降低了项目的经济效益。

2. 不公平竞争。缺乏公开透明的竞争机制破坏了市场的公平竞争原则，剥夺了其他供应商的参与机会。

3. 腐败风险增加。不透明的物资采购过程和合同签订过程增加了发生腐败行为的风险，损害了项目的廉洁形象。

4. 项目进度受阻。物资采购环节的问题，可能导致物资供应不及时或质量不达标，进而影响项目的整体进度和质量。

综上所述，该案例揭示了物资采购环节不透明所带来的严重后果。为解决这些问题，项目团队应建立公开透明的物资采购机制，引入市场竞争，提高合同签订过程的透明度和加大监督力度。同时，设立专门的监督机构对物资采购进行全程跟踪和监督，确保采购过程的合规性和经济性。实施这些措施，可以降低项目成本、减少腐败风险、保障项目进度和质量。

问题认定与法律条文

一、物资采购过程缺乏公开透明的竞争机制

1. 问题认定。

案例中提到的物资采购未采用公开招标或竞争性谈判，直接选择供应商，违反了公开、公平、公正的市场竞争原则，剥夺了其他潜在供应商的竞争机会。

2. 法律条文。

根据《中华人民共和国招标投标法》的规定，对于必须进行招标的工程项目，其勘察、设计、施工、监理以及与工程建设有关的重要设备、材料等的采购，必须进行招标。未依法进行招标的，相关行政监督部门应责令限期改正，并可视情况处以罚款。

二、物资采购价格高于市场价格

1. 问题认定。

物资采购价格明显高于市场价格，可能涉及不合理的成本支出，违反了市场经济中公平竞争和合理定价的原则。

2. 法律条文。

《中华人民共和国民法典》规定，当事人在订立合同时，应当遵循公平原则确定各方的权利和义务。价格明显高于市场价格的交易可能被视为显失公平的交易，受损害方有权请求人民法院或者仲裁机构变更或者撤销。

三、物资采购合同签订过程不透明

1. 问题认定。

案例中描述的物资采购合同的签订未按照规定的程序进行公示和审查，过程不透明，可能涉及违规操作或利益输送。

2. 法律条文。

《中华人民共和国民法典》要求合同的订立应当遵循公平、诚实信用的原则。不透明的合同签订过程可能违反这些原则，导致合同无效或者可撤销。

《中华人民共和国反不正当竞争法》禁止经营者在生产经营活动中进行贿赂以销售或者购买商品，不透明的合同签订过程可能涉及商业贿赂，是违法的。

四、缺乏有效的物资采购监督机制

1. 问题认定。

案例中描述的物资采购过程缺乏有效的监督机制，可能导致物资采购过程中的违规行为难以被及时发现和纠正，违反了企业内部控制和合规管理的要求。

2. 法律条文。

《企业内部控制基本规范》要求企业应当建立健全内部控制制度，包括对采购与付款等关键业务流程的控制。缺乏有效监督机制可能违反这一内部控制要求。

《中华人民共和国公司法》规定，公司应当建立健全内部管理和控制制度，确保公司资产的安全和完整。缺乏有效的监督机制可能违反公司法的相关规定。

整改措施

一、针对物资采购过程缺乏公开透明的竞争机制问题的整改措施

1. 实施公开招标。对于所有重要物资的采购，应通过公开招标的方式进行，确保所有潜在供应商都有机会参与竞争。

2. 建立供应商黑名单制度。对于在招标过程中存在违规行为的供应商，应列入黑名单，并在一定期限内禁止其参与后续招标。

二、针对物资采购价格高于市场价格问题的整改措施

1. 建立市场价格监测机制。定期对物资采购的市场价格进行调研，确保采购价格不高于市场价格。

2. 提高议价能力。培训采购人员，提高其议价能力，确保其在与供应商的谈判中能够获得更优惠的价格。

三、针对物资采购合同签订过程不透明问题的整改措施

1. 规范合同签订流程。建立明确的合同签订流程，包括合同起草、审核、批准等环节，确保流程的透明性和合规性。

2. 加强合同公示。在合同签订前，应对合同内容进行公示，接受公众监督，防止利益输送。

四、针对缺乏有效的物资采购监督机制问题的整改措施

1. 设立专门的监督机构。成立独立的物资采购监督机构，对物资采购过程进行全程监督。

2.强化内部审计。定期对物资采购进行内部审计，发现问题及时整改，并对相关责任人进行追责。

3.建立举报机制。鼓励员工和供应商对物资采购过程中的违规行为进行举报，经查实后给予举报人一定的奖励。

综上所述，建立公开透明的竞争机制、市场价格监测机制、规范的合同签订流程以及有效的监督机制等，可以大大提高物资采购的透明度和合规性，降低项目成本，减少腐败风险，保障项目进度和质量。

专题 93：职工差旅、交通费用管理松懈

案例简介

一、案例背景

某大型建设工程项目在实施过程中，由于涉及多个地区的现场考察、材料采购、施工监督等环节，项目职工的差旅和交通费用成为一项重要的管理内容。然而，项目审计发现，该项目在职工差旅、交通费用管理方面明显松懈，缺乏有效的控制机制。

二、具体问题

1.差旅费用报销流程不规范。

2.交通费用支出缺乏有效监控。

3.差旅标准制定和交通方式选择不严谨。

4.费用报销审批程序不严格。

三、具体案例分析

1.差旅费用报销流程不规范。

项目职工在出差后，往往直接凭借发票进行报销，而缺少详细的出差报告和费用明细。这导致财务部门在审核报销单据时，难以准确判断费用的合理性和必要性。

2.交通费用支出缺乏有效监控。

项目团队对职工出差期间的交通费用支出缺乏有效监控。部分职工在出差过程中选择高消费的交通方式，甚至存在虚报交通费用的情况。由于监控不力，这些不合理支出往往能够顺利通过审核。

3.差旅标准制定和交通方式选择不严谨。

项目团队在制定差旅标准和选择交通方式时，未充分考虑成本效益和实际需求，部分职工在出差过程中，住宿和交通选择明显超出项目规定的标准，增加了成本支出。

4.费用报销审批程序不严格。

项目团队在费用报销审批程序上存在不严格的情况。部分审批人员未对报销单据进行认真审核，导致一些不合理或虚假的费用得以报销。这种松懈的审批程序，为违规行为提供了可乘之机。

四、后果与影响

1. 成本增加。差旅和交通费用的管理松懈导致项目成本上升，不合理的费用支出和虚报行为增加了项目的财务负担。

2. 资源浪费。过高的差旅标准和不严谨的交通方式选择，造成了资源的浪费。这不仅损害了项目的经济效益，也与可持续发展的理念相悖。

3. 管理混乱。报销流程不规范和审批程序不严格，导致了管理上的混乱。这种混乱状态不仅影响了项目的正常运行，还可能滋生腐败行为。

4. 项目形象受损。差旅、交通费用的管理松懈会给外界留下项目管理不严谨、不专业的印象，从而损害项目的整体形象。

综上所述，该案例揭示了职工差旅、交通费用管理松懈所带来的严重后果。为解决这些问题，项目团队应建立规范的差旅费用报销流程，加强交通费用的监控，制定严谨的差旅标准和交通方式选择原则，并严格执行费用报销审批程序。实施这些措施，可以降低项目成本、减少资源浪费、提升管理水平并维护项目形象。

问题认定与法律条文

一、差旅费用报销流程不规范

1. 问题认定。

案例中提到的差旅费用报销仅凭发票而无详细出差报告和费用明细，违反了财务管理和会计制度中关于费用报销的规范流程。

2. 法律条文。

根据《中华人民共和国会计法》，单位应当建立、健全内部会计监督制度，确保会计资料的真实、完整。不规范的报销流程可能导致会计资料不真实，从而违反该法律。

二、交通费用支出缺乏有效监控

1. 问题认定。

项目团队对交通费用支出监控不力，存在职工选择高消费交通方式及虚报情况，这违反了企业内部控制和内部审计的相关规定。

2. 法律条文。

《企业内部控制基本规范》要求企业应当对费用支出实施有效控制，确保费用支出的合法性和合理性。缺乏有效监控可能导致费用支出的不合法或不合理，违反了内部控制的要求。

三、差旅标准制定和交通方式选择不严谨

1. 问题认定。

差旅标准制定和交通方式选择未充分考虑成本效益，部分职工超出标准消费，这违反了企业差旅费用管理的相关规定。

2. 法律条文。

企业内部管理制度通常要求员工在出差时必须遵守公司规定的差旅标准，不严谨的选择导致成本增加，可能违反企业内部管理制度，并可能损害企业的经济利益。

四、费用报销审批程序不严格

1. 问题认定。

费用报销审批程序不严格，部分审批人员未认真审核报销单据，这违反了企业财务审批程序和内部控制的要求。

2. 法律条文。

《企业内部控制基本规范》规定，企业应当建立规范的财务审批程序，确保资金使用的合法性和合规性。不严格的审批程序可能违反这一内部控制规范，增加了企业财务风险。

整改措施

一、针对差旅费用报销流程不规范问题的整改措施

1. 建立明确的报销流程。制定详细的差旅费用报销规定，明确报销所需的全部文件和单据，包括出差报告、原始发票、费用明细等。

2. 强化财务部门审核。财务部门应严格按照流程审核报销单据，对于缺少必要文件或单据的申请，应予以退回并要求补充完整。

二、针对交通费用支出缺乏有效监控问题的整改措施

1. 实施交通费用预算制度。出差前，员工需提交交通费用预算，经审批后作为报销和监控的依据。

2. 使用电子化管理系统。采用电子化报销和审批系统，实时记录和监控交通费用的支出情况，确保费用合理且符合预算。

三、针对差旅标准制定和交通方式选择不严谨问题的整改措施

1. 明确差旅标准。制定详细的差旅标准，包括住宿、餐饮、交通等，并根据实际情况定期调整。

2. 优化交通方式选择。在保证效率和成本效益的前提下，制定合理的交通方式选择指南，鼓励员工选择经济、高效的交通方式。

四、针对费用报销审批程序不严格问题的整改措施

1. 加强审批人员培训。定期对审批人员进行培训，提高他们的财务知识水平和审批能力，确保能够严格、准确地审核报销单据。

2. 建立多级审批制度。对于大额或特殊的费用报销，应实行多级审批制度，增加审批的严谨性和透明度。

3. 设立内部审计机制。建立内部审计部门或委托第三方机构进行定期审计，确保报销流程和审批程序的合规性。

综上所述，建立明确的报销流程、实施交通费用预算制度、明确差旅标准、优化交通方式选择、加强审批人员培训以及设立内部审计机制等整改措施，可以有效解决职工差旅、交通费用管理松懈的问题，提高项目管理的效率和合规性。

专题 94：生活区规划不科学，附加费用琐碎、繁多

案例简介

一、案例背景

在某城市的新区开发中，有一个大型住宅建设项目，该项目旨在为该城市的新增人口提供高品质的居住环境。项目由一家知名的房地产开发商承建，包括多栋高层住宅楼、配套设施以及一个大型生活区。生活区规划包括绿化带、儿童游乐设施、休闲步道和小型商业区等。项目自开工以来，一直受到社会各界的广泛关注。

二、具体问题

在项目的审计过程中，审计人员发现生活区的规划存在不科学的问题。具体来说，生活区的布局显得零散，缺乏整体性规划，导致附加费用琐碎且繁多。例如，原本可以集中设置的绿化区域被分散成了多个小块，增加了绿化维护和灌溉的成本；儿童游乐设施也未能形成统一的游乐区域，而是散布在生活区的各个角落，不仅不便于管理，也增加了安保和清洁的难度及费用。

三、具体案例分析

审计人员进一步分析了造成这些问题的原因。首先，项目团队在规划设计阶段对生活区的整体布局和功能分区考虑不周，缺乏前瞻性和系统性思维。这导致了后期施工中出现多次设计变更，增加了附加费用。其次，项目团队在采购和施工过程中，对成本控制不够严格，一些看似细微的费用累积起来，造成了总体成本的显著上升。最后，项目团队对生活区的后期运营和维护考虑不足，没有预见到零散布局会带来的管理和维护难题。

四、后果与影响

1. 成本增加。由于生活区规划不科学，项目团队不得不面对琐碎且繁多的附加费用。这些费用包括但不限于绿化维护、设施维修、安保和清洁等费用。长期来看，这些额外成本将对项目的总体盈利造成不利影响。

2. 管理难度加大。零散的布局使得生活区的管理变得复杂而低效。例如，安保人员需要巡逻更多的区域，以确保安全；清洁人员也需要花费更多的时间和精力来保持环境整洁。

3. 居民满意度下降。不科学的规划可能导致居民在使用生活区设施时感到不便。例如，儿童游乐设施的分散布局可能让家长难以照看孩子，绿化区域的碎片化也可能影响居民的整体居住体验。

4. 项目声誉受损。随着问题的逐渐暴露，项目的声誉可能会受到损害。这不仅会影响开发商的品牌形象，还可能对未来项目的销售和推广造成负面影响。

综上所述，这个案例揭示了科学规划在建设项目中的重要性。通过改进规划流程、加强成本控制和增加预见性考虑，项目团队可以避免类似的问题发生，从而提高项目的整体效益和居民满意度。

问题认定与法律条文

一、生活区规划布局不科学

1. 问题认定。

案例中提到生活区的布局零散，缺乏整体性规划，这违反了城乡规划法中关于科学合理规划的原则。科学合理的规划布局是确保土地资源合理利用、提高居民生活质量和环境品质的基础。

2. 法律条文。

根据《中华人民共和国城乡规划法》的相关规定，制定和实施城乡规划，应当遵循城乡统筹、合理布局、节约土地、集约发展和先规划后建设的原则。生活区规划布局不科学，可能违反该法律对城乡规划的要求。

二、附加费用琐碎、繁多

1. 问题认定。

案例中提及生活区规划不科学导致附加费用琐碎且繁多，可能涉及成本控制不当和财务管理不规范的问题，这违反了相关法规对建设工程项目成本管理和财务规范的要求。

2. 法律条文。

根据《中华人民共和国建筑法》以及相关的财务管理规定，建筑工程的成本控制应当合理，且财务管理应当规范。附加费用的琐碎和繁多可能表明成本控制不严格或财务管理存在问题，从而违反这些法律法规的要求。

另外，虽然法律法规提供了问题认定的依据，但每个案件的具体情况都需要根据事实进行具体分析。因此，在实际操作中，建议咨询专业法律人士以获取准确的法律意见。

三、后期运营和维护考虑不足

1. 问题认定。

案例中提到项目团队对生活区的后期运营和维护考虑不足，没有预见到零散布局带来的管理和维护难题。这可能违反相关规定中关于建筑物和设施应当便于维护和管理的要求。

2. 法律条文。

根据建筑和城市规划的相关法规，建筑物及其配套设施的设计应当考虑到后期运营和维护的便利性。案例中项目团队对生活区后期运营和维护的考虑不足，可能违反这些法规中对建筑设计和规划的要求。

整改措施

一、针对生活区规划不科学问题的整改措施

1. 重新评估和调整规划。

聘请专业的规划团队对生活区进行重新评估，提出科学的整体规划方案。

根据评估结果，对生活区布局进行合理调整，确保绿化带、游乐设施、休闲步道等区域布局更加集中且功能分区明确。

2. 优化设施布局。

将零散的设施进行整合，形成集中的功能区，如儿童游乐区、休闲区等，以提高管理和使用

效率。

重新设计绿化区域，使其更加集中且便于维护，减少维护成本。

二、针对附加费用琐碎、繁多问题的整改措施

1. 加强成本控制。

建立严格的成本控制制度，对各项费用进行详细预算和核算。

优化采购流程，降低采购成本，减少浪费。

2. 规范财务管理。

完善财务管理制度，确保各项费用支出合理、透明。

定期进行财务审计，及时发现并纠正财务管理中的问题。

3. 提高资源利用效率。

通过科学合理的规划，减少资源浪费，提高资源利用效率。

推广节能环保技术，降低能耗，减少运营成本。

三、加强后期运营和维护管理

1. 建立专业的管理团队。

组建专业的物业管理团队，负责生活区的日常运营和维护工作。

定期对管理团队进行培训，提高其专业技能和服务水平。

2. 制订详细的维护计划。

根据设施的使用情况和维护需求，制订详细的维护计划。

定期对设施进行检查和维修，确保其正常运行，延长使用寿命。

3. 加强与居民的沟通与互动。

建立有效的居民反馈机制，及时了解并解决居民在使用设施过程中遇到的问题。

定期组织居民活动，增强居民的归属感和参与感。

综上所述，重新评估和调整规划、优化设施布局、加强成本控制、规范财务管理、提高资源利用效率以及加强后期运营和维护管理等整改措施，可以有效解决案例中提到的问题，提升生活区的整体品质和管理效率。

专题 95：焊条、钢丝等小型生产工具、用具浪费严重

案例简介

一、案例背景

某市的一项大型基础设施建设工程旨在提升城市交通能力，改善市民出行条件。项目包括多座桥梁和隧道的建设，涉及大量的焊接和钢筋绑扎工作。由于工程量大、工期紧，项目管理团队对材料的管理和控制尤为重要。然而，在实际施工过程中，审计团队发现该项目在焊条、钢丝等小型生产工具、用具的使用上存在严重的浪费现象。

二、具体问题

审计团队在对项目进行例行审计时，发现以下问题。

1. 焊条、钢丝等小型生产工具、用具的领用和使用记录不详细，存在很多漏洞。

2. 施工现场随处可见被丢弃的焊条头、废弃的钢丝等，很多还可以继续使用但被随意丢弃。

3. 工人对焊条、钢丝等用具的使用不规范，存在过度使用、浪费的情况。

三、具体案例分析

经过深入调查和分析，审计团队认为造成这种浪费的主要原因有以下几点。

1. 管理不到位。项目管理部门对焊条、钢丝等小型生产工具、用具的管理不够严格，领用和使用记录不详细，导致无法准确追踪这些材料的使用情况。

2. 工人素质参差不齐。部分工人缺乏节约意识和规范操作习惯，对焊条、钢丝等用具随意使用、丢弃，造成大量浪费。

3. 缺乏有效的监督机制。项目现场缺乏对焊条、钢丝等用具使用的有效监督，使得浪费现象得不到及时纠正。

4. 采购与库存管理不善。可能存在过量采购或库存积压的情况，导致部分材料因过期或损坏而浪费。

四、后果与影响

1. 成本增加。焊条、钢丝等用具的浪费直接导致项目成本的上升，降低了项目的经济效益。

2. 资源浪费。这些浪费的焊条、钢丝等不仅增加了项目的成本，还造成了资源的浪费，不符合可持续发展的理念。

3. 环境影响。被丢弃的焊条头、废弃的钢丝等可能对环境造成污染，不利于环保。

4. 项目进度受阻。如果材料浪费导致关键材料短缺，可能会影响项目的正常进度。

5. 企业形象受损。这种浪费现象一旦被曝光，可能会损害企业的形象和声誉，影响企业的市场竞争力。

综上所述，这个案例揭示了建设工程项目中焊条、钢丝等小型生产工具、用具浪费问题的严重性。为了避免这些问题，项目管理团队需要加强管理、提高工人素质、建立有效的监督机制并优化采购与库存管理策略。

问题认定与法律条文

一、材料管理记录不详细

1. 问题认定。

项目管理团队对焊条、钢丝等材料的领用和使用记录不详细，违反了工程项目管理和建筑材料管理的相关规定。

2. 法律条文。

根据《中华人民共和国建筑法》及相关建筑材料管理规定，建筑施工单位应建立严格的材料管理制度，确保材料的采购、领用、使用和报废等各环节都有详细记录，以便追踪和审计。本案中，项目管理团队未能做到这一点，涉嫌管理不当。

二、材料浪费与不规范使用

1. 问题认定。

施工现场存在焊条、钢丝等材料浪费，以及工人不规范使用的现象，这违反了资源节约和环境保护的法律原则。

2. 法律条文。

依据《中华人民共和国节约能源法》，国家鼓励和支持节能技术的研究、示范和推广，倡导节约资源。本案中，材料的浪费行为显然与这一法律原则相悖。

同时，根据《中华人民共和国环境保护法》，任何单位和个人都有保护环境的义务。材料的浪费和不规范使用可能对环境造成污染，违反了环境保护法的要求。

三、缺乏有效的监督机制

1. 问题认定。

项目现场对焊条、钢丝等材料的使用缺乏有效的监督机制，这可能导致资源的浪费和管理上的漏洞。

2. 法律条文。

根据《中华人民共和国建筑法》及相关工程监理规定，建筑施工过程中应建立有效的监督机制，确保施工质量和资源的合理利用。本案中缺乏这样的监督机制，可能构成管理上的疏忽。

整改措施

一、加强材料管理记录

1. 建立完善的材料管理制度。明确材料的采购、领用、使用和报废等流程，并确保每一步都有详细记录。

2. 引入电子化管理系统。使用专业的材料管理软件，实现材料的实时追踪和记录，提高管理效率。

3. 定期培训管理人员。确保管理人员熟悉材料管理制度和操作流程，提高管理水平。

二、减少材料浪费与规范使用

1. 开展节约资源教育。定期对工人进行节约资源的教育和培训，提高他们的节约意识和环保意识。

2. 制订材料使用规范。明确焊条、钢丝等材料的使用方法和注意事项，确保工人能够规范使用。

3. 设立奖励机制。对在材料节约方面表现突出的工人或团队，给予一定的奖励，以激励大家共同参与节约行动。

4. 回收再利用。对于废弃但仍可使用的焊条、钢丝等材料，设立回收机制，进行再利用，减少浪费。

三、建立有效的监督机制

1. 设立专门的监督小组。由专业人员组成监督小组，定期对施工现场的材料使用情况进行检查和审计。

2. 安装监控设备。在关键区域安装监控摄像头，实时监控材料的使用情况，防止浪费和盗窃行为。

3. 建立举报机制。鼓励工人之间互相监督，对发现的浪费行为或管理漏洞，可以进行举报，经查实后给予举报者一定的奖励。

4. 定期公布审计结果。将材料使用的审计结果定期公布，让所有人了解材料的使用情况，提高透明度。

实施以上整改措施，可以有效改善项目管理中存在的问题，减少材料的浪费，提高资源的利用效率，同时也有助于提升项目的经济效益和环保效益。

专题 96：场地水电线路混乱，影响施工

案例简介

一、案例背景

某市正在建设一个大型商业综合体项目，该项目包括购物中心、写字楼、酒店等多功能建筑。项目地处市中心繁华地段，施工现场周边环境复杂，水电需求量大。为确保项目进度，施工现场布置了多条临时水电线路，以供各种施工设备和照明设施使用。然而，在项目审计过程中，审计团队发现场地水电线路存在混乱现象，严重影响了施工进度和安全。

二、具体问题

审计团队在实地考察后，发现了以下问题。

1. 水电线路布置混乱，缺乏统一规划。

2. 电缆、水管随意铺设，存在交叉、重叠现象。

3. 部分线路老化、破损，存在安全隐患。

4. 施工现场未设置明显的安全警示标志。

三、具体案例分析

经过深入调查和分析，审计团队认为造成场地水电线路混乱的主要原因如下。

1. 缺乏前期规划。项目团队在施工前未对水电线路进行充分规划，导致线路布置随意，缺乏条理。

2. 施工管理不严。施工现场管理松懈，对水电线路的铺设和维护缺乏有效监督。

3. 安全意识薄弱。部分施工人员对水电安全认识不足，忽视线路老化和破损的潜在风险。

4. 沟通协调不足。各施工队伍之间沟通协调不够，导致水电线路铺设过程中出现冲突和重叠。

四、后果与影响

1. 施工进度受阻。混乱的水电线路可能导致施工设备无法正常运行，进而影响施工进度。同时，频繁的线路故障排查和维修也会占用大量时间，进一步拖延工期。

2. 安全隐患增加。老化和破损的线路容易引发火灾、触电等安全事故，严重威胁施工现场的人员和设备安全。

3. 成本上升。频繁的线路维修和更换会增加项目成本，降低经济效益。

4. 影响企业形象。混乱的施工现场会给周边居民和过往行人留下不良印象，损害企业的社会形象。

综上所述，这个案例揭示了建设工程项目中场地水电线路混乱问题的严重性。为避免类似问

题的发生，项目管理团队应加强前期规划、严格施工管理、提高安全意识并加强沟通协调。同时，定期进行水电线路的检查和维护也是必不可少的措施。

问题认定与法律条文

一、水电线路布置混乱，缺乏统一规划

1. 问题认定。

施工现场的水电线路布置混乱，没有遵循相关建设规范和安全标准进行统一规划，这违反了建筑施工现场安全管理和规划的相关法律法规。

2. 法律条文。

根据《中华人民共和国建筑法》以及相关的建筑施工安全管理规定，建筑施工现场必须确保安全生产条件，合理规划施工现场布局，包括水电线路的布置。本案中，水电线路布置的混乱状况显然不符合这些法律法规的要求。

二、电缆、水管随意铺设，存在交叉、重叠现象

1. 问题认定。

电缆、水管的随意铺设，特别是存在交叉、重叠现象，违反了建筑施工中关于管线铺设的规范和安全要求。

2. 法律条文。

依据《建筑施工安全检查标准》以及相关的电气安全技术规范，电缆、水管等管线的铺设必须遵循一定的规范，防止交叉、重叠造成安全隐患。本案中的铺设方式显然违反了这些规定。

三、部分线路老化、破损，存在安全隐患

1. 问题认定。

施工现场存在老化、破损的线路，这些线路可能引发安全事故，违反了建筑施工现场电气设备和线路安全的相关规定。

2. 法律条文。

根据《中华人民共和国安全生产法》以及建筑施工现场电气安全管理规定，施工单位必须确保电气设备和线路的安全可靠，及时更换老化、破损的设备和线路。本案中，老化、破损线路的存在显然不符合这些法律法规和安全标准。

四、施工现场未设置明显的安全警示标志

1. 问题认定。

施工现场未设置明显的安全警示标志，这可能导致人员误入危险区域或不了解潜在的安全风险，违反了建筑施工现场安全标志设置的相关规定。

2. 法律条文。

依据《中华人民共和国安全生产法》以及建筑施工现场的安全管理规定，施工单位必须在危险区域或存在安全隐患的地方设置明显的安全警示标志。本案中，施工现场未设置相关标志，显然违反了这一法律规定。

整改措施

一、针对水电线路布置混乱，缺乏统一规划问题的整改措施

1.制订详细的水电线路规划方案。聘请专业的水电工程师，根据施工现场的实际情况和需求，制定统一的水电线路规划方案。

2.严格执行规划方案。按照规划方案进行线路布置，确保每条线路都有明确的走向和定位，避免混乱和交叉重叠。

二、针对电缆、水管随意铺设，存在交叉、重叠现象问题的整改措施

1.对已经铺设的电缆、水管进行全面检查，对存在交叉、重叠现象的线路进行整改，确保线路之间保持安全距离。

2.加强施工现场管理，明确各类线路的铺设标准和要求，确保新铺设的线路符合规范，避免再次出现交叉、重叠现象。

三、针对部分线路老化、破损，存在安全隐患问题的整改措施

1.对老化、破损的线路进行及时更换或修复，确保线路的安全性和可靠性。

2.建立定期检查和维护制度，对施工现场的所有线路进行定期检查，及时发现并处理潜在的安全隐患。

四、针对施工现场未设置明显的安全警示标志问题的整改措施

1.在施工现场的危险区域和存在安全隐患处设置明显的安全警示标志，提醒人员注意安全。

2.定期对安全警示标志进行检查和维护，确保其清晰可见，能够起到有效的警示作用。

实施以上整改措施，可以规范施工现场的水电线路布置，消除安全隐患，提高施工现场的安全性。同时，这些措施也有助于提升施工效率和质量，保障项目的顺利进行。

专题97：安全工作不到位，隐患多

案例简介

一、案例背景

某市一项重点基础设施工程项目正处于紧张施工阶段，该项目是一座大型交通枢纽，包括地铁站、公交车站、停车场等多功能设施。由于工程规模大、施工环境复杂，安全管理工作显得尤为重要。然而，在项目审计过程中，审计团队发现该项目存在安全工作不到位、隐患多的问题。

二、具体问题

审计团队在对施工现场进行详细检查后，发现了以下问题。

1.安全设施不完善。部分施工区域缺乏必要的安全防护设施，如临边防护、洞口防护等。

2.安全培训不足。部分施工人员未接受足够的安全培训，对施工现场的安全风险认识不足。

3.安全检查不严格。施工现场的安全检查工作流于形式，未能及时发现和处理安全隐患。

4.应急预案缺失。项目未制定完善的应急预案，一旦发生安全事故，难以迅速有效地进行应对。

三、具体案例分析

经过深入调查和分析，审计团队认为造成安全工作不到位、隐患多的主要原因如下。

1.管理层对安全工作重视不足。项目管理层在追求施工进度和成本控制的同时，忽视了安全管理工作的重要性。

2.安全管理制度不健全。项目未建立完善的安全管理制度，导致安全管理工作无章可循，执行力度不够。

3.施工人员安全意识薄弱。由于安全培训不足，施工人员对施工现场的安全风险缺乏足够认识，容易忽视安全操作规程。

4.监管部门监督不力。相关监管部门对项目的安全监督工作不够严格，未能及时发现并纠正项目在安全管理方面存在的问题。

四、后果与影响

1.安全事故风险增加。安全设施不完善、安全培训不足等问题，大大增加了施工现场发生安全事故的风险。

2.施工进度受阻。一旦发生安全事故，不仅会导致施工进度受阻、增加项目成本，还会造成人员伤亡和财产损失。

3.企业声誉受损。安全事故的发生会对企业的声誉造成严重影响，降低企业在市场上的竞争力。

4.法律责任风险。如果因安全管理不善导致安全事故，项目方可能需要承担相应的法律责任，包括民事赔偿和行政处罚等。

综上所述，这个案例揭示了建设工程项目中安全工作不到位、隐患多问题的严重性。为避免类似问题的发生，项目管理团队应加强对安全工作的重视，建立完善的安全管理制度，加强施工人员的安全培训，并接受相关监管部门的严格监督。只有这样，才能确保项目的顺利进行，保障施工人员的生命安全。

问题认定与法律条文

一、安全设施不完善

1.问题认定。

施工现场部分区域缺乏必要的安全防护设施，这违反了建筑施工现场安全生产的相关规定，未能为施工人员提供足够的安全保障。

2.法律条文。

根据《中华人民共和国安全生产法》和相关建筑施工安全标准，施工单位必须为施工人员提供符合安全标准的安全防护设施，保障施工现场的安全生产条件。本案中，安全设施的不完善显然违反了这些法律法规的要求。

二、安全培训不足

1.问题认定。

部分施工人员未接受足够的安全培训，这违反了有关安全生产培训和教育的法律规定，可能导致施工人员对安全风险认识不足，增加事故发生的可能性。

2. 法律条文。

依据《中华人民共和国安全生产法》以及相关的安全生产培训规定，施工单位必须对施工人员进行必要的安全生产培训和教育，确保他们了解并掌握安全生产知识和技能。本案中，安全培训不足显然不符合这些法律法规的要求。

三、安全检查不严格

1. 问题认定。

施工现场的安全检查工作流于形式，未能及时发现和处理安全隐患，这违反了建筑施工现场安全检查和监督的相关法律规定。

2. 法律条文。

根据《中华人民共和国安全生产法》以及建筑施工安全检查的相关规定，施工单位必须定期进行严格的安全检查，及时发现并处理安全隐患，确保施工现场的安全。本案中，安全检查不严格显然违反了这些法律法规的要求。

四、应急预案缺失

1. 问题认定。

项目未制定完善的应急预案，这违反了有关应急管理和救援的法律规定，一旦发生安全事故，将难以迅速有效地进行应对。

2. 法律条文。

依据《中华人民共和国安全生产法》以及相关的应急管理规定，施工单位必须制定完善的应急预案，明确应急救援措施和程序，以确保在发生安全事故时能够迅速、有效地进行救援。本案中，应急预案的缺失显然不符合这些法律法规的要求。

整改措施

一、针对安全设施不完善问题的整改措施

1. 对施工现场进行全面检查，识别出缺乏安全防护设施的区域，并制订详细的安全设施完善计划。

2. 根据施工现场的具体情况和相关安全标准，采购并安装必要的安全防护设施，如安全网、护栏、警示标志等。

3. 定期对安全设施进行检查和维护，确保其完好有效，及时更换损坏或失效的设施。

二、针对安全培训不足问题的整改措施

1. 对施工人员进行全面的安全培训，包括但不限于施工现场的安全规章制度、安全操作规程、应急处理等方面。

2. 定期进行安全教育培训，确保每位施工人员都能接受到必要的安全知识和技能培训。

3. 新入职的施工人员必须进行岗前安全培训，考核合格后方可上岗作业。

三、针对安全检查不严格问题的整改措施

1. 加强施工现场的安全检查工作，制定详细的安全检查计划和流程。

2. 设立专门的安全检查小组，负责定期对施工现场进行全面的安全检查，及时发现并处理安全隐患。

3. 对于发现的安全隐患，要立即采取措施进行整改，并对整改情况进行跟踪和复查，确保隐患得到彻底消除。

四、针对应急预案缺失问题的整改措施

1. 制订完善的应急预案，明确应急救援措施和程序，包括应急组织、通信联络、现场处置、医疗救护等方面。

2. 定期组织应急演练，提高施工人员的应急救援意识和能力，确保在发生安全事故时能够迅速、有效地进行应对。

3. 对应急预案进行定期评估和修订，确保其适应施工现场的实际情况和安全需求。

实施以上整改措施，可以全面提升施工现场的安全管理水平，消除安全隐患，降低安全事故发生的风险。同时，这些措施也有助于提高施工人员的安全意识和应急处理能力，确保项目的顺利进行和施工人员的生命安全。

专题 98：项目管理团队缺乏与其他管理人员或部门的沟通、合作

案例简介

一、案例背景

某市一项大型商业综合体建设项目正处于紧张施工阶段。该项目涵盖购物中心、办公楼、酒店等多种功能，总投资额巨大，参与建设的管理团队和部门众多。由于项目的复杂性和多元性，各部门之间的沟通与合作显得尤为重要。然而，在项目审计过程中，审计人员发现该项目在沟通与合作方面存在明显问题。

二、具体问题

审计人员在深入调查后发现，项目管理团队缺乏与其他管理人员或部门的有效沟通与合作，具体问题表现在以下几个方面。

1. 信息孤岛。各部门之间信息不共享，导致重要信息无法及时传递，形成信息孤岛。

2. 决策不同步。由于缺乏有效沟通，各部门在做出重要决策时往往不同步，甚至出现相互矛盾的情况。

3. 资源调配不协调。在资源调配上，各部门各自为政，缺乏统一协调，导致资源浪费和效率低下。

4. 问题响应滞后。当施工现场出现问题时，由于沟通不畅，问题的响应和解决往往滞后，影响工程进度。

三、具体案例分析

经过审计人员进一步分析，造成上述问题的原因主要有以下几点。

1. 组织架构不清晰。项目管理团队在组织架构上未明确各部门之间的权责关系，导致沟通渠道不畅。

2. 沟通机制不健全。项目内部未建立起有效的沟通机制，如定期会议、信息共享平台等，使得信息传递受阻。

3.团队意识薄弱。各部门过于关注自身利益，缺乏整体意识和团队协作精神，导致合作不畅。

4.管理层对沟通重视不足。项目管理层未能充分认识到沟通与合作的重要性，未能在团队中营造积极的沟通氛围。

四、后果与影响

1.工程进度受阻。由于各部门之间沟通不畅，决策不同步，工程进度受到严重影响，无法按计划完成。

2.成本增加。资源调配不协调和问题响应滞后导致大量资源浪费和重复劳动，增加了项目成本。

3.质量风险提升。沟通不畅可能导致无法及时发现和解决施工质量问题，从而增加质量风险。

4.团队士气低落。长期的沟通障碍和合作不畅会导致团队成员之间信任感降低，士气受挫，影响工作效率。

综上所述，这个案例揭示了建设工程项目中项目管理团队缺乏与其他管理人员或部门的沟通、合作的严重性。为避免类似问题的发生，项目管理团队应建立清晰的组织架构和有效的沟通机制，加强团队意识培养，提高管理层对沟通与合作的重视程度。只有这样，才能确保项目的顺利进行，降低风险，提高效率。

问题认定与法律条文

一、信息孤岛

1.问题认定。

各部门之间信息不共享，重要信息无法及时传递，形成了信息孤岛，违反了项目管理和信息共享的相关规定，影响了项目的顺利进行。

2.法律条文。

根据《中华人民共和国建筑法》以及相关工程管理规定，建筑施工过程中，各参与方应加强信息共享与沟通，确保工程质量和安全。信息孤岛导致无法满足该要求，可能对项目造成不利影响。

二、决策不同步

1.问题认定。

缺乏有效沟通，导致各部门在决策过程中不同步，甚至决策相互矛盾，这违反了项目管理中协调一致的原则。

2.法律条文。

依据《中华人民共和国民法典》以及工程项目管理的相关规范，项目参与各方应当遵循诚实信用原则，相互配合，确保项目决策的一致性和有效性。决策不同步可能违反合同约定，影响项目的整体利益。

三、资源调配不协调

1.问题认定。

在资源调配上，各部门缺乏统一协调，各自为政，导致资源浪费和效率低下，这违反了资源合理利用和项目效益最大化的原则。

2.法律条文。

根据《中华人民共和国节约能源法》以及工程建设资源管理的相关规定，项目建设过程中应合理利用资源，减少浪费。资源调配不协调违反了资源节约和合理利用的法律要求。

四、问题响应滞后

1.问题认定。

由于沟通不畅，施工现场出现问题时响应和解决往往滞后，这影响了工程进度，并可能带来安全隐患，违反了工程安全管理和进度控制的相关规定。

2.法律条文。

依据《中华人民共和国安全生产法》及建筑施工安全管理的相关要求，施工单位应当及时响应和处理施工现场的安全问题，确保工程进度和人员安全。问题响应滞后可能构成对安全管理规定的违反。

整改措施

一、针对信息孤岛问题的整改措施

1.建立统一的信息共享平台，确保各部门能够及时上传和获取项目相关信息。

2.定期组织跨部门会议，促进信息交流，打破部门壁垒，让每个部门都了解项目的整体进展和其他部门的工作情况。

3.制订信息管理制度，明确信息共享的责任和义务，鼓励并督促各部门主动分享信息。

二、针对决策不同步问题的整改措施

1.建立项目决策委员会或类似机构，负责统筹协调各部门的决策，确保决策的一致性和同步性。

2.在做出重要决策前召开跨部门协调会议，充分听取各部门的意见和建议，形成共识后再做决策。

3.加强项目管理团队对各部门决策过程的监督和指导，确保各部门在决策时能够遵循项目整体利益。

三、针对资源调配不协调问题的整改措施

1.建立资源统一调配机制，由项目管理团队根据各部门需求和项目整体进展来合理分配资源。

2.加强部门间的沟通与协作，鼓励资源共享和互补，避免资源浪费和重复投入。

3.定期对资源使用情况进行审查和优化，确保资源的合理利用和效益最大化。

四、针对问题响应滞后问题的整改措施

1.建立问题快速响应机制，明确问题报告、处理和反馈的流程及时限。

2. 设立专门的问题处理小组或指定专人负责问题的跟踪和解决，确保问题能够得到及时有效的处理。

3. 加强对施工现场的监督和检查，及时发现问题并督促相关部门进行整改。同时，定期对问题进行汇总和分析，为后续的预防和改进提供参考。

实施以上整改措施，可以加强各部门之间的沟通与合作，打破信息孤岛，确保决策同步性和资源调配的协调性，提高问题响应速度和处理效率。这有助于项目的顺利进行和降低风险。

专题 99：公司政策执行不到位

案例简介

一、案例背景

在某市，一项政府投资的大型公共设施建设项目正在进行中。该项目旨在提升城市形象，改善市民文化生活品质，因此受到了社会各界的广泛关注。项目包括图书馆、博物馆、剧院等多个子项目，总投资额巨大。由于项目规模庞大且涉及多个专业领域，政府采用了 EPC（Engineering-Procurement-Construction，设计－采购－施工）总承包模式，并委托了一家具有丰富经验的建筑公司作为总承包商。

二、具体问题

在项目进行过程中，政府委托的审计团队对项目进行了中期审计，发现了一系列问题，其中最突出的是总承包商在项目管理、成本控制和合同履行方面存在明显不足。

1. 项目管理不规范。总承包商在项目管理过程中，未能严格执行项目计划，导致部分工程进度滞后。同时，项目文档管理混乱，关键资料缺失，给后期验收和结算带来隐患。

2. 成本控制不严格。审计发现，总承包商在材料采购、人工费用等方面存在超支现象。部分材料采购价格明显高于市场价格，且未经过充分比价和竞争性谈判。此外，人工费用核算不规范，存在虚报工时和加班费用的情况。

3. 合同履行不到位。总承包商在履行合同时，未能按照合同约定的质量标准进行施工。部分工程存在质量问题，如混凝土强度不达标、防水层施工不规范等。同时，总承包商未能按照合同约定的时间节点完成阶段性任务，导致整体工程进度受阻。

三、具体案例分析

经过深入调查和分析，审计团队认为上述问题的根源在于总承包商的管理体系和内部控制机制不健全。具体如下。

1. 项目管理体系不完善。总承包商缺乏科学、系统的项目管理方法，导致计划执行不力、文档管理混乱。这反映了总承包商在项目管理方面的专业能力不足。

2. 成本控制意识薄弱。总承包商在成本控制方面缺乏严格的制度和流程，采购和人工费用核算存在随意性。这可能与公司内部成本控制文化缺失、监督机制不健全有关。

3. 合同履行意识不强。总承包商在履行合同时，未能充分认识到合同的重要性和约束力。这可能与公司法治意识淡薄、内部质量管理体系不完善有关。

四、后果与影响

1. 工程进度延误。由于项目管理不规范和合同履行不到位，整体工程进度严重滞后。这不仅影响了项目的按期交付，还可能给政府带来额外的经济损失和声誉风险。

2. 成本超支。成本控制不严格导致项目总成本超出预算，给政府财政带来压力。同时，也可能引发社会对政府投资项目效益的质疑。

3. 质量风险增加。合同履行不到位导致部分工程存在质量问题，给项目的安全运营带来隐患。一旦发生质量事故，将对公众安全造成严重威胁。

综上所述，这个案例揭示了建设工程项目中总承包商在项目管理、成本控制和合同履行方面存在的问题及其严重后果。为避免类似问题的发生，政府应加强对总承包商的监管和考核，确保其具备相应的专业能力和管理水平。同时，总承包商自身也应加强内部管理体系建设，提高项目管理和成本控制能力，切实履行合同义务。

问题认定与法律条文

一、项目管理不规范

1. 问题认定。

总承包商在项目管理过程中未能严格执行项目计划，项目文档管理混乱，关键资料缺失。这种行为违反了工程项目管理的相关法规和规范，可能导致项目无法按期交付，影响项目质量和效益。

2. 法律条文。

《中华人民共和国建筑法》第五十八条："建筑施工企业对工程的施工质量负责。建筑施工企业必须按照工程设计图纸和施工技术标准施工，不得偷工减料。工程设计的修改由原设计单位负责，建筑施工企业不得擅自修改工程设计。"总承包商有义务按照项目计划进行施工，并保证项目文档的完整性和规范性。

二、成本控制不严格

1. 问题认定。

总承包商在材料采购和人工费用方面存在成本控制不严格的问题，如材料采购价格高于市场价格，人工费用核算不规范等。这违反了工程项目成本控制的相关规定，可能导致项目成本超支，损害项目效益。

2. 法律条文。

依据《中华人民共和国民法典》的相关规定，当事人应当诚实信用地履行自己的义务。总承包商在成本控制方面的不严格行为，可能构成对合同约定的违反，需承担相应的法律责任。同时，根据工程项目管理的相关规范，总承包商有责任严格控制项目成本，确保资源的合理利用。

三、合同履行不到位

1. 问题认定。

总承包商在履行合同时，未能按照合同约定的质量标准和时间节点完成任务。这种行为违反了合同法和工程项目管理的相关法规，可能导致工程质量不达标，工程进度受阻。

2.法律条文。

《中华人民共和国民法典》第一百零七条："当事人一方不履行合同义务或者履行合同义务不符合约定的，应当继续履行、采取补救措施或者赔偿损失等。"总承包商未能按照合同约定履行义务，需承担相应的违约责任。同时，《中华人民共和国建筑法》也强调建筑施工企业必须按照工程设计要求、施工技术标准和合同的约定进行施工，保证工程质量。

整改措施

一、针对项目管理不规范问题的整改措施

1.完善项目管理体系。总承包商应建立科学、系统的项目管理方法，确保项目计划得到有效执行。上述项目管理方法包括详细的项目进度表、质量控制计划和风险管理策略，总承包商应严格按照计划实施。

2.加强文档管理。建立完善的文档管理制度，确保项目关键资料的完整性和规范性。指定专门的文档管理人员，负责项目资料的收集、整理和归档工作，确保项目文档的可追溯性和完整性。

二、针对成本控制不严格问题的整改措施

1.建立严格的成本控制制度。总承包商应制定详细的成本控制流程和标准，包括材料采购、人工费用核算等方面的规定，确保成本控制工作有章可循，减少随意性。

2.加强采购管理。建立材料采购比价和竞争性谈判机制，确保材料采购价格合理。同时，与供应商建立长期合作关系，争取更优惠的价格和更好的服务。

3.规范人工费用核算。制定人工费用核算标准和流程，确保工时和加班费用的准确核算。加强对人工费用的审核和监督，防止虚报和浪费。

三、针对合同履行不到位问题的整改措施

1.加强合同意识。总承包商应提高合同履行意识，充分认识到合同的重要性和约束力。加强法治教育和培训，确保员工了解并遵守合同约定。

2.完善质量管理体系。建立健全的内部质量管理体系，确保工程施工质量符合合同约定。加强质量检查和验收工作，及时发现并整改质量问题。

3.强化进度管理。制定详细的施工进度计划，并严格按照计划执行。优化进度监控和预警机制，确保工程进度不受影响。对于总承包商原因导致的进度延误，应采取补救措施并承担相应的违约责任。

实施以上整改措施，可以加强总承包商的项目管理能力、成本控制能力和合同履行能力，确保项目的顺利进行和高质量完成。同时，也有助于提升总承包商的企业形象和信誉度，为未来的项目合作奠定良好基础。

专题100：部门、班组间互相推诿

案例简介

一、案例背景

在某城市的中心地带，一项商业综合体建设项目正如火如荼地进行。该项目涵盖了购物中心、办公楼和公寓酒店等多种功能，总投资额巨大，备受社会各界关注。项目由于复杂性和多功能性，涉及多个专业部门与施工班组，包括土建、电气、暖通、给排水等专业部门。

二、具体问题

随着项目的推进，各部门和施工班组之间开始出现协作不畅的情况。当遇到施工问题时，各部门和施工班组往往不是积极寻求解决方案，而是互相推诿，导致问题无法得到及时解决。

1. 推诿现象严重。每当遇到施工难题或质量问题时，各部门和施工班组之间常常出现"踢皮球"的现象。例如，电气班组在遇到与土建相关的配合问题时，往往指责土建部门施工不精准，而土建部门则说是电气班组的设计变更导致的问题。

2. 沟通不畅，协作不力。各部门和施工班组之间缺乏有效的沟通机制，导致信息传递不畅，协作效率低下。当出现交叉作业时，往往因为缺乏明确的责任划分和协作计划而陷入混乱。

三、具体案例分析

在项目的中期阶段，发生了一次严重的漏水事件。原本应该由暖通班组与给排水班组密切合作安装的一段水管出现了漏水情况。然而，在面对这一突发事件时，两个班组互相指责对方施工不当导致了漏水。

1. 暖通班组的说辞。暖通班组认为漏水是由于给排水班组在安装水管时没有按照规范操作，导致接口处密封不严。他们指出，给排水班组在施工过程中没有充分考虑到暖通系统的特殊要求，造成了这一事故。

2. 给排水班组的辩解。给排水班组则坚称他们已经按照设计图纸和规范进行了施工，漏水是由于暖通班组在后续施工中损坏了水管接口。他们认为暖通班组在施工过程中没有采取有效的保护措施，才导致了这一问题的发生。

经过深入调查，审计团队发现漏水的根本原因在于两个班组在施工前没有进行充分的技术交底和协调，各自为政，缺乏统一的施工计划和责任划分。

四、后果与影响

1. 工程进度受阻。由于沟通不畅和推诿，漏水问题得不到及时解决，导致相关区域的施工进度受到严重影响。这不仅延长了项目的整体工期，还可能引发连锁反应，影响其他区域的施工进度。

2. 成本增加。漏水事件导致的返工和维修工作增加了项目的总成本。同时，由于工程进度延误，施工单位还可能面临合同违约的风险和额外的经济损失。

3. 团队士气低落。长期的互相指责和推诿导致项目团队成员之间信任感降低，士气低落。这种氛围不仅影响了团队成员的工作积极性和创造力，还可能引发更大的管理问题。

综上所述，这个案例揭示了建设工程项目中部门、班组间互相推诿问题的严重性及其对项目进度、成本和团队士气的负面影响。为避免类似问题的发生，项目管理层应建立有效的沟通机制和责任划分体系，促进各部门和施工班组之间紧密协作和共同解决问题。

问题认定与法律条文

一、推诿问题

1. 问题认定。

在商业综合体建设项目中，暖通班组与给排水班组在出现漏水事件后，互相指责对方施工不当导致问题，均拒绝承担责任。这种行为构成了推诿，违反了工程项目管理中关于团队协作和责任承担的原则。

2. 法律条文。

根据《中华人民共和国民法典》的相关规定，当事人应当按照约定全面履行自己的义务，并遵循诚实信用原则。在工程项目中，各部门和施工班组作为合同的一方，有责任按照合同约定完成各自的工作任务，并在出现问题时积极寻求解决方案，而不是互相推诿。推诿行为可能构成合同违约，需承担相应的法律责任。

二、沟通不畅与协作不力问题

1. 问题认定。

在商业综合体建设项目中，各部门和施工班组之间缺乏有效的沟通机制，信息传递不畅，导致协作效率低下。当出现交叉作业时，因缺乏明确的责任划分和协作计划而陷入混乱。这种行为违反了工程项目管理中关于沟通和协作的基本要求。

2. 法律条文。

虽然法律法规中没有明确针对沟通不畅和协作不力的具体条文，但根据《中华人民共和国民法典》和《中华人民共和国建筑法》的相关原则，合同当事人应诚实守信、全面履行义务，并确保工程质量。沟通不畅和协作不力可能导致工程质量问题或合同违约，从而触发相应的法律责任。因此，项目管理层应采取措施确保各部门和施工班组之间的有效沟通和协作。

整改措施

一、明确责任划分

1. 制订详细的责任分工表。项目开始前，应制定清晰的责任分工表，明确各部门和施工班组的职责范围和工作任务，确保每个部门和班组都清楚自己的责任。

2. 设立专门的责任协调机制。成立项目管理团队或协调小组，负责在项目执行过程中监督和协调各部门和施工班组的工作，及时解决责任纠纷和冲突。

二、加强沟通与协作

1. 建立定期会议制度。定期召开项目进度会议，要求各部门和施工班组负责人参加，共同汇报工作进展、讨论问题和解决方案，促进信息共享和协作。

2. 制订明确的沟通流程。确立项目内部和外部的沟通渠道，包括书面和口头沟通方式，并确保信息能够及时、准确地传递给相关人员。

3. 推广使用项目管理软件。采用项目管理软件，以便更好地跟踪项目进度、分配任务、管理文档和促进团队协作。

三、强化培训与教育

1.加强团队协作培训。定期组织团队协作和沟通技巧的培训，提高团队成员之间的合作意识和能力。

2.培养责任意识。通过案例分享、经验交流等方式，加强员工对责任的认识和理解，树立责任意识，减少推诿现象。

四、建立奖惩机制

1.设立奖励制度。对于在项目中表现突出、积极承担责任的部门和施工班组给予表彰和奖励，激励大家积极担当。

2.实施问责制度。对于故意推诿责任、造成项目损失的部门或班组，应进行相应的问责和处罚，以儆效尤。

五、加强监督与检查

1.强化项目管理层的监督职责。项目管理层应定期对项目进度、质量和团队协作情况进行检查和评估，及时发现问题并采取措施予以纠正。

2.引入第三方审计机构。可以邀请专业的第三方审计机构对项目进行定期审计和评估，提供客观、公正的意见和建议。

通过以上整改措施的实施，可以有效改善部门、班组间互相推诿责任的问题，提升项目团队的协作效率和整体绩效，确保项目的顺利进行和高质量完成。